생물이
들려주는
철학
이야기

정화正和 스님

고암古菴 스님을 은사로 출가하여
해인사·송광사·백장암 등에서 수행 정진하였다.

생물이 들려주는 철학 이야기

베르그송의 '의식에 직접 주어진 것들에 관한 시론'을 읽고

초판 발행 | 2018년 8월 20일
펴낸이 | 열린마음
저자 | 정화 스님
편집 | 유진영
디자인 | 안현

펴낸곳 | 도서출판 법공양
등록 | 1999년 2월 2일 · 제1-a2441
주소 | 03150 서울시 종로구 수송동
         두산위브파빌리온 836호
전화 | 02-734-9428
팩스 | 02-6008-7024
이메일 | dharmabooks@chol.com

값 20,000원

부처님의 가르침을 올바르게 _ 도서출판 법공양

생물이 들려주는 철학 이야기

베르그송의 '의식에 직접 주어진 것들에 관한 시론'을 읽고

정화 지음

도서
출판 법공양

생각 길에 스며든 베르그송의 바람

저자 서문

이 책은 베르그송의 '의식에 직접 주어진 것들에 관한 시론'을 읽고 수유너머 N에서 강의했던 내용을 정리한 것입니다. 제가 이 강의를 하기 전에는 베르그송의 이름과 '순수지속'이라는 낱말만을 알고 있었습니다. 그럼에도 불구하고 베르그송에 대해 이야기해 보지 않겠느냐는 이진경 님의 제안을 받아들인 것은 출가인으로서 저의 개인적인 경험을 통해 이해한 베르그송의 이야기를 해 줄 수 있느냐는 제안이라고 생각했기 때문입니다.

이 선생님은 불교의 가르침과 선(禪) 체험이 베르그송의 가르침과 어떻게 융합될 수 있는가에 대한 이야기를 기대했던 것 같습니다. 그렇기에 수유너머 N의 홈페이지에 이 선생님께서 직접 써서 올린 소개 글도 그렇게 썼겠지요.

이 책에서는 부처님의 가르침과 선(禪) 체험보다 과학적 사실을 더 많이 이야기했는데, 부처님의 가르침이 분명하게 밝혀진 과학적 사실과 잘 융합된다고 생각했기 때문입니다.

* 옮긴이 최 화, 펴낸 곳 아카넷, 2011년 2월 21일 5쇄

수유너머 N과 같은 인문학 공동체가 정진하고 있는 것은 누구라도 자신의 이야기를 일반성 있게 할 수 있다면 그것 자체로 자기의 이야기가 되면서도 베르그송 등의 이야기를 녹여낼 수 있다는 것을 실천적으로 보여 주는 일이라고 하겠습니다.

이 공동체에서는 특정한 분야의 고수들을 초빙하려고 고집하지 않고 인연 있는 사람들이 모여 함께 연찬하다 보면 연찬에 참여한 누구라도 삶에 대해서 깊고 넓은 이해를 할 뿐만 아니라 새로운 생각 길을 만들어낸다는 것을 어느 정도 경험했기 때문일 것입니다.

그렇기에 저도 제 나름대로 이해한 베르그송과 과학 이야기를 할 수 있었다고 하겠습니다. 베르그송이 일으킨 바람이 플라톤을 휘감아 돌아 오늘날까지도 많은 사람의 생각 길에 스며들어 함께 새로운 바람결을 만들었기 때문이겠지요. 이야기 자리를 마련해주신 수유너머 N 식구들께 감사드립니다.

아울러 이 책을 정리하는 도중에 수없이 바뀐 저의 생각 때문에 글의 내용과 전개를 계속 수정했는데도 불구하고 묵묵히 원고를 정리해주신 반야화 강성우 보살님과 강의 녹취록을 만들어 주신 단감 황호연 님 그리고 제 강의를 경청해주신 분들과 멀리서나마 응원을 보내주신 분들께도 감사드립니다.

모두들 건강하고 평안하며 행복하시기를!

2018년 8월
정화 합장

차례

생물이
들려주는
철학
이야기

제1강. 질이면서 양인 생명 활동

지구상에 존재하는 모든 생명체의 나이, 약 40억 살!
약 40억 년 전에 생겨났던 초기 생명체들이 유전정보를 후손에게 전하면서 진화해온 결과입니다. 생명체들이 그렇게 할 수 있게 된 것은 자신들이 살아온 날들의 생명현상과 이야기를 유전체에 기록하고 대물림하였기 때문입니다.

대를 이어 생명의 역사를 써가고 있는 생명체

그렇기 때문에 생명체들이 현재를 생생하게 사는 모습은 조상들이 지난 세월 동안 경험했던 역사를 바탕으로 오늘을 해석하면서 사는 활동이라고 할 수 있으며, 대를 이어 생명의 역사를 써가고 있는 활동이라고 할 수 있겠지요. 더구나 생명체마다 갖고 있는 생명의 역사 속에는 수직(시간)적으로 물려받은 정보뿐만 아니라 수평(공간)적으로 주고받는 공생의 정보와 공진화를 통해 얻게 된 정보도 있기 때문에 생명체마다 개체로서의 역사를 살아온 것이면서 동시에 생명계의 역사를 살아왔다고 할 수 있습니다. 이와 같은 역사의 내용들이 생명체들의 정보 창고인 유전체에 들어있습니다.

유전체에 들어있는 생명 정보는 생명체들이 처한 내외부의 환경에 따라 특정한 역할을 하게 되는데, 그 역할을 하기 위해서는 단세포 생물이라면 세포막을 중심으로 내외부의 공명 양상이 중요하며, 다세포 생물이라면 외부 환경과의 공명뿐만 아니라 세포 간에 주고 받는 이야기도 중요하게 됩니다. 사람과 같은 다세포 생물체들은 세포들끼리의 이야기를 통해 개체의 발생을 이끌 뿐만 아니라 환경 과도 공명할 수 있기 때문입니다.

공명하기 위해서는 세포가 환경의 정보를 읽을 줄 알아야 하며, 세 포와 세포 사이의 대화를 통해 세포분열에 맞춰 어떤 기억을 살려 낼 것인가도 알아야 하며, 성체가 된 뒤에도 세포들끼리의 대화를 통해 수용된 감각 정보를 알아야 하므로, 생존에 필요한 것을 알아 차리는 공능이 처음부터 생겨났다고 하겠습니다.

예를 들면 100조 개나 되는 사람의 세포는 모두 하나의 수정란에서 분화되었기 때문에 모든 체세포의 유전정보가 같을 수밖에 없는 데, 곧 체세포인 머리카락의 유전정보와 손톱 세포의 유전정보가 같을 수밖에 없는데 발생 과정에서 이웃 세포들과의 이야기를 통해 각기 자신의 위치를 알고, 그에 따라 자신이 가지고 있는 정보 가운데 스위치를 켤 정보와 끌 정보를 정해서, 머리카락 세포는 머리카락 세포로서의 생명 활동을 하면서도 다세포 연합인 사람의 일부로서 생명 활동을 하고 있는 것과 같습니다.

세포로서의 생명 활동을 한다는 것은 수정란에서 성체가 되어가는 발생 과정에 맞춰 필요한 유전정보를 켜고 끄는 것을 알 뿐만 아니라 성체가 된 이후에도 자신의 처지에 맞게 해야 할 일을 한다는 것인데, 이는 내외부의 환경에 맞춰 유전정보 가운데서 무슨 정보를 발현시키고 무슨 정보를 발현시키지 않을 것인가를 아는 공능이 있기 때문이라는 것입니다.

사람이 사물을 볼 때 눈 속에 들어오는 것은 빛이 사물을 비출 때 그 사물에 흡수되지 않고 반사된 빛이 눈의 수정체를 통과하여 망막이 수용한 정보라고 할 수 있지만, 그 정보가 의미를 갖게 되는 것은 수용된 정보가 무엇인지를 알 수 있게 될 때라고 할 수 있는데, 이 일을 세포가 무의식적으로 알고 행한다는 것이지요.

그렇기 때문에 감각기관이 수용한 정보를 알기까지는 보고 아는 데에 0.2초에서 0.5초 정도 걸린다고 하며, 그 과정을 관찰하는 사람은 뇌의 특정 부분의 활동이 시작되는 것만 보고도 피실험자의 다음 동작을 알아차릴 수 있다고 합니다.

의식한다는 것은 의식되는 내부 이미지가 만들어지고 난 후라야 가능합니다. 그렇기 때문에 수용된 정보를 안다는 것은 그 정보를 그대로 아는 것이 아니라 기억의 창고에 있는 기억의 자모음이 수용된 정보를 부분적으로 해석한 다음 이들을 통합해 만드는 이미지를 아는 것입니다. 안다는 것은 살아온 경험에 의해 축적된 기억 정보를 바탕으로 현재의 인연 정보를 해석한 연후에야 가능하다는 것이지요.

그러므로 이 책 제목에서 '의식에 직접 주어진 것들'의 의미를 의식에 알아야 할 무엇이 주어졌다고 해석할 것이 아니라, 생명체들이 갖고 있는 기억의 자모음과 현재의 인연이 만나 '지각 이미지가 만들어지면서 발생하는 앎'이 '의식이면서 의식에 직접 주어진 것들'이라고 여겨야 합니다. 의식되는 앎 그 자체가 자아를 드러내는 유일한 현상이면서 상속된 역사성을 담아내고 있기 때문입니다.

현재의 앎에 참여하는 기억은 역사성을 갖는 기억이기 때문에 고유한 색깔을 갖고 있기도 하지만, 지금 여기의 관계망을 이루고 있는 내외부의 인연에 따라 변할 수 있는 가소성도 있기 때문에, 지금 여기서 앎으로 드러나는 하나의 사건은 내외부의 총합성과 시공간의 통합성을 동시에 드러내는 단 하나의 색깔이면서 상속되는 색깔입니다. 그래서 '의식에 주어진 것들'은 내외부와 시공간의 모든 정보 정보가 중첩된 상태에서 만들어진 내부 이미지와 해석에 지나지 않지만, 그 해석이 뒤따라 발생하는 지각 내용에도 영향을 주기 때문에 의식된 것들은 공간 이미지뿐만 아니라 시간 상속이라는 이미지도 포함하고 있습니다.

의식된 것은 하나의 사건에 지나지 않을지라도 그 사건은 자신의 기억과 현재의 시공간 정보가 공명하면서 발생한 사건이라는 것이지요. 지금 여기서 맞닥뜨린 사건 사물을 해석하기 위해 기억된 정보를 이용하여 표상 이미지가 만들어져야 의식된다는 것이며, 표상 이미지만이 의식에 주어진 것들의 본래 모습이라는 것입니다. 의식되는 이미지마다 생명의 정보가 종횡으로 얽혀 있으므로 의식된 것들의 실상은 만들어진 이미지로 한정된다고 할 수 없지만, 이미지만으로 보면 특정한 색깔을 갖고 있다는 것이지요.

순간을 온전히 자기로 사는 삶이 자유의 삶이고 질적인 삶

그렇기 때문에 베르그송은 "의식의 순간들은 그 순간 총체적이면서 단 하나의 조건으로 자기의 삶을 결정한다"라고 했으며, "순간을 온전히 자기로 사는 삶이 자유의 삶이고 질적인 삶"이라고 했겠지요. 자기가 하는 행위 하나하나가 시공의 역사를 다 담아서 표현되고 있다는 것입니다. 그렇지만 기억의 실상은 경험했던 사건을 통째로 기억하고 있는 것이 아닙니다. 경험했던 사건 속에 포함되는 여러 요소가 뇌의 여러 영역에 나뉘어 있다가 다시 결합하여야 특정 기억으로 의식하게 되기 때문입니다. 그러므로 의식한다는 것은 사건 그 자체의 고유한 모습을 의식한다고 할 수도 없고, 의식활동 그 자체를 자유로운 흐름으로서의 질(質)이라고 하기도 어렵습니다. 이미지가 재구성되고 나면 '무엇이다'라고 읽을 수 있는 모습을 갖게 되지만, 그 모습은 기억과 현재의 인연이 만나 만들어진 내부 영상에 지나지 않기 때문입니다.

의식 내용에서 보면 하나의 이미지가 특별한 공간을 점유하고 있는 것 같지만 실제로는 홀로그램과 같아 공간을 점유한 것이라고 할 수도 없으며, 내부 이미지를 만들지 않으면 의식작용이 일어났다고 할 수도 없으니, 의식의 흐름은 정지를 품고 있는 흐름일 수밖에 없습니다. 의식 흐름의 순간마다 내부 이미지가 재구성되어 나타났다 사라지면서 의식의 상속이 이루어지고 있기 때문에 다른 상황이 된다는 것은 앞의 시공간이 사라지고 다른 시공간이 나타났다고 할 수 있다는 것입니다. 그렇기에 드러나는 앎마다 "분별(불연속성)과 무분별(연속성)이 함께 있다"라고 이야기할 수 있습니다.

생물체들이 경험한 내용을 정보로 저장할 때나 세포들끼리 정보를 주고받을 때는 화학 분자 신호나 전기신호를 사용하며, 이들 신호가 모여 홀로그램과 같은 이미지가 만들어지기 때문에 이들 신호 또한 우리들이 쓰는 일상 언어만큼 명확하게 구별되면서도(불연속성), 찰나마다 이미지가 생성되고 해체되는 과정을 통해서 정보가 상속됩니다(연속성). 정보를 생성하고 해석하면서 살아가는 생명 흐름, 곧 의식의 흐름은 말을 만들고 말의 의미를 확장하면서 이루어지고 있는 것과 같다는 것입니다.

동일한 분자 구조를 갖는 것과 동일한 파장을 띠는 것에 의해서 동일한 정보를 산출하고 동일한 해석을 할 수 있다는 것이며, 공명에 참여하는 관계망에 따라 다양한 말들이 생성되고 해체된다는 것입니다. 이와 같은 정보 산출 능력과 해석 능력이 있었기에 생물의 진화가 이루어질 수 있었을 것이며, 약 25~30만 년 전(20만 년 전에 나타났다고 알려졌으나 얼마 전에 발견된 화석을 통해 이 시기라고 밝혀졌습니다.) 지구상에 나타난 현생인류는 DNA의 변이를 통해 이웃 세포와 정보를 공유하는 능력과 신경망의 확장을 통해 해석의 폭이 커졌을 뿐만 아니라 거울 신경세포의 확충에 따라 공감 능력이 확장되었으며, 언어를 생성하는 곳의 유전자 변이에 의해 단어를 생성하고 이해하는 폭도 넓어져 정보를 해석하고 전달하는 능력이 다른 생물보다 뛰어나게 되었습니다. 다른 생물들도 그들만의 언어를 가지고 정보를 공유하고 있지만, 상호작용을 통한 이해의 폭이 다양하지 못한 데 반하여, 현생인류는 언어를 통한 공동체라고 할 수 있을 만큼 언어 능력이 특별하다는 것입니다.

이것은 언어를 쓴다고 알려진 다른 생물들은 말할 것도 없고, 다른 호모족과 비교할 때도 특별한데, 그 까닭은 약 17만 년 전 현생인류에게 일어난 Fox P₂ 유전자 변이를 통해 구강 구조 등이 변해 자음과 모음의 발음을 자유자재로 할 수 있게 되면서 정보 생성 능력이 확장됐기 때문입니다.

그렇지만 언어로 정보를 공유하기 위해서는 하나의 낱말이 가리키는 내용이 이것이면서 동시에 저것이면 곤란합니다. 하나의 낱말이 가지고 있는 뜻을 명징하게 다른 말과 구분할 필요가 있다는 것이며, 가능한 하나의 낱말이 갖는 의미에 다른 뜻이 들어올 수 없게 해야 한다는 것입니다. 각각의 단어란 다른 것을 배제할 때 자신의 색깔이 더 잘 드러날 수 있기 때문입니다.

언어 체계는 '타자의 배제' 체계

그런 뜻에서 언어 체계를 '타자의 배제' 체계라고 정의하기도 합니다. 이 말은 경험된 삶의 정보가 자신의 색깔을 갖는 단어로 언어화되면서 동시에 다른 것을 배제해야만 자기의 독자적인 특성을 갖게 된다는 것입니다. 그렇게 하여 하나의 낱말이 갖는 독자성이 확보되기는 하지만 독자성이 확보되는 순간 그 낱말이 가진 시공간의 연결망이 끊어지는 것과 같기 때문에 획득된 언어들이 시절 인연에 따라 변이되거나 아예 폐기되기도 했겠지요.

그렇다 보니 현재 우리가 활용하고 있는 생명 정보는 생명체들이 살아오면서 획득했던 정보 가운데 1.5%에 지나지 않는다고 합니다. 시간이 정보를 변용하게 했다는 것이지요. 드러난 정보의 색깔만 놓고 보면 양적으로 계량할 수 있는 요소가 있지만, 곧 시간 지속이 사라졌다고 말할 수 있는 요소가 있지만, 정보의 변이나 새로운 정보의 형성에서 보면 시간 지속이 양적으로 파악될 수 있는 정보를 생산하기도 했다는 것입니다.

공간과 시간이라는 뜻을 갖는 우주 그 자체에 '공간을 배제한 시간'과 '시간을 배제한 공간'이 있을 수 없듯, '양을 배제한 지속'이나 '지속을 배제한 양'이 있을 수 없다는 것입니다. 그럼에도 불구하고 순수 공간적 존재나 순수 시간적 존재인 것과 같은 경험을 하지 않는 것은 아닙니다. 의식이 특수한 상태가 되면 시간 지속의 느낌이 사라진 상태가 되면서 순수 공간 상태로 존재하는 듯한 자기를 경험하기도 하고, 순간적으로 긴 시간의 역사 흐름이 보이기도 하기 때문입니다. 이와 같은 경험은 공간 또는 시간으로 나타낼 수 있는 비교 상태가 끊긴 것이기 때문에 순수한 공간 상태라고 할 수도 있고, 그 상태 자체가 지속의 유일한 경험이기 때문에 순수한 지속 상태라고 할 수도 있습니다.

대부분의 경우는 양으로 분별 되는 정보의 상속을 비교하면서 시간 지속을 유추할 수 있지만, 빛의 속도로 움직이는 경우라던가 블랙홀의 경우에는 시간이 정지하고 있는 것과 같기 때문에 시간 지속이라는 개념이 성립될 수 없으며, 초월의식과 같은 상태에서도 순수지속이나 공간 분별과 같은 말이 성립되지 않는다는 것입니다. 비교할 수 있는 공간 배열과 차이나는 지속의 색깔이 없다면 양(量)과 지속(持續)이라는 말도 성립되지 않는다는 것이지요. 시공간이 하나로 얽혀 있어 시간 또는 공간으로 분리될 수 없는 상태에서도 언어에 상응하는 색깔을 드러낼 수 있으며, 의식 집중을 통해서 전일한 존재 체험이 발생할 수도 있다는 것입니다.

정보의 장인 시공간 그 자체가 우리 삶의 근간이 되기 때문에 시간 지속이 공간으로 나타나기도 하고 공간 또한 변이를 통해 시간을 나타내기 때문입니다. 시간과 공간이 상호 배제할 수 없는 하나의 상태에서 시간 현상과 공간 현상이 맞물려 흘러가고 있기 때문에, 이 둘은 하나이면서 둘이고 둘이면서 하나라는 것입니다. 시간과 공간이라는 다른 이름에 의해서 서로 다른 의미를 갖는 이미지로 그려지고 있지만, 실상은 두 가지 이미지를 동시에 인지할 수 없는 의식의 한계에 의해서 시간과 공간이라는 이름을 갖게 됐다고 해야 겠지요.

한 얼굴 속에 시공간의 역사가 다 들어있다

그래서 각자의 삶은 공간축으로 보면 타자를 배제한 자기 얼굴을 가진 것 같고, 시간축으로 보면 얼굴의 색깔들이 지속해서 달라질 수밖에 없을 것 같으나, 각각의 얼굴마다 앞선 얼굴의 정보를 상속받았을 뿐만 아니라 이웃 생명체들의 정보도 스며들어 있기 때문에 얼굴마다 시공간의 역사가 다 들어있다고 해도 과언이 아닙니다.

그렇지만 지금 여기서 이루어지고 있는 지각은 양화(量化) 된 정보, 곧 언어분별의 개념에 맞는 사물의 고정성을 바탕으로 이루어지고 있기 때문에 변화 이면에 변하지 않는 존재의 궁극적 실재를 추상하면서 이루어지고 있다고 하겠습니다. 이것이 플라톤이 생각한 '실체로서의 형상(Form)'일 것입니다. 변하지 않는 언어 개념의 일반상을 그 끝까지 밀고 가서 세계를 이해하려고 했던 결과였다고 할 수 있겠지요.

그렇게 할 수 있었던 것은 모든 생명체는 자신들이 살아오면서 경험했던 여러 가지 사건 가운데 같은 양상으로 분류할 수 있는 것들을 하나의 일반상으로 묶어 공간축에 맞는 언어 이미지로 분류하는 것이 효과적인 삶의 방식이라는 것을 알았기 때문일 것입니다. 다만 장구한 세월 속에서 보면 이전 시대에 유효했던 유전정보라고 할지라도 새로운 생활환경에 맞지 않게 되는 경우가 있는데, 그때에는 자연선택에 따라 이전 정보를 폐기하거나 변이시키면서 새롭게 정리했기 때문에 정보의 변이, 곧 시간축으로 읽힌 자연선택의 질서가 공간축으로 읽힌 사건에도 들어있습니다. 플라톤 시대에는 이와 같은 사실을 알기가 어려웠겠지요. 그때는 자연에 대한 연구관찰의 정보가 지금보다 너무나도 부족했기 때문입니다. 적은 정보를 바탕으로 형이상학적 실체를 생각했으며 이를 토대로 하늘과 땅을 이해하는 모형을 만들어내기는 했지만, 시간축의 변이를 형상의 그림자로만 이해했던 것은 시공간의 융합을 있는 그대로 읽어낼 수 없는 시대적 한계였다고 하겠습니다.

사건 사물마다 융합되어 있는 시간성과 공간성

베르그송의 이야기에 따르면 분할할 수 있는 공간 측면만을 읽고 있는 플라톤의 사유체계는 언어의 이미지에 연계됐고, 그 결과로 형상 속에 시간의 변이를 담아내지 못했으므로 삶에 대한 이해가 온전하지 못했다는 것입니다. 베르그송의 이야기는 삶을 온전하게 이해하기 위해서는 공간축의 고정성보다는 시간축의 변이를 제대로 읽어야 한다는 것입니다. 분할되지 않는 시간의 흐름, 곧 변화만이 삶의 궁극적 실제(實際)라는 것이며, 삶의 온전한 근거가 된다는 것이지요. 그렇지만 삶은 플라톤이 생각한 변하지 않는 공간성과 베르그송이 말한 지속으로서의 시간성이 하나의 사건 사물마다 융합되어 있기 때문에 어느 한쪽만으로 삶을 이야기하는 것은 삶에 대한 바른 이해라고 말하기 어렵습니다.

현생인류에 이르러 사물을 인지하는 분별능력(현재), 분별을 뒷받침하는 기억(과거), 기억을 토대로 미래를 예측하는 기능(미래)이 함께 하면서 시공간을 통합한 인지가 다른 동물보다 분명해졌다고 할 수는 있지만, 동물의 진화 과정을 보면 공간을 분할하여 읽는 능력이 시간의 변이를 읽어내는 능력보다 먼저 생겼기 때문에 무의식적인 앎의 활동은 순간순간에 경험하는 사건들을 양화 하여 분별하는 경향성의 강도가 클 수밖에 없습니다.

진화상으로 보면 지금 여기의 공간 이해를 명확히 하면서 언어 개념에 맞는 패턴 이해와 개념의 고정성을 확보하는 능력이 먼저 형성됐기 때문에 감각 대상들을 수용하여 공간적으로 계량화하고 언어 개념으로 이해하는 것이 먼저였다는 것입니다. 곧 본래부터 분별 되어 있는 시공간을 읽는 것이 아니라 시공간을 공간적으로 양화 하여 분별해 읽을 수 있는 능력이 생겨남에 따라 시공간이 양적으로 분별 되었고, 분별 된 형상에 맞게 언어를 만들어 쓰면서 분별 된 세계가 진짜 세계인 것처럼 인지되었다는 것입니다.

생명체의 탄생에서부터 지금에 이르기까지 생존을 위한 분별능력이 사람의 의식적 인지능력의 바탕도 되므로, 시간을 의식한다고 해도 실제로는 양으로 분별 되어 읽힌다는 것입니다. 시공은 '시공을 분별해서 파악하는 인식'에 의해서 그렇게 보인다는 것이며, 지금 여기에서 시공간이 양으로 이해되는 것은 현재라는 시점에서는 시간 읽기가 그렇게 필요하지 않기 때문입니다. 사물에 언어 분별과 상응하는 변치 않는 고정성이 있어서 그렇게 아는 것이 아니고,

의식 활동 그 자체에 사물을 고정해서 파악하는 습성이 있기 때문에 그렇게 알려지게 된다는 것이지요.

지속과 멈춤이 함께 하는 생명의 동적 자발성

변함없이 상속되는 듯한 지각 대상은 의식이 만든 이미지에 지나지 않지만, 사건 사물의 실상은 상호 간에 맺고 있는 관계망의 패턴 변화에 따라 끊임없이 변하고 있습니다. 이와 같은 변화를 이 책에서는 '생명의 동적(動的) 자발성'이라고 표현하면서 시간성으로 파악하고 있지만, 생명의 동적인 자발성 속에도 상속되는 정보의 동일성이 있으므로 생명체들은 상속의 동일성과 동적 자발성의 차이를 통해 수용된 정보의 이미지를 만들면서 무의식적이며 의식적인 생명 활동을 하고 있습니다. 생명체들은 상속된 정보인 과거의 정보를 토대로 현재를 자각하면서 동적인 변화와 균형을 맞춰 간다는 것입니다.

의식으로 인지되는 것은 신체 내외부에서 일어나고 있는 정보 가운데 일부에 지나지 않는다고 하지만 의식되든 의식되지 않든 생명이 만들고 있는 패턴의 정형화를 보면 상속되는 생명의 정보 가운데는 시대를 이어 같다고 이야기할 수 있는 것도 있고 다르다고 이야기할 수 있는 것도 있습니다. 같다고 이야기할 수 있는 것이 가진 패턴의 동일성은 말할 것도 없지만, 다르다는 것 또한 A 상태가 B 상태로

됐다거나 다른 것과 비교해서 다르다고 이야기할 수 있는, 곧 A 또는 B라고 읽을 수 있는 패턴의 동일성이 있기 때문입니다. 베르그송이 주장하고 있는 지속이라는 개념만을 놓고 보면 A라고 포착할 수 있는 것이 있을 수 없기 때문에 이 말이 성립될 수 없지만, 정보로만 보면 지속하지 않는 상태로 있다고 할 수 있는 것도 있기 때문에 지속과 멈춤을 함께 사유해야 생명 흐름의 동적 자발성을 유사하게라도 인지할 수 있다는 것입니다.

생명체를 이루는 정보 하나하나도 그 자체로만 의미를 갖는다기보다는 이웃 정보들과의 동적인 연합을 통해서 자발적으로 내외부의 변화와 균형을 맞출 때 의미가 드러나기 때문에 같은 것도 온전히 같은 것일 수 없으며 다른 것도 온전히 다른 것일 수 없다는 것이지요. 단일 연합체로서의 통일된 사유, 곧 개념의 동일성을 유지하기 위한 생명 활동과 사유가 정보의 동일성을 유지하게 하면서 지속을 담보하고 있다는 것입니다.

변화라는 측면에서 보면 인식되는 대상이 인식되는 대로 있다고 할 수 없지만, 읽힌다는 데서 보면 인식되는 것만이 대상이 된다는 것입니다. 그렇기 때문에 이 책에서 말하고 있는 생명의 동적 자발성이라는 개념이 생명 흐름을 온전히 담아내기 위해서는 양이라는 개념과 지속이라는 개념이 융합되어야 합니다. 양적으로 정보의 동일성을 만들어 내면서도 정보연합을 통해 단위 정보를 넘어서는 창발적(創發的) 약동이 생명체들이 살아가는 모습이기 때문입니다. 이런 뜻에서 생명체는 동적인 자발성과 정적인 기억 정보가 함께 어울려 변하면서도 변하지 않는 듯한 상태로 살아간다고 할 수 있습니다. 변화와 변하지 않음이 동시에 모순적으로 얽혀있는 것 같으면서도 질적으로 항상 새로운 생명체가 되어가는 것이 생명 흐름이기 때문입니다.

끊임없이 변하는 시공간과 균형을 맞추면서 지속되는 동적 자발성으로서의 생명 활동은 시공간을 생명계의 시공간으로 변화시키면서도 일정한 패턴을 갖고 있는 생명 정보를 만들고 있기 때문에 생명 활동을 양적인 고정성만을 통해서 보거나 지속의 변이성만을 통해서 보는 것은 생명의 흐름을 제대로 이해했다고 할 수 없다는 것입니다. 다름과 같음이 같이 있는 묘한 특성이지만 실제로는 다름과 같음이 함께 하는 것이 아니라 다르다고도 할 수 없고 같다고도 할 수 없는 미묘한 상태에서 지속과 변화가 일어나는 것이 동적 자발성으로서의 생명 흐름이라는 것이지요.

생명체들의 낱낱은 혼자이면서도 온전히 함께 사는 삶

생명체들이 살아가는 방법이 이와 같기 때문에 하나하나의 생명체는 동적 자발성으로 인해 순간이라고도 말할 수 없고 순간으로 나눌 수도 없는 지속의 순간마다 온전히 존재하는 단 하나의 존재가 되는 것임에도 불구하고 그 속에 다름이 들어있어 생명체들의 낱낱은 혼자이면서도 온전히 함께 사는 삶일 수밖에 없습니다.

이 말은 혼자라고 규정할 수 있는 정체성이 없다고는 할 수 없지만, 그 정체성조차 함께 이룬 정체성이기 때문에 혼자만의 정체성을 끄집어내려 하는 것은 생명의 진화에서 보면 부질없는 일이 된다는 것입니다. 예를 들어 특정한 한 사람의 역사가 시작되는 순간은 수정란이 어머니의 자궁에 착상되어 순조롭게 생을 이어갈 수 있게 되는 때이지만, 그 수정란이 가진 생명 정보는 생명의 전 역사를 통해 진화된 것이기 때문에 지금 부모의 자식이면서도 지금 부모만의 자식이라고 하기도 어렵고, 그 속에 담겨 있는 생명의 정보들은 살아온 시대의 자연선택과 공생을 통해서 수직 수평적으로 상속되고 변이된 정보들이기 때문에 정체성을 갖는 누구만의 생명 정보라고 말할 수도 없다는 것입니다.

그럼에도 불구하고, 곧 자연선택을 통해 긴 시간 동안 이어져 온 상속과 변이라는 배경에도 불구하고 낱낱 생명체들은 자기 스스로 자기의 틀을 만들고 그것을 자기라고 여기면서 그 상태를 안정적으로 유지하려고 한다는 데서, 곧 상속과 변이를 통해 얻게 되는 생명 정보들을 유기적으로 융합하여 하나 된 '나'를 만들어 온 역사라는 데서 '나'라는 이름을 붙일 수는 있겠지요. 멈춤 없는 생명의 지속으로 보면 전후가 동일하지는 않지만 '나'라는 틀을 스스로 만들면서 상속적 자아를 유지해 가는 동적 자발성으로 보면 '나'라는 뜻이 성립되기도 한다는 것입니다. 이런 뜻에서 생물을 '약 40억 년 전 지구에서 생겨난 생명체가 스스로 자기를 복제하면서도 지속적으로 안정성을 유지하기 위하여 자신의 틀을 늘 변주해가는 특별한 물질'이라고 정의하는 생물학자들도 있습니다.

지구의 해저 열수구에서 탄생한 생명체들은 '자기'라는 틀을 안정적으로 유지하고 복제하기 위해 내외부의 생명 환경에 따라 끊임없이 자기의 틀을 바꾸면서 생명의 정보를 쌓아오다가 임계점을 넘게 되면 새로운 종이 탄생하게 됩니다. 이런 식으로 지구상에 다양한 생명체가 나타나게 되었습니다. 생명체 하나하나를 보아도 시간을 이어 동일한 자아가 있을 수 없고, 생명체들과의 융합으로 형성된 지구의 생명계 또한 언제나 동일한 상태가 아니었다는 것입니다. 시공간을 이어 변치 않는 것으로서의 동일한 자아라고 할 수 있는 자아는 없지만, 변이하는 흐름 속에서도 정보 연합의 다양한 동적 활동성을 하나의 유기적인 틀로 묶어서 그것을 '자아'라고 여기는 무의식적인 생각의 연속이 생명의 흐름이라는 것이며, 변화하는 생명체들을 따라 지구의 생태계 또한 변해왔다는 것입니다.

그러므로 생명체들은 '자기'라는 틀을 유지하려는 것만큼이나 항상 다른 것과의 관계를 준비하기 위해 기존의 틀을 비우는 특성 또한 중요하게 여길 수밖에 없었습니다. 이는 부모가 그들의 부모에게 물려받은 유전정보를 약간씩 섞어서 자식에게 물려주는 역할에서도 잘 드러납니다. 생명 정보를 대물림하면서도 내외부의 다양한 환경과 균형을 맞춰 적응하면서 살 수 있는 방편을 터득한 것이라고 할 수 있겠지요. 생명 정보를 물려받는다는 것은 있는 그대로를 물려받는 것이 아니라 다르게 물려받는다는 것이며, 세월의 외압이 쌓이면 이미 있는 정보를 토대로 새로운 정보를 창발적으로 생산하므로, 생명 정보의 상속은 전체적으로 보면 '같으면서도 다르고 다르면서도 같은 흐름'이라고 할 수 있는데, 각각의 생명체가 그와 같은 흐름 속에서 흐름의 주체로서 '나'라는 이미지를 만들면서 살아가는 양상이 동적 자발성이라는 것입니다.

부모가 자식한테 유전정보를 물려줄 때 살짝 섞어서 물려주므로 유전정보가 완벽하게 똑같은 정자와 난자가 하나도 있을 수 없다는 데서도 정적인 유전정보의 동적인 변용을 엿볼 수 있습니다. 그렇게 물려받은 정자와 난자가 수정되면 그것 자체로 다시 하나 된 생명체로 자기 삶을 살아갈 수 있는 '자아'가 상속된 것과 같으니, 자아란 변하지 않는 것이 아니라 변하는 데도 불구하고 관계를 구성하는 요소들이 유기적으로 연합하여 하나가 되는 정보 네트워크의 단위라고 할 수 있습니다. 그러므로 기존의 언어 이미지처럼 물질과 정신을 구분할 것이 아니라 물질이라고도 할 수 없고 정신이라고도 할 수 없는 것이 인연 따라 물질처럼 정신처럼 작용하고 있다고 이해해야 할 것입니다. 세포 단위의 작은 틀이나 다세포 연합의 큰 틀 모두가 유기적인 관계망을 통해 정보를 주고받는 행위 자체가 자아라는 이미지를 생성하며, 그렇게 주고받는 정보를 융합하고 해석하는 것이 '생각'이 되기 때문입니다.

물질인 듯하지만 정보를 주고받으면서 사건 사물을 이해하고 있는 측면으로 보면 온전히 정신인 듯하고, 정신인 듯하지만 물질 정보를 넘어선 것이라고만 볼 수도 없기에 물질과 정신을 명확하게 구분할 수 없다는 것입니다. 시공간 그 자체가 정보의 네트워크이기 때문에 관계를 읽는 정신성과 관계를 맺는 물질성이 하나이면서 다른 듯하고, 다르면서 하나인 듯 얽힌 것이 생명과 비생명 할 것 없이 같다는 것입니다.

관계를 맺는 특수한 조합의 색깔들이 생명체들의 정신을 표현하는 수단이 된다고 할 수 있고, 관계를 새롭게 맺게 되면 그 전의 색깔, 곧 살아온 날들의 역사가 다음 사건에 영향을 주기 때문에 정보들이 종횡으로 얽히면서 동적인 자발성으로 생명계의 패턴 춤이 연출되고 있다는 것이지요. 그렇기 때문에 수정란에 들어 있는 생명 정보는 정보의 창고에 들어 있는 정보라고 할 수도 있고 물질과 정신을 새롭게 만들어가는 바탕이라고 할 수도 있으니, 생명 정보란 창고 속에 쌓여 있는 듯한 역사가 되면서도 동적인 생명 네트워크의 동력이 된다고 하겠습니다.

정신과 물질의 이원적 구분이 있을 수 없다

그러므로 정신과 물질의 이원적 구분이 있을 수 없습니다. 살아있는 물질의 기본 단위라고 할 수 있는 세포만 놓고 보면 세포로서 살아온 역사만을 담고 있는 물질이라고 할 수 있지만, 이웃 세포들과 정보 교류를 하는 것을 보면, 곧 이웃 세포들과 이야기하는 것을 보면 물질 작용과 동시에 정신 작용을 하고 있기 때문입니다. 살아있는 물질이 정보를 생성하고, 정보라는 창을 통해 이웃과 이야기를 나누는 것은 물질 작용 그 자체가 정신 작용이 된다는 것이지요. 물질 작용 그 자체가 이야기의 내용을 드러낼 수 있는 일정한 틀, 곧 언어 개념과 같은 이미지를 만들고 그것으로 이웃과 소통을 하고 있다고 보면, 세포 하나하나가 그 나름의 틀이 있으면서도 세포 연합으로서의 유기적 틀에 맞는 작용을 하는 것이 마치 사람이 사유하는 것과 같다고 하겠습니다.

살아있다는 것은 세포가 내부와 외부의 균형을 맞추면서 적절한 역할을 하는 것이므로 내외부의 관계를 읽을 수 있어야 하며, 세포 연합인 다세포 생물체들은 세포들끼리의 정보교환을 통해 단일한 유기체로서의 생명 활동도 해야 하므로 세포들끼리의 의사소통이 무엇보다 중요하다는 것입니다. 세포 내부가 외부를 받아들일 때 삶에 필요한 의미를 공유하는 공명을 만들어내야 하고, 세포들끼리도 물질 분자 등을 방출하면서 의미를 공유해야만 다세포 공생체의 생명 활동이 이루어질 수 있으므로 물질이 살아있는 활동을 하는 것이 정신 작용이라는 것이지요. 곧 관계망에서 이루어지고 있는 의사소통을 배제하고 보면 물질 같지만 정보 네트워크인 시공간 그 자체가 의사소통의 장과 같으므로, 생명을 드러내는 활동 또한 관계 맺기를 통해 의미를 만들고 해석하는 것일 수밖에 없다는 것입니다.

시공간 그 자체가 정보를 생성하고 있다

시공간 그 자체가 정보를 생성하고 있다는 것이며, 우주 가운데서 일어나고 있는 낱낱 사건과 사물들도 각기 다른 틀을 만들어 이웃과 의미있는 공명을 하고 있으므로 우주 그 자체가 물질이면서 정신 작용을 하고 있다는 것입니다. 낱낱 그 자체가 자신의 고유한 색깔을 갖는 우주라고 할 수도 있으므로 개체마다 중첩된 개체로서 자신의 우주를 드러내고 있다는 것이지요. 다만 낱낱의 색깔은 관계망을 함께 이루고 있는 이웃들, 곧 개체 속에 들어있는 중첩된 이웃들이 만들어 주었다고 할 수도 있기 때문에 각자의 틀과 그 틀을 통한 이웃과의 관계는 낱낱 생명체를 성립시키면서 동시에 생명계 전체를 성립시키는 근거라고 할 수도 있겠지요.

이 말은 고유한 색깔을 갖는다는 데서는 독자적인 영역을 가진 것과 같지만, 관계망에 들어와 있다는 데서는 독자적인 영역만을 고집할 수 없다는 것입니다. 그러므로 물질과 정신으로 온전히 나뉠 수 없는 생명 활동은 언어의 구별만큼 분명한 실체와 양을 가진 것도 아니지만 그렇다고 언어로 구분할 수 없는 것도 아니라고 하겠습니다.

감각이나 감정 또한 생명체가 진화 과정을 통해서 형성된 지각 내용이기 때문에 감각 등을 포착하는 세포의 기능과 연관 지어서 생각하지 않으면 안 된다는 것입니다. 곧 외부에서 들어오는 감각 정보를 수용하는 특별한 수용체가 만들어지지 않았다고 하면 그 감각 정보를 알 수도 없고, 수용세포의 양에 따라 감각 정보의 증가나 감소도 일어나고 있기 때문에, 수용된 감각의 감정적 특징만을 가지고서 증감이 없다고 이야기할 수 없다는 것이지요.

수용된 감각 정보들을 특정한 양태로 패턴화시켜야만 의식으로 인지할 수 있으므로, 곧 패턴화된 해석체계에 의해서 감정도 해석된다고 할 수 있기 때문에 패턴과 패턴 공명의 강도 변화에 따라서 감정 해석의 증감도 있을 수 있다는 것입니다. 그러므로 심리 현상을 주시해서 살펴보는 것만으로도 감정의 증감을 경험할 수 있게 됩니다. 의식 집중의 강도가 커짐에 따라서 내부에서 일어나고 있는 지각 정보의 흐름을 더욱 세밀하게 지켜보는 힘이 증가하게 되면, 감각 정보의 패턴에 따른 습관적 반응을 의지적으로 바꿀 수도 있다는 것이지요.

보이는 그대로가 실재한다고 여기는 것은 착각

감수된 정보의 흐름과 그 흐름에 담겨있는 서로 다른 패턴이 융합하여 지각 대상으로서의 내부 이미지가 만들어지면서 해석이 이루어지고 있는 것은 신체가 진화 과정에서 형성해 온 기능이라고 할 수 있는데, 만들어진 지각 대상뿐만 아니라 그것을 지각하는 지각활동 그 자체가 질이면서 동시에 양이기 때문입니다. 그렇기에 순수지속과 순수 양은 분할될 수 없는 것이며, 지각 내용만을 놓고 보면 양적인 것 그 자체가 질의 일면을 드러내는 현상이라고 할 수 있습니다. 생명 활동 그 자체에 양적으로 분할된 듯한 것 속에 질을 담고 있고 질적인 흐름 그 자체가 양을 표현하고 있기 때문입니다.

생명체들이 하는 해석 활동은 실제적으로나 기능적으로나 만들어진 이미지만을 가지고 세계를 해석하는 것이므로 분별 된 것에 변치 않는 실체가 있다고 여기는 것은 세계를 잘못 이해하는 것입니다. 생명계 전체가 질이면서 양으로서의 생명 활동을 하기 때문에 세계를 양으로 분별해 이해하는 것은 세계의 실상에 대한 충분한 이해가 아니라는 것입니다. 왜냐하면 세계를 있는 그대로 아는 것이 아니라 이해된 것이 세계가 되기 때문입니다. 만들어진 내부의 이미지, 곧 환상을 통해서만 외부 세계를 이해한다는 것이지요. 그러므로 보이는 그대로가 실재한다고 여기는 것은 착각에 지나지 않습니다.

몸과 의식이 진화의 과정에서 세계 이해의 패턴을 만들고 자신이 만든 패턴대로 세계를 이해하고 있기 때문에 의식적인 이해는 자기가 만든 세계상을 보는 것, 곧 외부를 있는 그대로 보는 것이 아니라 외부인 듯 펼쳐진 내부를 보는 것입니다.

이 말은 몸 전체의 감각기관들이 외부와 교감하는 방법에 따라 각기 고유한 패턴을 갖는 정보를 생성하고, 그렇게 생성된 정보들이 통합되고 재구성되어야 내외부의 사건 사물이 인지된다는 것입니다. 이 과정에서 몸 전체가 세계와 만나 생성하고 있는 정보 대부분은 의식되지 않고 무의식적으로 처리되며, 의식은 언어 등과 같은 소수의 정보만을 알게 된다고 하니, 언어 등으로 표상된 이미지가 세계를 해석하는 틀도 되지만 언어 등으로 표상할 수 있는 한계가 의식의 한계가 된다고 하겠습니다. 그렇지만 무의식적으로 수용된 정보를 처리하는 과정 자체가 양으로 이루어지는 부분과, 융합을 통해 양을 넘어서는 부분도 있으므로 의식되거나 의식되지 않거나 해석되는 정보는 시간 흐름과 공간 구획을 동시에 해석한 정보가 됩니다.

다만 의식한 이미지는 해상도(解像度)가 낮은 언어 등을 수단으로 한 양적 분할이 분명하므로 의식적인 이해를 통해서 세계를 분별하는 것은 세계를 듬성듬성 이해한 것입니다. 그렇지만 그 또한 세계 이해의 한 축이 분명하므로 양적인 분별을 무시해서도 안 되고, 생명계의 흐름 자체가 이미 있는 무늬만을 상속하는 것이 아니라 공생 등을 통해 새로운 무늬를 만들어내면서 흐르기도 하므로, 곧 양의 색깔이 변하면서 흐르기도 하므로 순수지속 또한 세계 이해의 한 축이 분명합니다.

삶이란 양화 될 수 있지만 그것만도 아니고 양화 될 수 없지만 그것만도 아니라는 것입니다. 삶의 양태는 양이면서 지속이고 지속이면서 양이기 때문에 어느 한쪽만을 토대로 삶을 헤아리려고 한다면 모순에 직면하고 만다는 것이지요. 양과 지속을 넘어서면서 양과 지속을 드러내고 있는 삶의 실상은 언어 이미지만을 갖고는 온전히 그릴 수 없기 때문입니다. 양이면서 지속이고 지속이면서 양인 것이 모순으로 비추어지는 것은 의식의 인지 패턴을 통해서 세계를 이해하는 인식의 한계라고 할 수 있습니다. 따라서 양 또는 지속의 어느 한쪽만으로 세계를 이해하려고 하는 것은 의식의 인지 패턴이 가진 한계를 벗어나지 못한 이해이며, 그와 같은 이해를 언어로 표현한다는 것은 해상도가 최소화된 상태에서의 이해라고 하겠습니다.

생물은 '스스로 틀을 만드는 물질'

생명체들은 살아오면서 자신의 행위가 생존과 번식을 위해 상을 받을 만한 것인지 벌을 받아야 하는 것인지를 구분하는 것이 무엇보다 중요했습니다. 그렇기에 생존과 번식을 위해 상을 받을 만한 행위를 했을 때는 몸과 마음이 기쁨이라는 감정으로 충만했을 것이며, 생존과 번식을 방해하는 양상들에 대해서는 불안과 두려움이라는 감정을 느꼈을 것입니다. 그런 과정을 통해서 즐거움을 주는 행위와 괴로움을 주는 행위에 대한 무의식적인 인식의 패턴이 확립됐을 것이고, 인류에 이르게 되면 상과 벌에 대한 행위의 패턴을 기억하고 예측하면서 상을 받을 만한 행위는 하고자 욕망하게 되었고 벌을 받을 만한 행위는 하지 않기를 욕망하게 되었다고 하겠습니다.

상과 벌로 느끼는 몸의 말이 의식되는 말이 되고, 의식된 말이 다시 몸의 행위에 영향을 주면서, 상과 벌에 따른 행동과 해석의 패턴이 강화됐을 것이라는 뜻입니다. 생존과 번식을 위한 욕망은 생명체들에게는 가장 근원적인 욕망이었기 때문에 생존과 번식을 위한 욕망의 충족은 다른 어떤 것보다 즐거움이 됐을 것이며 삶의 목표가 될 수밖에 없었다는 것입니다.

그렇기는 해도 '생명의 역사에서 중요했던 것'이 '기억과 예측을 통해 의식으로 현재화하는 것'과 일치하지 않는 것도 많습니다. 삶의 관계에서 자연스럽게 형성됐던 감정 상태에 대한 해석을 의식 패턴으로 만들어 갖게 되었고, 그를 통해 욕망을 해석하게 되면서 욕망의 대상을 자신의 해석 패턴에 따라 조작하는 경우가 많이 생길 수밖에 없었다는 것입니다. 내외부의 인식 대상을 인지하고 행

동할 때 자신에게 형성되어 있는 욕망의 틀을 이용하는 것이 일차
적이긴 하지만 때에 따라서는 그 틀을 비틀면서 행동 양상을 조율
해야만 하는 상황도 많았다는 것이지요.

생물을 '스스로 틀을 만드는 물질'이라고 정의하기도 하는데, 생명
체의 행동 양상이 이 뜻과 잘 맞는다는 것입니다. 이런 뜻에서 기억
과 예측의 시스템은 자신과 접속하는 세계를 해석하고 행동의 양상
을 설정해 타자와 공감하는 척도를 규정하는 기반이 되며, 세계를
규정하는 강도의 세기를 정한다고 하겠습니다. 지각되는 대상들
을 특정 범주로 묶고 일반화시켜 동일한 개념을 가진 언어로 표현
한다는 것은 하나의 낱말마다 인간의 욕구가 개입됐다는 것입니
다. 그러므로 세계 이해는 자기의 욕망이 구체적으로 표현된 것이
라고 할 수 있겠지요.

그런데 욕망 자체는 욕망하는 것이 속성이므로 욕망이 채워진다는
것이 성립될 수 없어, 만들어진 욕망의 틀이 지향하고 있는 방향을
바꾸지 않는다고 하면 필연적으로 자신의 삶 그 자체에 대해 불만
족의 강도도 키워가게 됩니다. 생존과 번식이라는 욕망은 삶의 자
연스러운 과정이라고 할 수 있지만, 욕망 그 자체는 미래에 이루어
질 일을 욕망하는 것과 같으므로 지금 여기의 삶에 대한 불만족의
강도도 늘려가게 된다는 것입니다. 그러므로 "누가 무엇을 왜 욕망
하는가"라고 묻고, 욕망하는 자신과 욕망이라는 심리 현상을 살펴

자신에 대한 불만족의 강도를 키우지 않는 것이 중요합니다. 그러기 위해서는 욕망에 대해 이해해야 할 뿐만 아니라 욕망의 흐름을 있는 그대로 보는 집중 수행도 필요합니다. 의식 집중이 깊어지게 되면 신체 내부에서 일어나고 있는 미세한 정보의 흐름을 보거나 특별한 의식상태를 경험하게 되면 욕망의 틀로부터 자유로울 수 있는 계기가 될 뿐만 아니라 욕망 그 자체의 허상을 이해할 수도 있기 때문입니다.

자기 자신으로 되돌아가 존재의 경이로움을 느끼는 순간

만들어진 욕망의 틀을 본다는 것은 자신의 삶을 다르게 볼 수 있는 새로운 틀을 만드는 것과 같지만, 다른 한편 새로운 틀에도 얽매이지 않는 힘이 생긴 것과도 같으며 새로운 세계와 만나게 된 것과도 같습니다. 이는 내부의 해석체계에 변화가 왔다는 것으로 새로운 공감 통로가 열렸다는 것입니다. 즐거움을 만들어 내는 색깔과 방향 그리고 강도가 바뀌었다는 것이지요.

이와 같은 경험을 했다는 것은 세계 이해의 폭이 넓고 깊어졌다고 할 수 있으며, 지혜가 생겨 이해의 지도가 바뀐 것이라고 할 수 있습니다. 의식 집중이 가져다준 선물입니다. 베르그송은 이와 같은 선물을 '자기 자신으로 되돌아가 존재의 경이로움을 느끼는 순간'이라고 이야기하고 있습니다.

의식이 집중된 상태에서는 뇌의 활동량이 증가하기도 하고 특정 영역의 스위치가 꺼지기도 하며, 신경 조절 물질 등의 분비가 평상시와 달라지면서 심리상태가 기쁨으로 충만하기도 하고 시간이 느리게 가는 것과 같은 경험을 하기도 하며, 집중이 더욱 강해지면 마치 새로운 세계 속에 있는 것과 같은 경험을 하기도 하기 때문입니다. 이것은 일상의 삶에 맞춰져 있던 세계 읽기의 패턴이 더 이상 작용하지 않는다는 뜻입니다. 의식 집중만으로도 마치 다른 세상을 사는 것과 같은 경험을 한다는 것은, 의식을 발생시키는 패턴 연결이 세계 이해의 축이 되며 해석의 토대가 된다는 것을 알게 하는 직접적인 체험이라고 하겠습니다.

의식 집중으로 새로운 지각 이미지가 생겨나기 전에 대체로 몸의 상태 변화가 먼저 일어나는 것을 경험하게 되니, 신체의 변화가 의식의 변화를 이끌고 변화된 의식상태가 다시 신체 상태의 변화 강도를 높이면서 의식 집중의 강도를 높인다고 할 수 있습니다. 마음과 신체 그리고 의식은 하나이면서 다르게 현상(現象)한 마음이기 때문입니다. 신체가 촘촘한 생명 역사의 정보를 통해서 현재의 인연에 맞는 패턴을 발현시키는 것이 마음의 작용과 같으며, 이 상태가 신체화되면서 생명의 역사를 지속하는 것이 인지의 흐름인데 이 흐름은 일상의 의식상태나 의식이 집중된 상태나 마찬가지라는 것입니다.

마음 집중을 통한 이와 같은 경험이 일상의 욕망과 세계 해석에 대해 다양한 관점을 가져야 한다는 것을 알려주는 실질적인 경험이 될 수 있는 것도 이 때문이겠지요. 곧 마음 집중으로 앎이 가진 패턴의 고정성과 이미지의 변환 그리고 상속의 변이를 알게 되면서, 안다는 것이 사건 사물 그 자체의 실재성을 아는 것이 아니라 의식되는 양상 그 자체가 사물 사건의 실재성을 규정한다는 것을 알 수 있게 된다는 것입니다. 안다는 사건은 사건 사물이 갖고 있는 듯한 고정성과 변이성을 읽는 것이 아니라 뇌의 무의식적인 인지 패턴에 의해 내부 이미지가 형성된 연후에야 발생하기 때문입니다.

그러므로 베르그송의 말처럼 극도로 기쁜 상태가 되어 존재의 경이로움을 느끼게 되는 순간은 새로운 이미지를 만들 수 있을 정도로 마음 집중이 이루어졌다는 것이며, 미래에 대한 불안 등이 개입되지 않아 온전히 안정된 심리상태가 되었다는 것입니다. 비교와 다름을 통해 사건 사물을 읽는 것이 아니라 온전히 만족한 상태가 된 경우이므로 더할 나위 없이 평화로운 마음 상태가 된 것이지요. 예를 들어 온전히 혼자 존재하는 듯하면서도 그 상태가 우주가 되는 전일적인 상태를 경험하기도 하고, 지금까지 경험하지 못한 시각 이미지를 보기도 하며, 아무런 지각 이미지가 없는 상태에서 안다는 사실만 있는 경우 등입니다. 세계 이해의 폭과 깊이를 달리 할 수 있는 다양한 경험들을 극도의 마음 집중 상태에서 한 것이지요. 전일한 우주의 흐름 그 자체가 된 듯한 경험은 베르그송이 말한 "순수지속 속에 오롯이 있는 듯한 체험"일 것입니다. 그렇다고 해서 그 사건이 세계를 이해하는 인지 시스템을 온전히 체험한 것이라고 말할 수는 없습니다.

이 상태는 양적으로 분할되는 시공간적 이해가 잠시 멈춘 상태라고 말할 수도 있고, 온전한 시공간 그 자체가 되는 상태라고 말할 수도 있으며, 시간 밖에 존재하는 듯한 상태이면서 무한한 공간이 된 듯한 상태라고 말할 수도 있지만, 곧 온전히 시간 속에 있어 공간 밖에 있는 듯하고 온전히 공간화되어 시간 밖에 있는 듯한 상태라고 말할 수도 있지만, 이 또한 마음 집중의 강도에 따라 인지 패턴이 변하면서 경험하게 되는 것 가운데 하나일 뿐입니다. 분할된 시공간에 대한 경험과 분할되지 않는 시공간에 대한 경험 모두가 진실이면서 허상이 되고 허상이면서 진실이 되기 때문입니다.

우리의 지각과 기억이 정의할 수 없는 상태

존재의 경이로움을 느꼈다는 것은 일상의 세상 읽기에서는 드러나지 않던 패턴이 드러난 것과 같으므로 일상과 다른 세상 읽기가 일어난 것은 당연한 일이라고 할 수 있지만 그 또한 조작된 느낌입니다. 그렇기 때문에 베르그송은 이 상태, 곧 극도의 기쁨 상태를 "우리의 지각과 기억들이 정의할 수 없는 상태"라고 이야기하고 있습니다. 왜냐하면 정의된 것, 곧 언어로 표현된 것은 사람들의 경험과 사유를 범주화시킨 일반상인데, 위의 상태는 이미 갖고 있는 언어의 일반상을 넘어선 경험이기 때문입니다. 이미 정의된 것은 사람들끼리 약속된 언어정보라고 할 수 있는데, 오롯한 의식 집중으로 경험된 의식상태는 일상에서 경험하는 언어 표현의 한계를 넘어선 것이기 때문에 일상의 언어로써 정의하기에는 한계가 있다는 것이지요.

홀로이면서도 무한한 존재감을 느꼈다는 것은 일상에서 느끼는 혼자라는 느낌을 넘어섰다는 뜻이면서도, 혼자 있는 그 자체가 존재의 기쁨이 된 상태인데, 이 상태는 온전히 새로운 경험이기에 일상의 지각과 기억으로는 정의할 수 없다는 것입니다. 베르그송은 이 상태를 '열기와 빛'에 비유하고 있는데, 베르그송 스스로가 의식이 집중된 상태에서 이와 같은 경험을 했던 것 같습니다. 참선 등의 수행과정에서 여러 사람이 경험한 것과 비슷한 것이기 때문입니다.

홀로 존재하면서도 우주가 된 듯한 존재의 경이로움을 느낀 체험은 일상의 존재 양상 모두를 빛나게 볼 수 있는 바탕이 된다고 하겠습니다. 극도의 몰입감은 우아한 몸짓만 있는 춤과 같다고 할 수 있는데, 가장 자연스러운 상태로 앉아 있거나 움직이는 것 자체가 온전히 존재하는 양상이 되기 때문입니다. 움직이거나 움직이지 않거나 그 상태 그대로가 가장 조화로운 상태로서 자기를 표현하는 아름다운 모습이며 우아한 몸짓이 된다는 것이며, 이렇게 익어진 몸짓이 일상의 하나하나를 경이로운 몸짓이 되게 한다는 것입니다.

베르그송은 이런 상태를 "미래를 예견케 하는 동작"이라고 정의하고 있습니다. 예견된 미래는 불완전한 예견으로 불안한 미래를 기다리는 것이 아니라 온몸으로 표현된 현재의 상태가 그 자체로 미래가 되어가는 동작인 줄 알기 때문에 미래가 불안하지 않다는 것이지요. 흐름과 멈춤으로 나눌 수 없는 상태가 자신의 존재를 온전히 드러내고 있는 율동이며 음악이며 미래가 되어가는 현재인 줄안다는 것입니다. 그래서 베르그송은 '율동을 따르며 거기에 음악이 동반될 때'를 온전한 아름다움으로 보고, 그 상태가 자신의 전감정을 그대로 드러내는 분할되지 않는 순수 상태라고 이야기했겠지요.

오직 듣는다는 하나의 행위만이 있는 상태

마음 챙김과 알아차림이 온전한 상태에서의 몰입은 마음으로는 기쁨이 충만하고 몸으로는 즐거움이 가득한 상태입니다. 이런 상태가 되면 언어의 분별을 중심으로 사건을 이해하는 의식이 작용하는 것이 아니라 특별한 의식이 드러나면서 자신이 만든 독특한 내부 이미지를 보기도 하고 듣기도 하며, 어떤 경우에는 주객이 사라져 분별을 넘어선 상태가 되기도 합니다. 베르그송은 이런 상태를 '존재의 미적(美的) 상태'라고 여긴 것 같습니다.

예를 들어 외부로부터 음악이라는 감각 정보를 수용하지 않았는데도 신체 내부에서 생성된 음악을 듣는다거나, 음악을 듣지만 듣는 사람도 들리는 음악도 사라지고 오직 '듣는다'는 하나의 행위만이 있는 상태 등입니다. 이런 상태가 양적으로 경계 지을 수 없는 존재의 미적 상태라는 것입니다. 실상에서 보면 모든 존재는 이와 같은 상태를 바탕으로 다양 다기한 일상을 살아가고 있습니다.

생명을 가진 모든 존재는 언어분별을 통한 공간적 이해와 경계를 넘어서는 미적 감정에 의해 자신이 온전한 존재 상태로 되돌려지면서 일상을 살고 있다는 것입니다. 자신이 순간순간 경험하는 감정과 감동 그 자체가 자신의 유일무이한 전존재적(全存在的) 상태라는 것이지요. 생명체들은 지속의 순간마다 '변환된 양적 몸짓'을 드러내고 있으므로 미미한 몸짓이라고 하더라도 그것 자체가 질과 양이 하나로 융합된 상태에서 존재의 미적 상태를 표현하는 율동이 된다는 것입니다. 그러므로 전존재로서 하나가 된 상태에서의 춤인 생명의 율동에 의해 공간화됐던 자기가 지속의 흐름 상태로 되돌려진다는 베르그송의 이야기는 되돌려지면서 지속되고 지속되면서 되돌려지는 춤으로서 양과 질이 융합된 율동이라고 새겨들어야 할 것 같습니다.

베르그송은 '율동마다 온전히 자기가 되는 자기'는 양으로 잴 수 있는 대상, 곧 사유의 대상이 아니라 사유 그 자체가 오롯이 질이

된 현상들이라고 하면서 그와 같은 상태를 '신체적 공감'이라고 이야기하고 있지만, 질과 양이 융합된 상태는 신체가 그 순간 온전히 자기가 되는 질로서의 율동을 하는 상태이면서 순간순간 색깔을 달리하는 신체 자체가 사유의 대상이 된 상태라고 할 수 있기 때문입니다.

베르그송의 견해에 따르면 질로서의 신체적 공감을 이끌어내는 것은 느낌을 그대로 표출하는 자연의 현상보다는 느낌을 암시하는 음악과 같다고 이야기하고 있습니다. 암시란 내재적으로 지속되는 마음의 흐름, 곧 준비된 미래와 무의식적으로 공명하면서 현재로 다가오는 어렴풋한 이미지를 예시하는 흐름임에도 불구하고 다른 무엇보다 우리를 끌고 가는 힘이 됩니다.

그러므로 느낌을 암시하는 시를 짓거나 음악을 한다는 것은 내재화된 미적 감정, 곧 생존과 번식에 가장 균형 잡힌 심적 활동과 상응하는 의식 활동이 됩니다. 시나 음악은 내재된 미적 감정이 시가 되고 음악이 되어 예시된 미래를 현재로 드러내 외부화한 것이기 때문에 우리의 감정을 더 강력하게 포획할 수 있다는 것입니다. 암시된 내부의 흐름 그 자체로 본다면 시나 음악으로 표현할 수 있을 만큼 분명한 색깔을 갖기 이전이라고 할 수 있지만, 인연이 익어 분명한 색깔로 드러나게 되면 표현된 그 자체가 자신의 전부가 된다는 것이지요.

암시된 미적 감동을 어떻게 양으로 잴 수 있는 것인가

조화로운 율동을 동반한 음악이나 미술은 우리에게 신체적 감동을 일으킬 뿐만 아니라, 온전히 자기가 되는 갑작스러운 도약을 이끌어냄으로써 일찍이 경험하지 못한 자기의 본 모습을 드러나게 만드는 효과를 가지고 있습니다. 그렇기 때문에 베르그송은 "암시된 미적 감동을 어떻게 양으로 잴 수 있는 것인가?"라고 물을 수밖에 없었겠지요. 이미 경험된 신체적 감응과 추상된 미래가 만나 발생하는 감정을 양적으로 파악하는 것은 언어 습관에 지나지 않는다는 것입니다.

하나하나의 감동 상태를 다른 감동 상태와 비교해서 늘어났다거나 줄어들었다고 말할 수 없는 것은 각각의 상태마다 그 자체로 자신의 전존재가 드러난 사건이 되므로 양적으로 잴 수 없다는 것이지요. 그렇지만 내외부의 감각자료를 수용하는 수용체의 양을 무시할 수 없으며, 신체 내부에서 공명하고 있는 여러 곳의 파동의 크기를 배제할 수도 없으므로 감동 상태라고 하더라고 어느 정도는 양적으로 표현할 수 있는 기반이 있습니다. 어느 정도라고 하는 것은 생명의 흐름 그 자체가 순수지속으로 표현되는 흐름과 양적으로 잴 수 있는 영역이 겹쳐 있기 때문입니다. 삶의 율동 상태는 양이면서 지속인 상태이기에 이 가운데 어느 한쪽만으로 삶을 표현하기에는 한계가 있을 수밖에 없다는 것입니다.

제2강. 양의 변용을 통해 이루어지는 지속

베르그송은, 심리상태들의 강도에 관한 이야기를 한 제1장의 전반부에서는 감정을 중심으로 순수지속을 이야기하면서 삶은 양적으로 잴 수 있는 것이 아니라고 하였으며, 후반부에서는 근육의 힘쓰기를 이야기하면서 근육의 힘쓰기 또한 감정 등과 같아 양적으로 잴 수 있는 것이 아니라는 이야기를 하고 있습니다. 그러나 생물에 대한 새로운 발견과 연구에 의하면 감정 등과 같은 정신적인 영역과 힘쓰기를 하는 근육 등의 영역이 똑 부러지게 나뉠 수 있는 것도 아니며, 정신의 이야기와 근육의 이야기가 생명의 이야기를 전개하는 서로 다른 방법이 아니냐는 생각들이 점점 설득력을 얻고 있는 것 같습니다. 정신과 근육이 언어 개념의 다름만큼이나 사실의 다름이 아닐 수 있으며, 오히려 생명체의 활동 양상이 세포의 힘쓰기이면서 힘쓰기의 다름이 감정 등의 이야기를 만들어 내는 것 같다는 것입니다.

앞서 말씀드렸듯이 지구상에 생명체가 나타난 것은 약 40억 년 전이며, 당시의 지구환경으로 보면 생명체가 나타날 수 있는 필연의 조건을 갖추었다고 할 수 있으나, 그 조건을 갖추게 된 것은 우연이었다고 할 수 있으니, 우연과 필연의 조건에 의해 지구상에 생물체가 출연하게 되었다고 할 수 있겠지요. 살아 있는 물질의 출현은 이미 있던 물질이 살아있는 작용을 하게 됐다는 것이니, 환경의 변화가 살아있는 물질을 출현하게 했다고 할 수도 있고, 다른 한편으로는 환경의 변화에 따라 물질이 살아 있는 작용을 비로소 하게 됐다고 할 수도 있다는 것입니다. 어느 쪽이든 무생물이 생물로 변이된 것과 같으므로 생물은 무생물의 상속적 변이체(變異體)라고 할 수 있고, 생물 또한 무생물이 되기도 하니, 무생물과 생물의 경계를 나누기도 쉽지만은 않겠지요.

경계를 온전하게 분별하는 것이 쉽지 않다

어떤 면에서는 무생물은 생물의 작용이 숨어 있는 것과 같다고 할 수도 있고, 생물은 감추어져 있던 생물의 작용이 드러난 것이라고 할 수도 있습니다. 따라서 무생물과 생물, 살아있음과 죽음은 상태로만 보면 언어 개념에 맞는 양적 분별이 가능하기도 하지만, 경계를 온전하게 분별하는 것은 생각처럼 쉽지 않습니다. 사건 사물은 양적인 측면으로만 보면 존재하거나 존재하지 않는다고 말할 수 있을 것 같으나, 지속으로 보면 존재와 비존재가 서로의 경계선을 넘어서면서 존재가 비존재가 되는 것 같기도 하고 비존재가 존재가 되는 것 같기도 하기 때문입니다.

때문에 '존재한다(있음)'라는 의미와 '존재하지 않는다(없음)'는 의미를 완벽하게 다른 상태로 파악하는 것은 언어의 개념으로만 보면 맞는 듯하지만, 관계망 속에서 물질이 생물이 되고 생물이 물질이 되는 상속적 상태를 가리키는 데는 맞다고 하기 어려우며, 나아가 세포가 된 물질은 살아있는 활동을 할 뿐만 아니라 자신이 경험한 이야기들을 특정한 물질 구조의 패턴으로 저장하고 복제할 수 있게 되면서 상속된 생명체에게 살아온 과정에서 획득한 생명 정보를 전할 수도 있게 됐으니, 정신과 물질의 명확한 구분 또한 어렵다고 하겠습니다.

더 나아가 생명 정보를 획득하여 자기 이야기를 만들면서 살아가던 단세포 생물의 지속적인 증가와 생존 활동의 결과로 지구에 산소가 증가하여 생태계가 변하게 되자 산소가 없었던 환경에서 살아왔던 단세포 생물의 생존 활동의 양상도 바뀔 수밖에 없었으니, 생명체와 생태계는 서로 영향을 주고받으면서 상호의존하고 있는 생명체의 숫자만큼 중첩된 생태계이면서 생태계 그 자체로 하나의 생명계라고 할 수 있겠지요. 물질과 생물 그리고 생존 환경 등은 경계가 분명한 것 같지만, 생명체들의 생명 활동이 경계를 넘나들면서 이루어지고 있기 때문에 낱낱 생명체는 개체이면서 공생체일 뿐 아니라 생태계 전체를 하나의 생명계가 되게 하는 활동을 한다는 것입니다. 그렇기 때문에 산소를 이용할 수 있는 능력을 갖추게 된 생명체들이 생겨났을 뿐만 아니라 산소를 이용할 수 없는 생물과 산소를 이용할 수 있는 생물이 하나의 세포가 되어 공생하게 되었으며, 진화에 따라 다양한 생명체들이 나타날 수 있었겠지요. 삶의 여정에서 만난 우연과 자신의 과거 경험 내용인 필연이 만나 자신의 미래를 창발적으로 준비해 갈 수 있는 능력이 경계를 지으면서도 경계를 넘나들 수 있는 공생 관계에서 생겨날 수 있었다는 것입니다.

경계를 넘나들면서 함께 생명 활동을 하다

세포 생명체들은 생명 정보를 물려받았을 뿐만 아니라 변이되면서 새로운 정보가 생겨나기도 했고, 이웃 세포와 공생체가 되어 다른 세포의 생명 정보를 받아들이기도 하면서 세포들이 만들어내는 삶의 이야기는 더욱 풍성해졌으며, 풍성해진 이야기가 유전체라는 물질 구조를 통해서 오늘날까지 전해질 수 있었던 것도 경계를 넘나들면서 함께 생명 활동을 할 수 있었기 때문입니다.

생명체들은 상속을 통해 수직적으로 전해 받은 정보와 수평적으로 이웃을 통해 얻게 된 정보를 바탕으로 자신의 삶을 살아왔으니 낱낱 생명체는 낱낱이면서 동시에 공생체라고 할 수 있으며, 생명체들의 생명 활동이 생태계를 바꾸기도 하므로 자연의 선택압도 쌍방적이라고 할 수 있습니다. 생물체들이 수직 수평적으로 생명 정보를 주고받을 때 발생하는 유전정보의 변이뿐만 아니라 시공간의 변화에 따라서 생명 정보가 변이하기도 하면서 다양한 생명체들이 나타날 수 있었다는 것이지요. 생명 활동의 토대가 그렇기 때문에 생명의 최소 단위인 세포는 시공간과의 융합적 정보활동을 하기 위해서나 다음 세대에게 생명 정보를 전달하기 위해서나 언어만큼 이나 분명한 양적 분별을 통한 정보 획득이 필요했을 것이며, 그렇게 획득된 정보가 수직 수평적으로 전달됐으므로 정보의 지속이 틈 없이 상속되는 것이 아니라 도약을 통한 상속, 곧 틈이 있는 상속일 수밖에 없었다고 하겠습니다.

수직 수평적으로 정보를 주고받은 생명의 진화가 수십억 년 이어지다가 약 25~30만 년 전에 현생인류가 지구상에 나타났다고 하지만, 사람을 이루는 세포로 보면 40억 년을 이어 생명의 정보를 상속받았다고 할 수 있기 때문에 호모 사피엔스의 생물학적 나이를 40억 살이라고 해도 틀린 말이 아니라는 것입니다. 다만 그 세월 동안 만들어진 정보 가운데 지금까지 유용하게 쓰이고 있는 것이 있는가 하면, 세월 따라 변이의 과정을 통해서 사라졌거나 쓰이지 않고 있는 정보도 많기 때문에, 곧 틈이 있는 상속과 같으므로 40억 년 동안 생겼던 정보가 그대로 전해진 것은 아닙니다.

생물학자들의 이야기에 따르면 지구상에 생명체가 나타난 순간부터 지금까지 헤아릴 수 없을 정도로 많은 생물종들이 생겨났다가 사라지기를 반복했으며, 지금 지구상에 존재하는 생물종들은 생겨났던 전체 종 가운데 약 0.1% 정도에 지나지 않는다고 하며, 사라진 종 가운데 화석이 될 수 있는 골격을 갖지 못한 종들은 흔적조차 찾기 어렵다고 합니다.

멸종의 이유로는 급격한 생존 환경의 변화에 기인한 것이 많다고 하는데, 이는 환경의 변화에 따라 자신의 생명 정보, 곧 유전정보를 변이시켜 달라진 환경에 적응할 수 있는 시간이 없었거나 유전정보를 변이시키지 못했기에 살아남을 수 없었다는 것이지요. 이미 익힌 자신의 정보가 시대의 변화에 따라 변이되기도 하고, 생명체들이 함께 생태계를 변이시켜 생존할 수 있는 조건이 됐을 때만 살아남을 수 있었다는 것입니다.

생존 환경의 변화와 먹이 활동의 결과에 따라 자신의 생명 정보가 바뀌기도 하고, 하나의 세포 안에 다른 역사를 가진 세포들이 들어오면서 공생체로서 하나의 세포를 이루기도 했으며, 공생체가 되었기에 동식물 등의 다세포 생명체도 나타날 수 있었다는 것이지요. 단세포 생명체가 분열을 통해 두 개의 서로 다른 세포 생명체가 되는 것과 달리, 다세포 생명체는 분열 이후에도 유기적으로 하나의 생명체가 되어야 하므로 여러 개의 세포가 하나의 공생체로 존재할 수 있는 기능, 곧 세포들끼리 정보를 주고받을 수 있는 기능이 필요했습니다.

공간 그 자체가 양자들이 요동치는 정보의 장

다세포로서의 공동 생명체는 단세포 생명체가 주위 환경을 무의식적으로 읽어내면서 생명 활동을 해왔던 기능뿐만 아니라 이웃 세포와 더불어 정보를 교환하는 기능이 자연선택의 결과로 생겨났다는 것입니다. 이 기능이 세포가 자신의 내부에서 생긴 정보와 외부로부터 수용된 정보를 특정한 패턴으로 분절하여 읽는 능력, 곧 물질 공간의 패턴과 관계를 맺으면서 수용된 정보를 읽는 능력입니다. 공간에서의 관계 형성은 내부가 외부를 읽기도 하지만 외부가 내부를 읽게 된다는 뜻도 포함됩니다. 왜냐하면 텅 빈 공간이 있고 그곳에서 생명체가 살아가는 것이 아니라, 공간 그 자체가 양자들이 요동치는 정보의 장이기 때문이며, 양자들의 응집으로 이루어진 물질들도 이웃과 관계를 맺으면서 특정한 패턴으로 정보를 발산하고 있는 곳이기 때문입니다.

생명을 이룬 물질과 정보의 장, 곧 시공간을 구성하는 물질 정보들이 조건에 따라 열쇠와 자물쇠처럼 상호 작용한다는 것입니다. 열쇠와 자물쇠처럼 작용하는 양태는 입자라고도 할 수 있고 파동이라고도 할 수 있는 양자 활동의 모습이 관측자의 관측행위에 의해서 입자 또는 파동으로 드러난다는 사실에 의해서도 알 수 있습니다. 생명체들이 자신들의 이야기를 엮어가는 데서 보면 개체성을 드러내지만, 개체성을 드러내기 위해서는 생명의 장과 적절한 관계를 맺어야만 한다는 데서, 개체들은 분별 된 하나이면서 동시에 공간 전체와 유기적 관계로서 하나가 될 수밖에 없다는 것입니다.

이런 뜻에서 베르그송의 순수지속이라는 개념, 곧 공간을 배제한 시간만으로의 지속이라는 개념도 성립되기 어렵겠지만, 공간 물질의 한 축인 시간 흐름이 드러내고 있는 변이성을 배제한 플라톤의 이데아와 같은 개념 또한 성립되기 어렵습니다. 실상에서 보면 우주 자체가 물질 정보 그 자체이며, 양자들의 결합상태에 따라 여러 양상으로 나타나는 사건들의 장, 곧 갖가지 정보들이 생성 소멸하는 장이기 때문에 물질과 정보 그리고 정신을 언어 개념만큼 분명하게 구별하기 어렵다는 것입니다. 물질인 듯 보이지만 그 물질이 관계망에서 이웃을 읽어내는 정보활동 자체가 정신 활동이라는 것이며, 그와 같은 활동을 통해 물질이면서 정신인 것이 자신의 이야기를 정보화하면서 변주해간다고 할 수 있으므로 현재의 물리학자들은 물질을 정보라고 이야기했겠지요.

지속의 양상은 틈이 없이 정보가 상속되는 것이 아니라 도약을 통해 정보가 변이되는 양적(量的) 상속이므로 지속을 드러내는 정보도 젤 수 있고 알 수 있으며, 양으로 읽힌 정보도 지속이 배제된 양적인 정보만을 담고 있는 것이 아닙니다. 우주 그 자체가 정보의 장이며, 정보들이 끊임없이 상호작용을 하는 곳이므로, 물질에 정신이 깃들어 있다고 할 수도 없으며, 물질에서 정신이 파생됐다고 할 수도 없으며, 정신에서 물질이 나왔다고 할 수도 없으며, 물질과 정신이 각기 다른 본질을 가지고 있다고 할 수도 없다는 것입니다.

이와 같은 정보가 응집되어 생명체가 나타나게 되었고, 생명체의 정보활동은 세포 속의 유전자에 의해서 간직되고 변이되고 상속되는데, 그 또한 정보의 장인 시공간의 활동 양상과 같다는 것입니다. 우주의 정보활동이 생명체가 하는 정보활동의 바탕이 된다는 것이며, 정보의 장 그 자체가 끊임없이 요동치기 때문에 세포들의 활동 양상도 다양하게 나타날 수 있어 지구상에 다양한 생명체가 나타날 수 있게 됐다는 것이지요.

개성을 가진 개체가 되면서도 개체를 이루는 정보들을 교환할 수 있는 것도 우주가 정보의 장이면서 정보들의 융합과 해체를 통해 정보활동의 양상이 변하기에 가능하며, 지구에서 생명체가 생겨난 이후, 곧 물질이 살아있는 활동을 하게 된 이후의 생명체들 모두가 공통조상에게 정보를 상속받았으면서도 시대와 환경에 따라 변할 수 있었던 것도 여기에 기인한다는 것입니다.

공통조상에게 정보를 수직적으로 내려받았지만, 그것에만 머물지 않고 세월 속에서 형성된 이웃사촌들의 다양한 경험을 유전정보의 교환을 통해 수평적으로 나누면서, 곧 서로서로 이야기를 주고받으면서 변해가는 것이 생명 활동의 양상이라는 것입니다. 물론 주고받는 정보의 내용을 자각하게 되기까지는 40억 년 가까이 걸렸지만, 곧 현생인류에 이르러 생각을 생각하게 되었지만, 자각되지 않는 상태에서 정보를 주고받는 무의식적인 인지 상태는 생명체가 지구상에 나타난 순간부터 이루어졌습니다. 생명현상은 생명 정보를 수직 또는 수평으로 주고받는 활동을 바탕으로 이루어지고 있기 때문입니다.

이렇게 정보를 주고받으면서 살아오던 생명체들에게 크나큰 변화가 일어나게 되면 그 결과로 다양한 생물종들이 나타나게 되는데, 약 5억 4천만 년 전인 캄브리아기에 광합성을 하던 식물성 세포의 기능이 동물성 세포의 기능으로 전이되면서 동물에게 눈이 생기게 된 사건도 그 가운데 하나입니다. 그 결과 당시 동물의 약 30%가 눈을 갖게 됐지만, 그 눈은 그저 빛의 명암 정도만을 파악할 수 있는 정도였다고 합니다. 그렇지만 그와 같은 공능만을 가지고도 생물체들이 살아남을 수 있는 확률이 엄청나게 증가해서 생물종이 폭발적으로 늘어나는 데 일조하게 됐다는 것이지요.

인지 그 자체는 뇌의 해석이면서 과거와 미래를 잇는 가교

나아가 외부에서 오는 감각자료를 수용하는 감각기관의 능력과 수용된 정보를 해석하는 뇌의 정보 구분 능력은 진화가 거듭되면서 더욱 다양하고 세밀하게 됐으며(약 2억 년 전 포유류에 신피질이 생기면서 지각 능력이 생기게 된 것이 좋은 예라고 할 수 있음), 그렇게 파악된 정보가 기억으로 남게 되면서 새롭게 들어오는 정보를 해석하는 근거를 확보하게 되었습니다. 그러므로 인지된 현재는 지금 여기에서 발생한 사건 사물을 있는 그대로 인지한 것이라기보다는 과거를 통해 해석된 현재라고 할 수 있으며, 그렇게 해석된 현재는 다시 기억을 강화하면서 미래에 올 사건을 해석하기 위해 정보를 축적하고 있으니, 인지 그 자체는 뇌의 해석이면서 과거와 미래를 잇는 가교가 된다고 하겠습니다.

따라서 시지각은 눈의 지각이라기보다는 뇌의 지각이며 해석이라고 해야 하며, 이 해석에 참여하는 뇌의 영역이 서른 군데 이상이라고 하니, 본다는 것은 지금 수용된 감각자료에 자신이 살아온 역사를 담아 해석된 지각이라고 해야 하겠지요. 이러한 일이 어찌 시지각에 그치겠습니까? 의식되는 모든 사건마다 그렇겠지요.

외부의 정보를 감각 수용체가 수용했다고 하더라도 내부에서 해석되지 않는다면 의식으로 발현될 수 없다는 것입니다. 그렇다고 해서 의식으로 인지되지 않는 정보가 우리 삶에 영향을 주지 않는 것도 아닙니다. 무의식적인 관계망을 통해서 훨씬 많은 영향을 주고받습니다. 의식된 것들은 그 순간 가장 뚜렷이 해석해야 할 감각 정보라고 할 수 있지만 자연스럽게 처리되는 무의식적인 정보해석 또한 몸을 통해서 끊임없이 이루어지고 있기 때문입니다.

그것은 무의식적인 정보 분별능력이 진화 과정에서 먼저 일어났었기 때문일 것이며, 무의식적인 정보처리 방식이 의식적인 정보처리 능력을 형성시켰기 때문일 것입니다. 의식되는 마음과 의식되지 않는 마음의 정보처리 방식이 비슷하다는 뜻입니다. 여기서 마음이라고 한 것은 물질과 상대되는 마음도 아니며, 변치 않는 실체로서의 마음도 아니라는 것을 앞서 말씀드렸습니다. 관계 속에서 이루어지는 정보처리가 마음 작용이기 때문입니다.

더 나아가 생각을 생각하게 된 현생인류는 내외부의 정보를 해석하는 주체로서의 이미지를 만들어 그것을 자아라고 추상하게 됐으며, 이와 같은 인지 과정에 대한 이해와 기술 수준이 높아지면서 인지 연구자와 공학자들은 스스로 학습하고 이해하는 능력을 갖춘 기계를 만들고 있습니다. 그 결과 스스로 학습을 하는 인공지능 기계, 곧 스스로 정보를 해석하는 능력을 갖춘 인공지능 기계를 만드는 것은 어느 정도 성공을 거두었으며, 궁극적으로는 자의식을 갖는 인공지능체까지 만들게 될 것입니다. 생각하는 기계이면서 생각하는 자신을 자각하는 기계가 만들어지는 것입니다.

생물의 내부화된 운동, 생각

생물학자들에 의하면 생각하는 능력은 동물이 시공간의 정보를 분석하여 움직여 나갈 방향 등에 대한 정보를 확보하기 위해서 생겨난 것이라고 합니다. 움직일 필요가 거의 없는 식물의 정보처리 능력과 다른 능력으로 생각하는 능력이 동물에서 생겨났다는 것이지요. 현재의 정보를 처리하는 데 그치는 것이 아니라 그것을 기억하고, 기억을 통해 움직여갈 방향을 예측하기 위한 내부 운동이 마음이라는 것입니다. 하지만 정보처리 능력 그 자체를 마음으로 보면 마음 작용이 없는 생물이 있을 수 없으므로, 물질이 살아났다는 것은 내부 운동망을 통한 활발한 활동이 시작됐다는 것이며, 운동의 결과들이 기억으로 축적되면서 마음이 확장되어가는 것이 진화의 과정이었다고 하겠습니다.

다만 식물은 현재의 지각에 초점이 맞추어진 내부 운동이 중심이라면, 동물은 현재의 경험을 기억으로 남길 뿐만 아니라 기억을 통해 무의식적으로 미래를 예측하는 내부 운동이 심화됐다고 할 수 있으며, 사람에 이르러서는 기억을 바탕으로 시공간과 감정 등을 분별하고 분별 된 것들의 일반상을 취해 언어를 만들었을 뿐만 아니라 내외부에서 일어나는 사건 사물에 대한 무의식적인 해석과 처리 가운데 일부를 의식하게 됐다고 할 수 있습니다.

더군다나 시간과 공간이 따로 있는 것이 아니라 시공간 그 자체가 정보의 장이라고 말하고 있는 현대 물리학의 해석에 따르면, 사건 사물을 공간적으로 분별하여 이해함과 동시에 시간 흐름도 이해해야 하는데, 인식에서 시간 흐름이 직접 보이지 않는 것은 뇌의 내부 운동(마음 작용) 자체가 시간이 정지된 것과 같은 기억을 배경으로 미래를 예측하기 때문입니다. 그리고 뇌가 0.02초 정도의 시간차를 갖고 일어나는 정보를 동시에 발생했다고 해석할 뿐만 아니라 해석되는 이미지를 만드는 데 걸리는 시간을 뇌가 보정해 주기 때문입니다. 그렇지만 본질적으로는 3차원을 갖는 공간 구조에 시간 흐름이 더해진 것과 같은 4차원을 직관하기 위해서는 5차원적 지각 시스템이 형성되어야 하는데 생물의 진화가 아직 여기까지는 이르지 못했기 때문이라고 해야 하겠지요.

그렇기는 해도 뇌의 해석은 시공간을 구성하고 있는 양자가 순간적인 도약을 통해 생성과 소멸을 반복하면서 자신의 정보를 보여주는 것과 맥을 같이한다고 할 수 있습니다. 시간 상속에도 틈이 있을 수 있다는 것입니다. 드러낼 인연이 아니면 드러나지 않는 것이 양자 정보의 특성이라는 것이지요. 그와 같은 틈이 있기에 양적인 공간 분별도 가능하고, 도약을 통한 정보의 상속이 있기에 지속도 성립될 수 있지만, 공간 분별과 시간 지속을 함께 읽을 수 없는 지성의 한계에서 보면 양과 지속이 함께 한다는 것이 모순처럼 보일 수밖에 없습니다. 그러므로 추론이 아니라 실험과 관찰을 통해서 밝혀진 사실을 바탕으로 불연속성과 연속성에 대한 판단 근거를 다시 살펴볼 필요가 있다고 하겠습니다.

인간의 인지는 생물체가 가진 일반적인 능력 가운데 하나라고 할 수 있지만, 인간 스스로가 인지 과정 등을 어느 정도 자각할 수 있게 됐기 때문입니다. 그렇지만 그 능력이 물질 외부로부터 물질 내부로 들어온 것은 아닙니다. 생물은 처음부터 생존과 번식을 위해 내외부의 정보를 그 나름대로 알아차리는 정신이면서 물질이었기 때문입니다. 외부로부터 들어왔다고 여기는 영혼 등과 같은 개념을 따로 설정할 필요가 전혀 없다는 것이지요.

생물이 된 물질이 물질이면서 정신 활동을 한다

생물이 된 물질이 물질이면서 정신 활동을 한다는 것은 생물계 전체가 상호 간에 관계를 맺으면서 적의 적절한 정보교환을 한다는 뜻입니다. 최초의 생물부터 세포막을 경계로 세포 내부를 자아로 여기면서 내외부와 정보교환, 곧 정신 활동을 했다는 것이며 자각되지 않은 자의식이 있었다는 것입니다.

현생인류에 이르러 자의식을 자각하게 되면서부터 내부에 인식 주체이면서 영혼인 어떤 것이 있다고 여기게 됐지만, 이 또한 생명체가 진화의 세월을 지나오면서 경험했던 패턴들을 분별하여 언어화한 것에 지나지 않습니다. 40억 년을 걸쳐 무의식적으로 추상한 이미지를 의식적으로 자각할 수 있게 되면서 언어와 상응하는 것으로서 영혼, 정신 등이 물질과 다른 실재로 존재한다고 여기게 되었을 뿐입니다. 의식적이든 무의식적이든 생물들이 관계 속에서 이야기를 나누는 능력을 정신이라고 할 수 있으므로 정신과 물질의 실체가 따로 있을 수 없다는 것입니다. 세포들끼리 주고받는 정보 네트워크와 세포와 환경이 주고받는 정보 네트워크를 통해 이루어지고 있는 정보 교류와 해석 작용이 물질이 하는 일이면서 정신 현상이 된다는 것입니다.

이런 뜻에서 양화 되는 물질과 상반되는 '양화 할 수 없는 순수의식' 또는 '지속되는 영혼'이라는 개념은 생명체들이 하는 생명현상 그 자체의 양면성을 완전히 드러내는 개념이라고 할 수 없습니다. 베르그송이 자기충족적으로 존재한다고 여기는 영혼이 물질과 다른 것으로 실재한다고 보기 어렵다는 것입니다. 어떤 생명체든 관계 망을 떠나서 자기충족적으로 살 수 없기 때문입니다.

자기충족적인 것이 되려면 생명계의 관계망과 상관없는 것이어야 하며 물질계와 온전히 구분되는 실체로서 진화와는 상관없는 것이어야 하는데, 지금까지의 연구결과에 따르면 생명체에는 생명계의 외부에서 들어온 것과 같은 영혼이 따로 없으며, 생명체 그 자체가 내외부의 관계망을 통해 정신 작용을 하는 것이 영혼의 작용이되므로, 자기충족인 듯한 영혼의 상태란 만들어진 이미지에 지나지 않는다는 것입니다.

생물체가 하는 지각 작용 자체가 영혼

생물체가 하는 지각 작용 자체가 영혼이라는 것이며, 사람에 이르러서는 영혼이라는 내부 표상을 만들어 그것을 영혼이라고 분별하게 됐다는 것입니다. 내부 표상이란 생물체들이 살아온 과정에서 획득한 세계 이해의 경험과 기억을 바탕으로 새롭게 감수된 정보를 해석하기 위해 만들어진 내부 이미지를 말하며, 이 이미지가 만들어져야 인식이 발생하게 되는데, 사람에 이르러서는 인식하는 자기를 의식하게 되면서 인식의 주체로서 마음 또는 영혼이라는 언어를 만들고, 만들어진 언어를 통해서 마음 또는 영혼을 추상하게 됐다는 것이지요.

영혼이라는 언어 이미지가 무의식적으로 개입됐을 때만이 영혼이 있는 듯이 사유 된다는 것입니다. 이러한 대상은 사유 시스템이 만든 환상이라고 할 수 있으므로 물질세계와는 다른 순수 의식세계가 있는 듯이 여겨질 수 있으나, 실제로는 자기충족적일 수밖에 없는 개념을 만들었기에 그렇게 인지될 수밖에 없습니다. 언어 이미지에 따라 분별 된 정보는 불변의 개념을 갖는 것이 되기 때문에 이름 짓는 순간 어떤 것이든 그 자체로 불변 표상으로 사유 되면서 자기충족적인 것이 되고 만다는 것입니다. 자기충족적인 것이란 언어 개념을 빌려 만든 착각에 지나지 않는다는 것이지요. 지금 여기의 정보라고 해도 기억을 기반으로 해석된 정보이기 때문에 인지된 현재는 현재 그 자체가 아니라 표상된 이미지이며, 해석된 현재라는 것입니다. 베르그송이 말하고 있는 지속이라는 개념 또한 지속이라는 분별 표상을 전제로 한 착각일 수 있다는 것이지요.

물론 경험된 모든 사건이 기억 정보로 남아 지금 여기에서 수용된 정보를 해석하는 일에 끼어드는 것은 아닙니다. 강도의 차이에 따라 기억으로 남는 것과 그 순간의 역할만을 하고 마는 경험도 있기 때문이며, 현재의 인식에 의해서 기억 패턴이 바뀌기도 하기 때문입니다. 인식된 현재가 기억이 개입된 현재이면서 동시에 기억의 패턴을 강화하거나 새롭게 만들면서 미래를 준비하고 있는 현재가 되듯, 기억된 것 또한 경험한 것을 그대로 기억하는 것이 아니라 기억의 자모음이 모여 과거의 경험을 재구성한 이미지이므로, 이미지를 만들 때 참여하는 자모음의 강도와 색깔에 따라 이미지와 해석이 달라질 수도 있다는 것입니다. 이는 생물체 모두가 공통조상에게 나왔지만, 우연과 필연을 통해 유전정보가 하나둘씩 변이하면서 지구상에 다양한 생명체가 나타난 데서도 알 수 있습니다.

같은 색깔의 정보라 하더라도 실제로는 각자의 기억에 따라 다른 해석을 하는 경우도 있다는 것입니다. 그렇기 때문에 의식 집중으로 일상의 표현 양상과 다른 경험을 할 수도 있으며, 분별 의식을 초월한 듯한 경험을 하기도 하지만, 일상의 인식이든 의식 집중을 통한 인식이든 인식의 내용은 해석된 것이므로 해석된 이미지 그대로가 외부나 내부에 실재한다고 여겨서는 안 됩니다. 의식 집중을 통해 만나게 되는 특별한 경험은 외부의 감각 대상을 지금까지와 다르게 이미지화하고 해석한 것이라고 할 수 있으며, 외부의 감각 대상을 수용하지 않고 오직 내부의 조건만으로 만들어낸 특별한 외부를 경험한 것이라고 할 수 있기 때문입니다.

일상이거나 집중 상태이거나 인식하고 있는 것을 다시 알아차리고 있는 듯한 의식상태, 곧 인식주관이 작용하고 있는 듯한 의식상태가 일반적이긴 하지만, 집중된 상태에서는 주관적인 자아가 사라지면서 주객이 일치된 내부 이미지만이 있는 상태도 있으며, 아무런 이미지가 그려지지 않는 상태에서 '그 상태를 알아차리고 있는 것'만 있는 듯한 상태 등도 있는데, 이 모두가 인지를 발생시키는 내부 관계망이 변하면서 일어난다는 것입니다.

예를 들어 자아상을 만들어내는 영역의 활동 스위치가 꺼졌다고 하면 자아의식이 발생하지 않게 되는데, 이는 수용된 정보를 해석할 때 자아상을 만드는 모듈 부분이 참여할 수 없기 때문이며, 이때는 이미지만 있는 세계를 보는 자 없이 보고 있는 듯한 경험을 하게 된다는 것이지요. 이를 통해서 일상의 의식을 넘어선 듯한 초월의식도 관계망의 변이에 따라 발생한 인지 상태라는 것을 알 수 있습니다.

삶과 죽음도 의식이 생겨나고 의식이 사라지는 것과 같다

이와 같은 이해를 토대로 보면 삶과 죽음도 의식이 생겨나고 의식이 사라지는 것과 같다고 할 수 있겠지요. 물론 잠이 깊이 들었을 때를 생각해보면 의식이 작용하지 않는 틈을 무의식이 메꾸고 있다고 할 수 있지만, 무의식의 흐름도 틈이 있는 상속이며 깨어있는 의식의 흐름에도 틈이 있다고 하니, 삶은 죽음을 건너 삶으로 드러나고 죽음 또한 삶을 건너 죽음으로 드러난다고 할 수 있다는 것입니다. 삶은 죽음을 상속하는 것이면서 삶이 되고 죽음은 삶을 상속하는 것이면서 죽음이 되니, 삶과 죽음의 경계 지음도 언어만큼 분명하지 않다는 것이지요.

뇌의 활동을 통해 의식을 연구하고 있는 사람들의 연구결과에 의하면 의식 현상이 연속적으로 이어지는 것 같지만 실제로는 찰나마다 새롭게 찍힌 사진들이 동영상으로 이어지고 있다고 이야기하고 있는 것과 같습니다. 1초에 24프레임의 영상사진이 이어지면서 영화가 되는데 그것보다 훨씬 많은 프레임의 사진들이 만들어지고, 그것들이 연속된 이미지의 흐름으로 나타나면서 생성과 소멸과 안다는 일이 발생한다는 것입니다. 영화가 되는 프레임의 사진 하나하나를 보면 오직 하나의 그림이지만 비슷한 그림들이 빠른 속도로 이어지면서 움직이는 것처럼 보이듯이 기억의 조각들과 현재 수용되는 정보의 조각들이 모여 하나의 이미지를 만들면서 지속되는 것도 그와 같다는 것입니다.

마음이라는 것이 따로 있어 의식 활동을 하는 것이 아니라 신체가
기억을 토대로 지금 수용된 정보를 통합하여 하나의 사진을 만들
고, 만들어진 사진을 알아차리는 영역이 참여하면서 누가 무엇을
안다는 인지가 발생하는 것이 뇌의 통합된 활동이면서 자아의식
이 동반된 마음이 된다는 것입니다. 그렇기 때문에 지속이라는 언
어 개념에서 보면 인지의 상속이 틈 없이 이루어지는 것 같지만 인
지의 과정을 천천히 돌려 본다면 순간순간 하나의 사진만이 우리
눈앞에 나타나게 될 것입니다. 다만 이 사진들이 사건의 연속적인
정보를 이어준다는 데서 지속이라는 개념이 성립될 수 있으므로
시간 지속은 양화 된 정보가 상속되는 것이라고 할 수 있겠지요.
시간의 지속 또한 양화가 가능하면서도 양화 된 정보가 변이되는
흐름입니다.

생명의 흐름은 변이되어가는 정보의 이어짐으로 보면 양화 될 수
없는 듯하고, 변이된 순간의 사진으로 보면 양(量)으로 존재하는
듯합니다. 곧 읽힌 정보는 그 순간에 생성되는 단 하나의 사진이지
만, 그 이미지에 담겨 있는 일반상이 읽힌다는 데서 보면 양화 된
정보의 상속 또한 가능한 사실이기 때문에 새로 생겨났다고 해서
온전히 새로운 것일 수 없으며 없어졌다고 해서 완전히 사라졌다고
할 수 없다는 것입니다. 창발된 변이의 흐름이 시공간의 역사며 미

래라는 것이지요. 그렇기에, 곧 정보를 매개로 하여 시공간의 분별과 상속이 이루어지고 있기 때문에 블랙홀에 빨려 들어가 형태가 완전히 변한다고 해도 빨려 들어가기 전에 만들어진 정보까지 완전히 소멸될 수 없다고 하며, 가능하지는 않지만 블랙홀 표면에서 시간이 정지된 상태로 남아있는 양자 정보를 그 이전 형태로 완벽하게 재현할 수 있다면 블랙홀에 빨려 들어가기 전에 생성된 기억까지 재생할 수 있다고 이야기하는 학자도 있습니다.

생성과 소멸이라는 현상을 통해 정보의 상속이 이루어지고 있기는 하지만 순간을 포착한 사진은 포착된 그 순간에 참여한 시공간의 전 역사를 담아낸 하나의 사진이 되기 때문에 상속이면서도 언제나 그 순간만의 존재 상태라고 할 수 있으며, 그 상태 자체가 창발된 변이의 순간이라고 할 수 있기에, 순간의 현상마다 생겨남과 사라짐이 동시에 담겨있는 양이면서 지속의 순간이 됩니다.

특정 존재 상태가 생겨나고 사라질 때 생겨남과 사라짐이라는 각각의 사건만으로 보면 시간이 멈춘 상태인 듯하지만 정보의 상속을 통해 생겨남과 사라짐이 동시에 이루어지고 있으므로 시간이 흐른다고 할 수도 있다는 것이지요. 이는 시간의 흐름이 있는 듯이 보이는 것에서는 계속해서 정보가 변이하면서 흐르는 듯하지만, 블랙홀 표면처럼 시간 흐름이 정지된 곳에서 보면 정보는 시간과는 상관없이 그 상태로 멈추어 있는 듯하므로 흐름과 멈춤, 곧 양과 지속이라는 양상 또한 조건에 따라 드러난 차이일 뿐이지, 양과 지속의 개념에 맞는 실재가 언제나 그렇게 있는 것이 아니라는 것입니다.

순간이지만 흐름이라는 상태가 배제된 데서 보면 순간을 영원이라고 말할 수 있으며, 생겨남과 사라짐의 동시성에서 보면 순간이라고 말하기조차 어렵습니다. 순간과 영원, 지속과 양화는 한 사건의 양면성이면서 서로의 개념을 성립시키는 근거가 되기 때문입니다. 생명체들도 이와 같은 물질적 토대를 기반으로 생명 활동을 하기 때문에, 곧 물리 법칙을 어기는 상태로서는 존재할 수 없으므로 생명 활동마다 양과 지속이 함께 작용하고 있다는 것입니다.

생명체들은 과거의 기억을 토대로 현재를 판단하면서 살아오다가 약 5만 8천 년 전에 사람들이 내일을 추상할 수 있게 되면서 공간 분별과 더불어 지속으로서의 시간을 사유할 수 있게 됐으나, 시간 그 자체가 지각 대상이 된 것은 아닙니다. 시간성과 공간성은 우주에서 일어나는 모든 사건과 함께 변주되고 있으므로 '영원을 사는 듯한 지금'과 '관계망 전부가 투영되는 여기'가 시공간의 한 점이면서도 시공간의 흐름을 드러내는 유일한 사건이기 때문입니다. 그러므로 지금 여기의 정보 속에 지금 여기를 초월하는 정보를 담아내는 것이 생명체가 실행하고 있는 생명 정보의 대물림이라고 할 수 있습니다.

만들어진 생명 정보는 시공간의 변주와 맞물려 있으므로 양으로 공간 정보를 나타내고 양의 변환을 통해 시간 정보를 나타냅니다. 생명체들을 이루고 있는 정보 그 자체로만 보면 특정 이미지에 머물러 있는 것 같지만, 정보 속에 들어 있는 시간성이 정보를 변이시키는 동력이 되고, 관계망을 이루고 있는 외부의 조건들이 연이 되어, 정보의 내용이 바뀐다는 것입니다. 만들어진 이미지만 놓고 보면 변하지 않는 듯하나, 흐름에서 보면 이미 다른 이미지가 되었다고 할 수 있으므로, 같음과 다름 또한 하나인 듯한 것의 양면이라고 할 수 있다는 것이지요. 그렇기에 베르그송도 근육의 힘쓰기 양상이 의식에 즉각적으로 양 또는 크기의 형태로 나타난다고 했겠지요.

베르그송의 이야기는 의식이 포착한 양은 근육의 힘쓰기에 대한 실제적 접근이 아니라는 것이지만, 오늘날의 연구에 의하면 근육의 힘쓰기뿐만 아니라 감각기관에 수용된 정보들이 뇌에 모여 지각 표상이 만들어지고 난 연후에야 의식하게 되므로 의식된 정보, 곧 해석된 정보는 일반화된 언어 정보만큼의 양 또는 크기로 헤아릴 수 있다고 합니다. 생명 활동의 기반이 되는 정보가 양 또는 크기를 바탕으로 지속해서 변이하고 있다는 것이지요. 그렇기에 근육의 힘쓰기가 양 또는 크기로 나타날 수 있다는 것은 말할 필요도 없고, 의식의 활동이라고 해서 양과 크기가 배제된다고 이야기하기 어렵습니다.

이것은 몸의 각 기관을 이루고 있는 세포들이 생명 활동을 할 때 세포막 내외부의 정보를 취합해서 자신의 역할을 하고 있다는 데서도 알 수 있습니다. 특정 세포가 특정 물질을 생성하는 것으로 보면 역할 정보이고, 생성된 물질의 형태로 보면 양 또는 크기로 나타낼 수 있으며, 활동 영역으로 보면 특정 시간과 공간에서 작용하고 있지만 오랜 시간을 두고 보면 세포마다 새로운 세포로 교체되면서 지속해서 정보를 생산하고 있기 때문입니다.

세포가 하는 정보활동은 이웃 세포들과 양 또는 크기를 바탕으로 정보를 주고받으며 지속해서 분별 활동을 하는 것이지만, 그와 같은 분별 활동이 특정 상태나 역할을 넘어서는 유기체로서의 생명 활동이 된다는 것입니다. 세포들끼리 정보 네트워크를 통해 언어 분별만큼이나 분명한 정보를 주고받지 않는다고 하면 세포 공동체로서의 삶이 유기적으로 이루어질 수 없다는 것이지요.

공유하고 있는 정보의 장 그 자체가 시공간

세포들끼리 주고받는 정보활동은 대부분 무의식적으로 이루어지고 있기 때문에 의식적으로 자각할 수는 없지만, 단일한 유기체로서의 세포 공동체는 세포들끼리 이야기를 주고받을 수 있어야만 공동체로서의 삶을 살아갈 수 있다는 것입니다. 이야기를 주고받는 신호 그 자체가 시공간을 구성하고 있는 전기나 화학 분자들의 교환이기 때문에 양 또는 크기로서 정보를 주고받는 일이 가능하며, 양화 된 물질의 크기에 따라 이야기의 내용이 바뀌는 것도 전기파의 모양이나 세기 그리고 화학 분자에 다양한 종류가 있기 때문에 가능합니다.

시공간이 정보를 공유하는 것이 아니라 공유하고 있는 정보의 장 그 자체가 시공간이기 때문에 양이면서도 지속이 가능하고 지속이면서도 양화가 가능하다는 뜻입니다. 이 말은 정보의 색깔 하나하나로 보면 독특한 개체성을 갖는 듯하지만, 개체를 드러내는 색깔이 공유된 시공간의 색깔을 특색 있게 드러낸다는 것입니다. 곧 특정 색깔로 보면 잴 수 있는 양과 크기이지만 그 색깔이 실제로는 공유된 시공간의 색깔도 되므로, 공유되는 우연에 의해서 개체의 색깔조차 지속해서 변이할 수밖에 없어, 분별 됐다고 해도 실제로는 분별 된 양과 크기를 넘어선 색깔이 된다는 것입니다.

이와 같은 양상은 소화 과정을 보면 어느 정도 짐작할 수 있습니다. 외부의 영양물질을 취해 내부화하는 것을 소화 과정이라고 본다면, 소화하는 과정은 외부생명체가 가진 고유한 정보의 색깔을 지우고 난 다음 생명체가 공동으로 취할 수 있는 기본물질을 취해, 그것으로 필요한 에너지도 얻고 자신의 고유한 생명 정보를 만드는 과정이라고 할 수 있기 때문입니다. 영양물질을 이루는 작은 분자로 보면 생명체들이 공유하는 정보지만, 작은 분자들이 모여 단백질 등을 만든다는 것은, 공유하는 분자의 정보를 넘어 독특한 개체로서의 색깔을 갖게 하는 생명 활동이 된다는 것이지요.

에너지를 소비하면서까지 이와 같은 과정을 거치는 것은 외부 생명체의 생명 정보가 그대로 내부화됐을 때 입게 되는 위험 요소를 줄이기 위해서라고 합니다. 그러므로 이야기를 주고받을 수 있는 양적인 판단 근거가 있어야 하며, 정보의 내용만을 놓고 보면 상속되기도 하고 인연 따라 변하기도 하므로, 양이 지속된다고도 할 수 있고 인연의 변화에 따른 지속이 양을 만든다고도 할 수 있겠지요.

근육의 힘쓰기 또한 이와 같다고 할 수 있습니다. 힘쓰는 양상의 정보활동은 그 자체로 고유한 내부 신호체계에 의해서 파악되는 면이 있기 때문에 상속된 정보의 양적인 파악이 가능하나, 근육세포들이 가진 정보들은 조상에게 물려받은 정보들과 이웃 생명체들과 생명 정보를 교류하면서 얻은 공생의 정보라고 할 수 있으므로, 근육의 힘쓰기 양상이 생명체들이 살아온 수직적 역사와 수평적 역사의 양적인 정보와 지속이라는 생명 흐름을 나타내고 있다는 것입니다. 생명체들이 펼치고 있는 삶의 율동들은 단지 그 순간만의 율동이 아니고 그들이 살아온 생명 정보의 관계망이 펼쳐낸 질과 양의 역사를 담아 지금 여기에 맞는 활동으로 새로운 순간들을 만들어 간다는 것이지요.

삶의 율동마다 그 자체로 영혼이 된다

이것이 뜻하는 것은 신체 내부의 어딘가에 있는 듯한 영혼이 현상으로 작용하는 것이 아니라 근육의 힘쓰기와 같은 삶의 율동마다 그 자체로 영혼이 된다는 것입니다. 생명체들이 내외부의 관계망을 통해 서로 간에 주고받는 이야기와 율동이 영혼의 울림이 되면서 내일의 역사를 준비하는 울림이 된다는 것이지요. 이런 뜻에서 생명의 그물망이 펼치고 있는 질과 양은 언어 개념만큼 분명한 경계를 갖는 것이 아니라 질이면서 양이 되고 양이면서 질이 된다고 해야 하겠지요.

그럼에도 불구하고 생명체 내부의 분별작용이 언어 표상과 같은 동일한 이미지를 만들게 되면서 한 상태가 다른 상태와 구별되게 됐으며, 사람에 이르러서는 언어 이미지에 의해 질과 양을 다른 상태로 여길 수밖에 없어 생명 흐름의 실상을 잘못 이해하게 됐다고 하겠습니다. 인지의 작용이 질을 보면 양을 볼 수 없고 양에 주의를 기울이면 질이 보이지 않기 때문입니다.

이와 같은 분별작용이 의식의 한계라고도 할 수 있겠지요. 의식은 뇌가 신체 내부에서 발생하는 내부 정보는 말할 필요도 없고 감각기관을 통해서 들어오는 외부 정보조차도 자신이 살아온 과정에서 획득한 분별 언어, 곧 기억을 바탕으로 내부 이미지를 만들어 수용된 정보를 해석하는 활동이기 때문입니다. 뇌의 내부에서 의식 대상으로서의 표상이 만들어지지 않게 되면 무의식의 활동에서는 의미가 있는 활동이라고 할지라도 의식으로는 파악될 수 없다는 것입니다. 의식에서 보면 외부도 내부화된 표상으로만 존재하게 된다는 것입니다.

외부로부터 수용된 정보라고 할지라도 내부 표상이 생겨야만 외부가 인지된다고 할 수 있으므로, 산다는 것은 자신이 만든 표상의 세계를 사는 것입니다. 무의식적인 인지 과정을 통해 발생한 근육 운동도 의식될 때는 내부가 만든 양화 된 정보로서의 외부가 된다는 것입니다. 외부를 의식하기 위해, 곧 수용된 정보를 해석하기 위해서는 어디 또는 어떤 것에 주의를 기울여야 하는데, 이 또한 경험의 강도에 비례한다고 할 수 있습니다.

내외부의 경계면에서 일어나는 접촉을 통해 감각 정보를 수용한 연후에 일련의 과정을 통해 내부 이미지가 만들어지게 되므로 접촉된 것에 주의를 기울이지 않는다고 하면 다음 과정이 일어나지 않게 되며, 내외부의 감각 정보를 수용하는 수용체가 없다고 하면 그 정보를 해석할 수 있는 기반 자체가 없으므로 해석이라는 결과도 발생하지 않기 때문입니다. 뇌의 해석이 중요하기는 하지만 그에 못지않게 무의식적인 신체의 정보 전달 활동도 중요하다는 것입니다. 생명체들은 진화의 과정에서 감각 정보를 수용하고 해석하는 능력을 갖추게 됐고, 동물들은 공간과 시간을 알아차리고 예측하면서 운동을 해야 했기에, 동물들은 '내면화된 운동인 생각하는 능력'이 커졌다고 이야기하는 학자도 있습니다.

경험을 통해 형성된 세계 해석의 내부 패턴은 경험한 사건 하나하나를 그대로 기억하는 것이 아니라 그 사건 속에 포함된 다수의 정보, 예를 들어 색, 형태, 단어, 느낌, 과거 등등을 분류하여 뇌의 각 영역(현재까지 알려진 바로는 신피질만 해도 180개 영역이 있다고 함)에 따로따로 저장하고 있다가, 새롭게 수용된 자극이 있으면 그 자극에 포함된 다수의 정보를 분류해서 해당 영역으로 보내 부분적으로 해석한 연후 다시 그들 정보를 연합해서 수용된 정보의 내부 이미지가 만들어져야 생각하기, 말하기, 행동하기를 할 수 있고 기억도 할 수 있기 때문입니다. 과거의 기억조차 각 영역이 해석한 정보를 융합하여 새롭게 재구성된 현재라는 것이며, 시간 해석이 개입되면서 과거처럼 인지된다는 것입니다. 동물의 인지는 추상된 시공간을 다니면서 정보를 모으는 것과 같기에 생각을 내면화된 운동이라고 했겠지요.

과거와 현재만을 읽고 있는 동물과 달리 과거와 현재 그리고 미래를 읽을 수 있게 된 것은 사람에 이르러서 신피질이 증가하여 미래를 추상하는 능력, 곧 내일을 생각할 수 있게 된 능력이 생기게 된 후부터라고 합니다. 앞서 말씀드렸듯이 시간 흐름이 공간과 얽혀 있기에 근육의 운동 등도 시간 지속과 공간 분별을 동시에 나타내는 정보활동이 된다는 것입니다.

근육의 운동만이 아니라 사건 하나마다 양화 되는 사건이면서 지속되는 사건이기 때문에 양으로 측정할 수 있으면서 동시에 양의 측정을 비틀고 있으므로, 양 또는 지속 가운데 어느 한쪽만으로는 하나의 사건을 온전히 표현할 수 없다는 것이지요. 내부의 무의식적 접촉이라고 할지라도 이와 같은 상황과 원활하게 맞닥뜨리고 있다고 할 수 없지만, 의식되는 내부 이미지가 만들어지면서 많은 정보가 사라지고 언어로 표현되면서 감수된 정보에 대한 해상도가 최소화되기 때문에 맞닥뜨린 정보의 실상을 온전히 알기가 더욱 어렵게 된다고 하겠습니다. 언어가 가진 개념 틀을 가지고는 양에 담겨있는 지속의 측면과 지속에 담겨 있는 양의 측면을 동시에 읽을 수 없으므로 모순 없이 읽히는 분별을 했을 때만이 사건을 올바르게 이해했다고 여긴다는 것이지요.

특히 외부에서 온 감각자료를 있는 그대로 수용하는 것이 아니라 감각자료를 수용할 수 있는 수용체의 유무와 수용체의 구성 방식에 따라 수용할지 말지와 어떻게 수용할지가 결정된다고 할 수 있으며, 수용된 감각자료를 재구성하는 내부의 지각 패턴에 의해서 감각에 대한 이미지가 만들어질 때도 이미 갖고 있는 기억을 바탕으로 부족한 부분들을 채워 넣고 난 다음에야 최종 이미지가 나타나게 되므로, 의식은 내부에서 만들어진 이미지를 인식하는 인식, 곧 자기 인식을 외부화하는 것이라고 할 수 있으니 더욱 그렇겠지요. 그리고 그렇게 만들어진 내부 이미지를 언어 등을 통해 표현하면서 최소한의 공통 정보만을 이해한 것이 되는 데도 그것을 실상이라고 여길 수밖에 없다는 것입니다.

그러므로 생각한다는 것은 지금 여기의 사건을 온전히 보고 이해하는 것이 아니라 지금 여기에서 듬성듬성 드러나는 외부 그림의 나머지 부분들을 이미 갖고 있는 경험 패턴을 가지고 채워서 완성된 그림을 만들고, 그 그림을 외부로 인지하는 것이라고 하겠습니다.

이런 뜻에서 심리상태의 강도 차이란 내부에서 감수된 정보를 해석하는 신경세포들의 배선이 어느 쪽으로 강화됐느냐에 따른 차이라고 할 수 있습니다. 어떤 것은 단 한 번 본 것에 지나지 않는 것임에도 불구하고 진화 과정에서 강화된 패턴과 결합된 것이라면 심리상태의 강도도 강하다는 것이며, 약한 패턴 고리와 연결된 것이라면 심리상태의 강도도 약하다는 것입니다. 수많은 반복을 통해서 강화된 패턴과 연결됐을 때만이 심리적 강도도 커지기 때문입니다.

그러므로 의식 집중으로 일상과 다른 배선의 양상이 만들어진다면 삶에 대한 이해를 새롭게 할 수 있습니다. 왜냐하면 의식이 집중된 상태란 표면적으로는 고요한 상태이지만 내부에서는 특정 신경세포의 활동량이 늘어나거나 활동 스위치가 꺼지면서 정보를 해석하는 양상이 달라지고 그에 따라 지금까지와는 다른 해석을 할 수 있는 신경망의 패턴이 형성되기 때문입니다.

예를 들면 마음이 집중된 상태에서는 신경만의 패턴 연결이 달라지면서 공간의 형태와 색깔이 달리 보이기도 하고, 특정 부분의 스위치가 꺼지면서 아무 대상도 없는 상태만을 지각하기도 하며, 깨어나서 보면 시간 흐름이 일상과 다르게 흘렀다는 경험을 하거나, 갑자기 의식이 사라지는 것과 같은 경험을 하게 되면서, 세계 해석이 몸과 마음 상태에 따라 달라진다는 것을 직접 알게 된다는 것이지요. 그렇지만 이와 같은 경험들도 내외부에서 접수된 감각자료를 해석하면서 만들어진 이미지 변화이기 때문에 내부가 만든 세계상이라는 데서는 차이가 없습니다. 그러므로 새로운 경험이라고 해서 그것이 외부에 있는 새로운 세계를 보는 것이 아니라 세계가 달리 보일 수밖에 없는 신경망의 배선이 새롭게 이루어지면서 일상과 다른 내부 영상이 만들어졌기 때문이라는 것을 잊어서는 안 됩니다.

이와 같은 세계 해석의 기제를 베르그송은 "격렬했던 감정 상태들이 잔잔해진다는 것은 격렬했던 감정과 함께 했던 주변 감각들이 영혼 깊숙이 자리 잡은 내적 요소들에게 자신들의 자리를 내줄 때"라고 이야기하고 있습니다.

영혼 또한 내부화된 해석 시스템의 운동 양상

그렇지만 영혼 깊숙이 들어가는 감정과 그 감정을 받아들이는 영혼이 따로 있다고 여겨서는 안 됩니다. 외부의 감각 대상이 신체의 감각 수용체와 결합하여 일어나는 감정 상태의 떨림은 이미 신체적으로 내부화되어 있는 무의식적인 해석체계들의 정보 분석과 융합에 의해 일어나고 있기 때문입니다. 특정한 감정 상태를 만들어내는 내부 운동이 영혼의 운동이라는 것입니다. 신체 내부에 이미 형성된 신경계의 해석 시스템이 다음번에 일어나는 감각 정보의 떨림을 수용하고 해석하는 바탕이 되기 때문에 감각 상태를 해석하는 영혼이 있는 것 같으나, 실상에서 보면 영혼 또한 내부화된 해석 시스템의 운동 양상일 뿐입니다.

이 말은 이미 내부화되어 깊이 있는 것과 같은 감정 등의 해석 패턴이 지금 일어나고 있는 격렬하거나 과도한 감정과 열쇠와 자물쇠처럼 만나야만 현재 수용된 감정 등의 강도가 드러난다는 것입니다. 따라서 내부화된 감정 등의 떨림, 곧 영혼의 떨림은 의식되는 감정, 생각, 기억 등을 불러내는 무의식적인 해석체계의 공명이라고 할 수 있습니다.

의식이란 무의식적으로 활동하는 내부 운동 패턴들이 융합되어 만들어 낸 표상 이미지가 인식될 때 나타나는 영혼이라는 것입니다. 영혼의 상태가 이와 같기 때문에, 곧 내외부의 여러 조건이 융합되어 의식 무의식적인 인지 상태를 만들어낼 때 영혼이 나타난다고 할 수 있기 때문에 영혼의 패턴 또한 바뀔 수밖에 없습니다. 수행을 통해 새로운 세상 보기가 가능하게 되는 것도 현재의 감각 양태와 의식상태에 따라 새로운 공명 패턴이 만들어지기 때문입니다.

예를 들어 부드럽고 자애로운 말을 계속해서 쓴다고 하면, 드러난 부드럽고 자애로운 표현의 감정 떨림이 무의식 층에 자리 잡고 있는 부드럽고 자애로운 감각과 일치하는 내부 패턴을 강화해 어느 순간부터는 크게 의식하지 않아도 쉽게 그런 말을 할 수 있게 되는 것과 같습니다. 그때 비로소 부드럽고 자애로운 말을 하는 강도가 예전과 다른 상태로 영혼 깊숙이 자리 잡았다고 할 수 있습니다. 실상에서 보면 영혼이라는 곳에 자리 잡은 것이 아니라 내부에 부드럽고 자애로운 공명 패턴이 강화된 것뿐입니다. 언어 개념에 맞는 불변의 실체로서 영혼은 없지만, 영혼이라고 부를 수 있는 내부 패턴의 일반적인 상태, 곧 찰나찰나 일어나고 있는 패턴들의 융합과 해체의 양태를 특정 상태로 강화하는 것을 영혼 깊숙이 들어간다고 여길 수 있다는 것이지요.

앞서 예처럼 내부의 인지 시스템이라고 할 수 있는 영혼의 떨림조차 강화되거나 약화될 수 있기 때문에 불변의 내부 실재를 상정할 수 없습니다. 의식상태의 감정들도 영혼이라는 곳에 새겨진 감정이 드러난 것이 아니라 생물체가 살아오면서 겪은 체험들을 내부화하여 기억하고 있는 해석체계들에 의해 만들어진 현상이라는 것입니다. 드러난 현상에서 보면 표면이나, 드러내는 곳을 보면 깊이 있는 것과 같다는 것이지요.

생명체마다 경험의 양과 역사에 따라 형성된 내부의 강도가 다르기 때문에, 곧 개체마다 영혼의 떨림이 다 다르기 때문에 개체마다 다른 표현으로 감각의 떨림을 해석하게 되고 의식으로 자각하게 된다고 할 수도 있고, 함께 생명의 역사를 만들어왔기 때문에 기억과 해석을 공유하는 자각도 있을 수 있습니다. 생명체들 각각의 해석 패턴이 완벽하게 동일하지 않기 때문에 같다고 해도 온전히 같을 수 없고, 공생으로 형성된 해석 패턴을 공유하고 있기 때문에 다르다고 해도 온전히 다를 수 없으므로, 같은 것 속에 다름이 있을 수 있고 다름 속에 같음이 있을 수 있다는 것이지요.

의식으로 드러나지 않는 깊은 상태는 내외부의 관계 속에서 일어나는 공명의 파동으로 자신의 영혼을 찰나찰나 만들고 변화시켜가면서 생명계 전체의 역사를 공유하기 때문입니다. 영혼 또한 흐름의 차이를 통해서 양화 된 현상으로 드러날 수 있으며, 만나는 사건들을 통해서 이미 만들어진 영혼의 양적 패턴이 바뀌기도 하니, 드러나는 양마다 영혼이 되면서 영혼의 얼굴을 바꾸어간다고 하겠습니다.

종횡으로 얽힌 생명계의 떨림이 곧 영혼의 떨림

드러난 사건 사물마다 시공간에 우뚝 선 하나이면서 자신의 시공간을 드러낸 것과 같습니다. 횡으로는 시공간 전체가 얽혀 하나하나의 사건 사물을 드러낸 것과 같고 종으로는 사건 사물의 내부 깊숙이 생명의 역사가 들어 있는 것과 같아, 종횡으로 얽힌 생명계의 떨림이 곧 영혼의 떨림이 된다는 것입니다.

한마디 말도 생명계의 관계망을 총체적으로 드러내는 사건이면서 생명의 역사가 만든 내부의 영혼이 나타나는 순간이며, 내부 깊숙이 영향을 주어 영혼의 양태를 바꾸는 순간도 된다는 것입니다. 생명체들은 살아오면서 경험했던 역사를 내부화하면서 감정선도 만들었는데, 두려움 등의 부정적 감정을 더욱 강화하는 쪽으로 진화하였기 때문에(그래야 살아남을 확률이 높음) 부정적 감정을 담아 말할 확률이 훨씬 높을 뿐만 아니라, 자신과 타인을 들여다볼 때 부정적인 요소는 쉽게 찾을 수 있으나 긍정적인 요소는 더 큰 노력을 기울여야 찾을 수 있다는 사실이 이를 말해 주는 증거 가운데 하나라고 하겠습니다.

함께 오래 산 사람들 사이에서 만들어진 부정적인 느낌도 실제 크기보다는 해석된 크기라고 할 수 있는 부분이 많으므로 감정과 말 등의 강도를 조정하는 연습을 하여 불필요하게 감정 소모를 하지 않는 습관을 기른다면 종횡으로 얽힌 자신의 역사를 다시 조율할 수 있다는 것입니다.

만들어진 내부 이미지의 조작을 어떻게 할 것인지 다시 생각해 보고, 틈나는 대로 부드럽고 자애로운 말 등을 연습하여 내외부의 영혼이 상처받지 않게 하는 것은 자신의 영혼을 바꾸는 것과 같다는 것입니다. 부드럽고 자애로운 말이 곧 부드럽고 자애로운 영혼이기 때문입니다.

내외부의 접속으로 감수된 정보의 떨림을 해석하는 뇌의 구조를 크게 살펴보면 진화의 과정에서 가장 먼저 등장한 부분, 곧 숨쉬기 등 생존 활동에 필요한 운동을 하면서 공간과 공포 등의 감정을 분별하는 영역(파충류의 뇌), 공감 등 다양한 감정의 정보를 주로 해석하는 영역(포유류의 뇌), 그리고 시간을 통해 과거를 회상하고 미래를 예측하면서 이성적 판단과 결정 등을 하는 영역(인간의 뇌)으로 나눌 수 있으며, 나뉜 영역끼리 신경망을 통해 강도 높은 상호작용을 함으로써 정보에 대한 해석 능력이 커지고 세밀해지므로, 한마디 말도 살아온 전체 역사와 공명하는 말이 됩니다. 정보에 대한 해석만을 놓고 보면 뇌가 중심이 되지만 정보의 생성을 보면 신체 자체가 내외부와 공명하면서 이루어지고 있기 때문입니다.

신체 전체가 의식 생성의 기반이며 신체와 상호 작용하는 외부 또한 의식 생성의 조건 가운데 하나라는 것입니다. 그러므로 해석된 현재, 곧 의식화된 현재는 과거의 정보를 토대로 만들어진 미래가 지금이라는 시점에서 드러난 것이라고 하겠습니다. 현재라는 시공간에서 형성되는 정보에 대한 주관적 해석은 종횡으로 얽힌 자신의 역사를 총동원하여 주관적으로 현재를 해석하는 것이면서 자신의 미래를 만들어가는 동력이 된다는 것입니다.

그러므로 내외부 모두가 변하지 않는 듯한 영혼으로서의 자아상을 갖고 있는 것 같기도 하지만, 자아라는 언어 이미지 이외에는 늘 변해가는 영혼이기도 하므로, 영혼 그 자체의 활동은 변하면서 변하지 않는 듯하고 변하지 않으면서 변하는 듯하다고 할 수 있습니다.

흐름에 따라 적절하게 변해야 걸림 없는 영혼

이와 같은 현상은 신체의 깊은 곳과 얕은 곳을 가리지 않고 모든 곳에서 일어나고 있으므로 흐름에 따라 적절하게 변해야 걸림 없는 영혼이라고 이름할 수 있습니다. 이는 다르게 현상하는 사건 사물마다 그 자체로 영혼의 다름이 된다는 것이지요. 이와 같은 사실은 지구상에 나타난 모든 생명체는 공통조상에서 분화되었지만, 진화의 역사 속에서 변이하고, 변이의 강도에 따라서 종의 차이가 생겨났다는 데서도 잘 알 수 있습니다. 약 25~30만 년 전에 지구상에 나타난 현생인류, 곧 호모 사피엔스의 유전정보가 다른 동물은 말할 것도 없고 식물과도 공유된 것이 많다고 하니, 종의 다름에서 보면 천차만별이지만 조상이 같다는 데서 보면 동물과 식물 그리고 조류 등 모든 생명체가 사촌 간이라고 이야기할 수 있다는 것입니다.

생명체를 이루는 최소 단위인 세포끼리 생명 정보를 주고받으면서 상속해온 처지에서 보면 모든 생명체의 세포는 약 40억 년 동안 한 번도 죽은 적이 없다고 할 수 있으나, 상속된 정보의 변이로 보면 살아 있는 모든 동식물 등은 변이되는 순간마다 새로운 우주의 이미지를 만들면서 약 40억 년을 살아왔다고 할 수 있습니다. 다만 그 과정에서 숱한 변이가 발생해 종간에 차이가 커졌기에 지금의 모습만으로 보면 어떻게 사촌 간이라고 이야기할 수 있는지 의아해하겠지만, 생명 활동의 정보를 담고 있는 유전정보를 분석해 보면 그렇게 이야기할 수밖에 없습니다. 겉으로 드러난 다름보다는 생명의 역사, 곧 수직 수평적으로 연결되는 생명계의 관계성이 생명 현상을 드러내는 깊은 영혼이라는 것입니다.

관계망에서 일어나는 정보의 공명이 영혼이며, 공명의 결맞음이 있기에 인지가 가능하다는 것입니다. 공명을 통해 주고받는 정보가 세포들끼리의 이야기가 됐을 것이며, 그 일이 가능했기에 동식물 등 다세포 생명체가 나타났어도 세포들끼리 주고받는 정보들을 융합하여 개체로서의 통일된 해석이 이루어질 수 있었다는 것이지요.

세포 공동체의 내부에서 일어나고 있는 감각의 수용과 그에 대한 지각이 지금 우리들이 사용하고 있는 언어의 일반상을 통한 이해와 다르지 않다는 뜻입니다. 아직 인간과 같은 언어가 발생한 것은 아니지만 통일된 내부 이미지를 통한 분별이 우리들이 쓰고 있는 언어 사용과 그 맥을 같이한다는 것이며, 인간에 이르러 특정 유전자의 변이가 발생하게 되면서 그와 같은 분별 패턴이 다양한 언어로 표출될 수 있었다는 것입니다.

다만 언어화된 정보는 언어가 가리키는 것의 내용을 완벽하게 드러내는 것이 아니라 대상의 유사성을 집약한 일반상이기 때문에 받아들인 정보에 대한 최소공약의 이미지일 수밖에 없으므로, 언어를 통한 상호 이해는 그 언어가 공명하고 있는 최소한의 영역을 공유하는 것에 지나지 않아 이야기하는 당사자들끼리도 잘 통하지 않는 경우가 생길 수밖에 없습니다.

사건 사물에 대한 해상도가 이해의 정도를 결정한다고 할 수 있는데, 이는 언어 영역에만 해당되는 것은 아닙니다. 감정 또한 내부 연결망의 배선과 강도에 따라 어느 정도로 양화 되느냐가 결정되기 때문입니다. 감정에 대한 해석과 상속도 디지털 신호처럼 이루어지고 있기 때문에 감정이 오고 가는 신경선의 넓이와 크기 그리고 감정 기억을 담당하는 단백질의 강도 차이에 의해서 감정의 해석도 양화 된다는 것이며, 양화 되어 불연속적인 디지털 신호가 상속되기에 상속의 틈새에 다른 기억의 정보가 끼어들면 이전과 다른 관계망이 설정된 것과 같아 상속되는 정보의 강도도 변한다는 것입니다. 생명체들의 생명 활동은 양적인 정보의 상속과 양의 변이가 상속되는 것과 같다는 것이지요.

이는 시공간의 모든 곳에서 융합되거나 해체되고 있는 정보의 교류가 열쇠와 자물쇠처럼 결맞음을 통해서 이루어지고 있기 때문입니다. 그렇기에 생명체들도 언어를 통한 분별과 정보 교류가 가능했을 뿐만 아니라 세월을 이어서 정보의 상속도 가능했겠지요. 현생인류에 이르러 강화된 언어분별이 현생인류의 특징을 가장 잘 나타내고 있는 것 가운데 하나이긴 하나, 이 또한 생명체들이 살아오면서 무의식으로 실천했던 정보의 이해와 전파를 강화한 것에 지나지 않는다고 해도 틀린 말이 아니라는 것입니다.

전기 화학적 신호를 통해 정보를 파악하는 행위 자체가 마음

지금은 의식작용이 뇌 신경망의 전기 화학적인 신호 연결과 해석이라고 이야기하는 연구자들이 많이 있지만, 옛날에는 전혀 알 수 없는 곳에서 일어나는 일이었기 때문에 그 일을 하는 것은 물질과는

본질적으로 다른 정신이 하는 일이라고 여길 수밖에 없었을 것입니다. 그렇지만 실상은 생명체가 지구상에 등장한 이래 지속적으로 해 왔던 전기 화학적 신호를 통해 정보를 파악하는 행위 자체가 마음 또는 정신입니다.

물질이 살아나면서 하는 일이 생존과 번식을 위한 정보 파악이라고 보면, 살아난 물질의 중심 작용이 정보해석 작용, 곧 마음일 수밖에 없다는 것이지요. 물질이 살아나면서 당면하게 된 불안정성, 곧 고분자 구조가 갖는 불안정성 때문에 스스로 내면화된 운동으로서의 해석 작용을 극대화해 내외부의 급격한 변화에 적응해야만 했으므로 무의식적인 정신 작용이 처음부터 작용했다는 것입니다.

생명체들의 활동은 불안정한 조건 속에서 안정을 취해가려는 무의식적 의지라고 할 수 있으므로 생명체의 활동은 최초부터 의지적 적응성을 최대치로 끌어 올려 내외부의 압력에 맞서 자신을 변이시켜 가는 운동으로서의 정신 활동을 했다는 뜻입니다. 이미 안정적 상태에 있는 물질은 최소한의 변이를 추구하고 있다고 할 수 있고, 불안정한 상태로 출발한 생명체는 운동을 통해 자신을 변이시켜가면서 안정된 상태에 머무르길 원했다고 할 수 있다는 것입니다. 다만 이것을 스스로 자각하게 된 것은 몇몇 동물과 영장류 그리고 인류가 등장하고부터라고 말할 수 있겠지요.

인지의 실체로서 정신이 따로 없다

지금에 이르러서는 여러 가지 실험과 관찰을 통해 인지 과정이 하나둘씩 밝혀지고 있으며, 새로 밝혀진 지식을 융합해 인공지능체까지 만들려 하고 있는데, 이 일이 가능한 것도 인지의 실체로서 정신이 따로 없기 때문입니다. 우리가 언어 등으로 사건의 정보를 취하고 해석하는 일을 신체 내외부에서 일어나고 있는 전기신호와 화학물질의 분자운동이라고 볼 수 있다는 것입니다. 세포들끼리 무의식적으로 정보를 주고받으면서 신체 내부의 여러 곳에서 발생하는 정보를 통합하여 인지할 뿐만 아니라 특정 패턴을 기억하고 그를 통해 미래를 예측하는 것도 물질의 운동이면서 정신 작용이라는 것이지요.

그러므로 물질이 살아있다는 것은 의식하거나 의식하지 않거나 물질들끼리의 정보교환과 해석 활동이라고 이야기할 수 있습니다. 물질이 살아난 이후의 물질을 물질이라고 이름하지 않고 '생물'이라고 하는 까닭도 여기에 있겠지요. 내외부의 관계망에서 일어나는 다양한 변화에 적응하기 위한 세계 읽기, 곧 관계망에서 발생하는 정보를 해석해서 보다 안정적으로 자기 상태를 유지하고 적응하기 위한 무의식적 의지 작용과 행동을 하는 것이 물질이 살아있다는 뜻이기 때문입니다.

우리 몸이 하는 작용을 예로 들어본다면 우리 몸을 이루는 하나하나의 세포 작용은 통합 이미지를 만드는 데 부분적인 역할만을 하는 것 같고, 부분들의 통합으로 형성된 내부 이미지를 알아차리는 의식작용은 부분을 넘어선 특별한 역할을 하는 것 같지만, 실상은 의식의 발생 또한 세포 연합에 의해서 발생한다는 것입니다. 정보 해석의 체계와 내용이 이와 같기 때문에 의식이 발생하고 나면 의식작용을 하는 것을 물질과는 다른 어떤 것, 곧 마음 또는 정신의 작용이라고 여기기 쉽지만, 이는 물질에서는 정신 작용이 나올 수 없다는 것을 전제한 생각입니다. 생물에 대한 연구가 일천했던 옛날에는 물질과 정신이 별개의 실체를 갖는 것으로 여기는 것이 상식이었으며 그 생각이 학습으로 전승되었기 때문일 것입니다.

그러나 지금은 물질과 정신이 만나서 생물체를 이룬다고 보기보다는 살아있는 물질 그 자체가 물질이면서 정신이라고 볼 수밖에 없는 관찰과 실험 결과들이 점점 쌓이고 있으므로 물질과 생물과 정신을 보는 새로운 관점이 필요하다고 하겠습니다.

단세포 생물체라고 하더라도 세포막 내부의 사정에 따라 주변 환경을 적의 적절하게 이용할 줄 아는 활동, 곧 무의식적인 정신 활동을 잘하는 쪽이 생존에 훨씬 유리했을 것이며, 두 개 이상의 세포가 만나 하나 된 유기체로서의 생명 활동을 하는 공생 생물체는 세포들끼리 정보해석체계를 공유하게 되면서 그 전보다 다양한 해석을 할 수 있게 됨으로써 생존과 번식에 훨씬 유리해질 수 있었는데, 그러한 공능이 물질 밖에서 온 것이 아니라는 것입니다.

생명체가 가진 유전정보가 다음 세대로 상속되면서도 변이와 공생을 통해 창발적으로 드러나는 새로움이 있기에 생명의 흐름은 매 순간 창조를 준비하는 순간이거나 새롭게 창조되는 순간이라고 할 수 있습니다. 그러므로 과거가 미래를 결정하는 데 중요한 역할을 하지만 드러난 현재가 과거까지 새롭게 하는 것과 같은 면도 있기 때문에 창발적 현재는 그 하나의 사건으로 현재를 종결짓는 유일한 순간이 되면서 생명 역사의 총합도 됩니다.

생명의 흐름은 매 순간 양이면서 질인 현상이 창발적으로 창조된 순간이라고 할 수 있지만, 아무것도 없는 상태에서 무언가가 새롭게 나타나는 것도 아닙니다. 과거가 지나간 기억으로만 남는 것이 아니라 미래를 만드는 원동력도 되므로, 경험된 과거와 과거가 준비한 미래가 현재의 인연을 만나 현재를 창발적으로 해석하면서 행동하는 것이 생명체의 운동 방향이면서 창조가 진행되는 과정이라는 것이지요. 생명체들이 운동할 수밖에 없는 것은 물질의 최소 단위라고 할 수 있는 양자의 성질 가운데 하나가 운동이기 때문입니다. 질량과 운동량 등의 최소 단위를 갖는 양자가 모이고 모여 생명체가 됐으니, 생명체 또한 질량과 운동량 등을 갖지 않을 수 없다는 것입니다.

운동이 방향성을 갖게 되는 것 또한 내외부의 변화에 따른 불안정한 상태를 안정적인 상태로 유지하기 위함이었겠지만 생명계 그 자체가 끊임없이 요동치고 있기에, 생명체들은 불안정한 상태와 상응하기 위해 자신의 운동 상황을 지속해서 변이시키는 활동을 해야 합니다. 이 말은 물질의 관성계(慣性系)와 생물의 관성계가 하나로 얽혀 있기에 물질계의 변화와 상응하기 위해서 생물계도 가열차게 운동한다는 것이며, 그 결과 변이와 도약을 통한 새로운 양태로서의 생명현상과 생물종이 다양하게 나타나게 되었다는 것입니다.

현재의 움직임과 기억은 미래를 지향한다

이미 만들어진 과거의 정보로 현재를 해석할 때는 과거는 미래를 지향하는 것 같지만, 해석된 현재가 다시 과거로 남겨진다는 점에서는 현재는 과거를 돈독히 하는 운동과 같습니다. 그래서 베르그송뿐만 아니라 현재의 뇌 과학자들도 현재의 움직임과 기억은 과거를 지향하는 게 아니고 미래를 지향한다고 이야기하고 있지만, 일차적인 생명현상인 생존과 번식을 놓고 보면 생명체의 운동은 과거를 보존하기 위해 미래를 향한다고 할 수도 있습니다.

기억된 것으로 보면 과거지만 준비된 것으로 보면 미래라고 할 수 있기에 생명의 흐름은 '미래가 된 과거'를 현재로 이끌어내기 위한 활동이라고 할 수도 있다는 것이지요. 그러므로 생명체가 하는 운동의 순간들은 순방향과 역방향을 동시에 지향하면서 과거와 미래를 새롭게 설정하고 있는 현재라고 하겠습니다. '미래를 준비한 과거'는 준비된 미래가 현재화되는 순간 현재에 스며있는 우연들을 통해 자신을 변이하면서 새로운 미래를 준비해가는 과거가 된다는 것입니다.

과거가 만든 미래가 과거 자신과 겹치는 순간이 현재가 되는 것이므로, 현재는 과거와 미래가 사라진 순간이면서 다시 과거와 미래를 설정하는 순간도 됩니다. 과거와 미래가 사라진다는 것은 현재만이 있다는 것으로 시간이 정지되는 것과 같으므로 현재는 지속되는 시간이 아니라 양화 되는 시간이라고 할 수 있지만, 양이 펼쳐지는 순간 지속이 나타나며 지속이 감추어지는 순간 양이 되므로 생명의 흐름은 양이면서 지속입니다.

시간이 사라지는 순간 과거와 미래가 현재가 되고, 현재는 다시 과거가 되어 미래를 준비하므로 양화 된 정보로만 보면 늘 현재로 시간 지속이 드러나지 않는 것 같지만, 정보의 상속이 운동이 되어 시간의 흐름으로 나타나기 때문에 양화 되지 않는 듯한 지속도 있고 지속되지 않는 듯한 양도 있다는 것입니다. 정보의 변이로 보면 시간을 이어가지만 생성된 정보로 보면 시간이 사라지고, 사라졌던 시간은 관계망들이 만든 새로운 사건 속에서 되살아나므로, 감정 등의 인지 또한 양화 될 수 있으면서 동시에 양을 넘어서기 위한 준비를 하고 있다는 것이지요.

이 말은 시간과 공간과 감정 등에 대한 인지가 외부의 시간과 공간 등을 인지하는 것이 아니라 기억을 바탕으로 내부에서 해석된 시간과 공간과 감정 등이라는 것입니다. 해석된 시공간은 언어 개념만큼이나 분명하게 표현될 수 있지만, 언어로 해석되지 않는 시공간의 사건들은 사건이라는 말조차 쓸 수 없다는 것입니다.

일어나는 현재를 정보의 양으로 측정할 수 있어 과거를 기억하고 미래를 예측하는 일이 가능하기도 하지만 다른 한편 측정된 정보에는 내외부의 여러 우연이 겹쳐 있기 때문에, 곧 자신이 가지고 있는 언어 해상도 밖의 정보가 스며들기도 하므로 자신의 기억과 예측이 틀릴 수도 있습니다. 과거란 과거를 회상하고 있는 현재가 과거를 그렇게 기억하는 것이며, 미래에 대한 예측 또한 현재가 만든 미래이기 때문입니다. 그러므로 생명체들은 기억과 예측이라는 인지 시스템을 통해 응축된 현재를 살아가면서도 현재의 경험을 바탕으로 과거와 미래를 다시 설정할 수밖에 없습니다.

생물의 감정, 또는 근육의 운동으로 나타나는 사건들도 시공간의 역사를 모두 응축한 현재의 사건이 되면서도 미래를 준비하는 과거가 되어간다는 것입니다. 그렇기 때문에 "우리들의 인지가 생명 흐름의 질을 양으로 파악할 뿐 아니라 파악된 양이 실재에 대한 지각이라고 믿는 습관 때문에 질을 볼 수 없다'라고 주장하는 베르그송의 관점에 대해서도 다시 생각해야 할 것 같습니다.

인지 판단은 판단을 하는 신체의 양적 구조, 곧 물질의 분자운동과 진동을 온전히 넘어서는 것일 수 없으므로 질의 상속이라고 해도 양적인 변이의 상속일 수밖에 없다는 점을 잊어서도 안 되겠지만, 양적인 것들의 공명으로 인한 창발적인 변이가 질을 담보하고 있다는 점을 잊어서도 안 되기 때문입니다. 우리들의 인지와 판단은 지속조차 차이 값을 갖는 양인 것처럼 판단하고 있지만 그 판단이 온전히 틀린 것도 아니며, 시간 흐름과 함께 하는 인지 구조, 곧 4차원 내에서의 인지구조에서는 시간 흐름이 직관적 대상으로 드러날 수 없기 때문에 양의 차이를 통해 지속을 추상할 수밖에 없는 한계가 있습니다.

곧 한 점에서 일어나는 사건에 대한 판단은 그 점에서만 일어나는 사건을 판단하는 것이 아니라, 눈과 귀 등의 감각 수용체들이 가진 양적인 판단의 역사가 함께 공명하면서 새로운 현재를 역사화하고 있다는 점에서 이미 질적인 판단을 하고 있지만, 그 점을 직관적으로는 볼 수 없다는 것입니다. 보이지 않기 때문에 새롭게 드러나는 역사적 응축을 이미 갖고 있는 양적인 언어로는 온전히 표현할 수 없어 새로운 개념어를 만들기도 하지만 그 또한 양에 갇히고 만다는 점에서 양적 판단에 대한 한계를 생각하게 한 점은 베르그송의 공이라고 하겠습니다.

현재의 생명체들은 양과 지속을 동시에 직관할 수 없으며 지속조차 양과 다른 어떤 것으로 양화 하여 판단할 수밖에 없으므로 변이를 통해 나타나는 창발된 사건일지라도 양적인 언어로 응축하여 해석하고 판단할 수밖에 없는 한계를 되돌아보게 한 공이 있다는 것입니다. 그렇지만, 곧 질의 측면만을 보면 생명 활동은 언어로 표현되면서도 동시에 언어의 한계를 벗어난 것이라고 해야겠지만 양적인 언어 또한 한계 속에서 질을 포착하고 있기 때문에 양적 표현을 배척할 수도 없습니다. 질적 상속이 언제나 양적 표현을 동반하면서 질을 드러내고 있으므로 온전하지는 않지만, 어느 정도까지는 언어 표현이 가능하다는 것이지요.

생명체들이 펼치고 있는 삶의 흐름은 언제나 질적 도약을 위한 여백을 남기면서 언어와 양으로 사건을 드러내는 활동입니다. 그렇기에 의식 또는 지성이 하는 인지 활동은 질을 양으로 대체해서 해석하는 것이 아니라, 양 그 자체가 질이 되고 질이 양으로 표현되는 것을 동시에 파악할 수 없는 인지의 한계상 양적 판단이 우선시되었을 것입니다. 진화를 통해 생명체들은 현재를 파악하는 수단으로써 언어 이미지를 만들었지만, 언어 일반상이 갖는 한계 때문에 질과 양의 양쪽을 한꺼번에 드러낼 수 없다는 것이지요. 그렇기에 변이의 순간에는 이미 갖고 있는 이미지를 내려놓고 새로운 이미지를 만들면서 수용된 정보에 대한 양적인 판단 근거를 마련해야 했습니다.

수용된 정보를 해석하기 위해 만든 내부 표상이 한편으로는 사건을 이해하는 열쇠가 되기도 하지만 한편으로는 바른 이해를 가로막는 집착이 될 수밖에 없는 까닭도 여기에 있습니다. 인지를 위한 내부 표상은 관계망들의 총합을 통해서 만들어지지만 만들어진 이미지가 관계망들의 변화를 따라가지 못할 때도 있기 때문입니다. 그렇기 때문에 생명체마다 각자의 고유한 역사의 길을 걸어가면서도 관계망을 통해 만나게 되는 우연을 통해 길의 이미지를 변주해야만 했을 것입니다. 양적 차이나 창발적 도약 모두 삶의 한 면을 고스란히 드러내고 있기 때문에 사건 사물에 대한 해석 이미지가 언어와 등가성(等價性)을 갖고 있으면서도 인연 따라 그 이미지를 버릴 수밖에 없는 경우도 있기 때문입니다.

말 이전에 작용하고 있는 언어의 내부 공명

질적인 지속을 실상에서 보면 양적 도약이라고 할 수도 있기 때문에 이미 있는 언어의 일반상만으로는 생명체의 질적 도약을 다 이야기할 수 없습니다. 따라서 베르그송이 "사유하기보다는 말하기 때문에 지속으로서의 질적 도약을 놓친다"라고 하는 이야기는 생명체들이 터득한 사유과정 자체가 '말 이전에 작용하고 있는 언어의 내부 공명'이라고 본다면 수긍하기 어렵습니다. 왜냐하면 말로 발현되기 이전의 내부 운동을 사유의 과정이라고 할 수 있는데, 이 또한 이미 형성된 전기 화학적 패턴 분별을 사용하여 세포들끼리 정보를 교환하기 때문입니다. 세포가 무의식적으로 하는 사유 가운데 특정 이미지만이 의식되고 말로 표현되기 때문에 의식적 무의식적 사유는 내외부의 접속을 통해 발생하는 신호를 양적으로 정리해가는 과정이라고 볼 수 있으므로, 생명체들의 생명 활동은 근본부터 양적 작용의 지속적 변이라고 할 수 있다는 것입니다.

더구나 우주 그 자체가 양적인 정보를 주고받으면서 질적인 지속을 변주하고 있는 정보로 가득찬 시공간이기 때문에 우주에서 일어나고 있는 크고 작은 사건마다 그 자체로 자신의 시공간을 만들고 있을 뿐만 아니라 관계망 전체의 시공간을 뒤흔들어 변화를 일으키는 사건들이라고 할 수 있습니다. 그러므로 양 또는 지속 등의 언어 개념에 맞는 실재로서의 사건 사물을 이야기하는 것은 무리가 따른 해석이 되고 맙니다.

제3강. 질이면서 양인 것의 접속과 융합

베르그송은 우리가 강도(强度)라는 말을 통해서 양적으로 파악하고 있었던 의식상태들(표상된 감각 등)이 실제로는 '질'임을 이야기했으며, 측정 불가능한 심리상태들이 어떻게 융합되어 의식의 흐름(시간의 순수지속성)으로 나타나는지도 이야기했습니다.

그리고 나서 질적으로 경험했던 것들이 의식 속에서 측정 가능한 상태로 존재하는 것이 아니라 각기 자기 역할을 하면서도 온전히 융합되어 하나인 것처럼 흘러가기 때문에, 곧 의식상태에 남아있는 다수의 감각 또는 감정들이 지속해서 섞이고 융합되면서 의식이라는 독특한 세계를 만들고 있기 때문에 의식의 흐름이 질이 된다는 점을 여러 가지 측면에서 이야기하고 있습니다.

베르그송의 이야기는 순수지속의 시간을 살아가는 생명체들의 삶은 결코 양으로 측정될 수 없다는 것을 전제하고 있지만, 아인슈타인이 1905년에 발표한 특수 상대성 이론에 의해서 시공간은 분할되지 않는 하나로서 사건마다 고유한 시공간의 좌표를 갖는다는 것이 밝혀졌기 때문에 공간과 완전히 다른 것으로서의 시간 흐름, 곧 순수지속으로서의 시간 흐름을 이야기하고 있는 베르그송의 시간관에 대해서는 다시 생각해 보아야 할 것 같습니다.

아인슈타인의 특수상대성 이론이 발표되기 전에는 시간과 공간이 온전히 다른 것이며 누구에게나 시간의 흐름은 똑같은 속도로 흐르고 공간 좌표 또한 절대적인 표지를 갖고 있다고 여겼으나, 이 이론이 검증됨으로써 시간과 공간은 분리될 수 없으며 누구에게나 시간 흐름이 똑같지 않고 공간 좌표 또한 절대적이지 않다는 것이 밝혀졌기 때문입니다.

공간이란 비어 있는 곳이 아니라 중력으로 작용하는 물질

나아가 1915년에 발표한 일반상대성 이론에 따르면 공간이란 비어 있는 곳이 아니라 중력으로 작용하는 물질이라는 것입니다. 이 말은 빈 공간에서 물질들이 작용하는 것이 아니라 물질들은 공간 물질(중력)과 상호작용하는 상태에서 물질 운동을 한다는 것입니다. 그렇기 때문에 질량이 큰 별은 공간 물질인 중력과 상호작용으로 중력장의 밀도를 높이면서 질량이 작은 별에 비해 상대적으로 공간을 강하게 수축시킬 뿐만 아니라, 시간 또한 덜 수축된 곳에 비해 천천히 흐르게 한다고 합니다. 중력 공간의 밀도가 높으면 밀도가 낮은 공간보다 시간이 천천히 흐르고 밀도가 낮으면 상대적으로 빠르게 흐르므로 공간 상태에 의해서 시간 흐름이 변하게 된다는 것이지요. 더구나 블랙홀처럼 질량이 매우 큰 곳이나 빛의 속도로 흐르고 있는 상태에서는 시간 흐름이 정지된다고 하니 어떤 상황에서나 항상 같은 속도로 흐르는 절대 시간이 있을 수 없고, 질량이 있는 물질과 중력장과의 상호작용에 의해서 공간의 밀도도 변하기 때문에 어디에서나 같은 상태로 파악되는 절대 공간 또한 있을 수 없습니다.

더구나 오늘날 새롭게 밝혀지고 있는 의식에 대한 연구결과에 따르면, 마음이란 신체 내부의 조건과 외부환경으로부터 수용된 감각 정보를 통해 생성된 정보의 전기 화학적 변화를 최종적으로 해석하는 뇌의 활동이라고 하며, 그 가운데 의식으로 드러나는 정보는 신체가 수용하고 처리한 무의식에 비해 얼마 되지 않는다고 합니다. 중요한 것은 뇌의 활동이 의식으로 드러난다는 것이며, 의식 활동이 무의식에 영향을 주는 것도 가능하다는 것입니다. 이것이 뜻하는 것은 드러난 의식으로 보면 정신과 물질로 나눌 수 있는 것 같지만 실상에서 보면 나눌 수 없다는 것이지요.

이 말은 의식이 독자적으로 수용된 정보를 인지하고 판단하는 것이 아니라 뇌가 지난 세월 동안 경험했던 내용을 패턴에 따라 분류하고, 분류된 정보들을 뇌의 여러 영역에 나누어 기억하고 있다가,

감각 수용체에 수용된 정보를 영역별로 해석한 연후 이들 정보가 연합되어 통합된 이미지가 만들어져야 의식하게 된다는 것입니다. 안다는 사실이 발생하기 위해서는 상속되는 시간성과 분별 되는 공간성의 융합이 중요하다는 것입니다.

그렇기 때문에 과거에 대한 기억조차 과거의 경험을 있는 그대로 회상하는 것이 아니라 지금 재구성된 과거를 과거라고 여기게 된다는 것입니다. 더구나 과거의 사건을 재구성할 때 그 사건에 다른 기억의 패턴이 개입되거나 과거의 정보 가운데 어느 것이 빠지게 된다면 인지된 과거가 과거를 그대로 회상한 것이라고 하기도 어려우며, 재구성할 때 개입되는 패턴의 세기는 전기 화학적 양으로 측정될 수 있으며, 내부의 인지 활동이 일어나고 사라지는 시간 또한 측정할 수 있기에 의식의 흐름이라고 해서 잴 수 없는 것도 아니라고 하겠습니다.

언어 개념이 의식을 규정한다

그래서 의식이 언어를 사용하는 것이 아니라 이미 만들어진 개념이 통합된 이미지에 개입되면서 의식의 한계를 규정한다고 이야기하는 학자도 있습니다. 언어 개념으로 보면 명백한 것들도 실제로는 다양한 인연의 공명으로 발생한 것이기 때문에 언어로 파악된 것들이 실제로는 언어의 규정을 넘어선 것이기는 하지만, 인지된 것은 언어의 한계를 넘어서기 어렵다는 것입니다.

의식의 흐름이 언어 개념만큼 분명한 이미지를 상속하는 것이기 때문에 의식상태를 양으로 측정하는 것이 가능하기도 하고, 흐름에 끼어드는 여러 요소에 의해 만들어진 개념을 변주하거나 새로운 이미지를 만들기도 하므로 측정되면서도 측정을 넘어서지만 인지의 한계는 순간적으로 만들어진 이미지가 규정한다는 것이지요.

의식되는 이미지를 만드는 데 참여하는 패턴화된 정보는 뇌의 여러 영역에 분산된 상태로 저장되어 있으므로 어느 한 곳의 패턴만으로는 일상에서 경험하는 인식이 발생하는 것이 아닙니다. 보고 아는 데 이르기까지 협력하는 영역이 서른 곳 이상이라고 알려진 것만 봐도 인식된 표상은 신체의 역사가 함께 이루어낸 '지속으로서의 양적 표상'일 수밖에 없습니다. 지각되는 내부 표상은 과거가 준비한 미래가 현재의 인연을 해석한 것이라고 할 수 있으므로, 내부 표상을 만드는 모듈 가운데 어느 하나의 조건만 달라져도 현재가 달리 보일 수 있다는 것입니다.

사람에 이르러서는 사건 사물을 알아차릴 뿐만 아니라 그렇게 하는 주체가 있다는 자아의식이 형성됐으며, 자아의식이 형성된 이후로는 형성된 자아를 중심으로 내외부의 사건들을 해석하면서 시공간의 역사를 기억할 뿐만 아니라, 기억을 토대로 미래를 예측하는 인간의 사유 패턴에 의해서 외부는 '내부에서 해석된 외부'로 한정되게 되었다고 하겠습니다.

자아의식이 형성된 이후로는 지각 활동의 주체로서 '나'라는 의미 표상이 변하거나 사라지지 않는 것과 같이, 사건 사물을 해석할 때도 다른 것과 분별 되면서도 변하지 않는 것 같은 양적 판단이 사유의 중심축이 되었다는 것이지요. 만일 사건 사물에 대한 동일한 이미지를 만들지 않았다고 하면 감수된 정보를 해석하기가 쉽지 않았을 것이며, 변치 않는 자아상을 갖고 있는 것도 이상했을 것입니다.

생성된 정보와 정보를 해석하고 있는 조건에도 그와 같은 측면이 있기 때문입니다. 양적 분별을 통해 지각된 것은 언제나 지금이라는 시점, 곧 시간 지속이 체험되지 않는 시점에서 이루어지기 때문이며, 정보의 변이를 체감하는 데는 시간을 추상할 수 있어야 하기 때문입니다. 인간에 이르러 신피질의 확장으로 '공간축을 통한 양적 분별'과 '시간축을 통한 변이의 상속'을 통합하여 이해할 수 있게 되면서 동일성과 변이성을 아울러 사유할 수 있게 됐으나, 지금 여기에 대한 이해는 추상의 영역인 시간 지속을 전제하기보다는 직관의 영역인 공간 분별이 우선일 수밖에 없다는 것입니다.

지금 여기에서 일어나고 있는 지각의 일관성을 담보하고 있는 이미지의 동일성에서 보면 지각된 이미지는 시공간의 변화를 넘어선 듯하고, 추상을 통해 이해되는 변이성의 측면에서 보면 시공간의 변화 그 자체가 생명 활동이라고 할 수 있지만, 동일성과 변이성을 동시에 이해할 수 없는 지각 능력 때문에, 곧 양과 지속을 동시에 사유할 수 없는 조건 때문에 직관에 의한 분별이 우선이었다는 것이지요. 그렇기 때문에 현생인류는 만들어진 이미지 속에 변이를 담아내기 위해 분별 된 지각 이미지를 확장하면서 시공간의 역사와 함께 했다고 하겠습니다.

이 말은 베르그송이 질로서의 시간과 양으로서의 시간, 그리고 병치적(竝置的)다수성과 상호 침투의 다수성을 구분하면서 의식상태의 다수성에 대해서 이야기하고 있지만, 앞서 말씀드렸듯이 질 또는 양으로 파악될 수 있는 요소가 따로 있는 것이 아니라 하나인 것의 양면성이라고 할 수 있으며, '공간을 배제한 시간'과 '시간을 배제한 공간'이 따로 있을 수 없으므로 베르그송이 이 둘을 구분하고 있는 것에 대해서도 다시 생각해야 한다는 것입니다.

곧 병치적 다수성이 성립되기 위해서는 병치 되는 시간 또는 공간의 확실한 분리를 전제로 한 다수가 있어야 하는데, 물질 정보의 조건에 따라 같은 시간 같은 공간에 다수의 정보가 중첩되어 존재할 수도 있으며, 아인슈타인의 시공간론에 의하면 시간과 공간이 얽혀있으면서도 주관적 시공간이 될 수 있다고 하니, 주관적 생명 활동 그 자체가 자신의 고유한 질과 양이면서 병치되는 듯한 자신

의 시공간을 형성한다고 할 수도 있고 침투된 다수로서의 고유한
자신이 된다고 할 수도 있기 때문입니다.

병치적 다수성 또는 상호 침투적 다수성

병치적 다수성 또는 상호 침투적 다수성에서의 다수는 고유한 색깔
을 갖고 있는 병치적 다수로서 하나하나이지만 고유한 색깔 하나하
나는 중첩된 하나, 곧 침투된 다수로서 하나이기 때문에, 침투는
말할 것도 없고 병치라고 하더라도 그 경계를 구분하기가 쉽지 않
습니다. 이는 생명체의 세포 하나하나가 이웃들과 이야기를 주고
받으면서 관계 속에서 필요한 일을 하는 것과 같다고 하겠습니다.
고유한 자기 역할이 관계망을 통해서 구현된다는 것이지요. 그러
므로 병치 또한 온전한 병치라기보다는 상호 간에 정보를 교류하면
서 자신의 활동을 하는 '침투적 병치'라고 보아야 합니다.

생명체들의 경우에는 이웃 생명체들의 유전정보가 스며들어 자신
의 유전정보가 되는 경우도 있으며, 그를 통해 새로운 종이 되기도
하니, 침투된 것은 사실이나 침투되면서 다른 것이 되었다고 할 수
있으므로, 침투적 다수를 '병치적 침투'라고 봐야 된다는 것이지요.
모든 생명체는 의식 활동으로 보면 자신만의 주관적 시공간을 표현
하면서 현재를 살아가는 독특한 무늬들을 갖고 있으나(병치 되는
듯한 다수), 이웃과의 관계망을 이루어 상호침투하면서 고유의 무

늬가 새로운 무늬가 되기도 하니(침투되는 듯한 다수), 생명체마다 그 자체로 온 우주가 되면서 중첩된 우주가 된다는 것입니다. 생명체들은 자기의 고유한 삶을 살기 위하여 상호네트워크를 통해 색깔을 바꾸면서도 늘 자기가 되어가므로, '변화하는 자기'이면서도 동일상으로서의 자기라는 내부 이미지를 만들어 '변하지 않는 자기'를 사는 듯이 살아가는 모습 그 자체가 병치된 다수이면서 침투된 다수이며 중첩된 다수로서의 '자기'라는 것입니다.

우리 몸은 정보의 창고이며 경험을 토대로 현재를 해석하고 있는 무의식의 인식장이 되어 끊임없이 정보를 생성하고 해석하고 있는데, 어떤 경우에는 상호 침투하는 양상이 달라지면서 일상과 다른 생각이 떠오르기도 하는 것이 변하는 자기의 일면을 보여준다는 것이지요. 이를 특별한 직관이라고 할 수 있습니다. 무의식으로 질문을 이어간 경우거나, 아니면 인식을 만들어내고 있는 내외부 관계망들이 지금까지와 다르게 연결된 경우입니다.

더구나 우리들은 우리 몸의 세포 수보다 열 배나 많은 몸속 미생물들과 초유기체가 되어 살고 있을 뿐만 아니라 함께 사는 미생물들의 정보활동이 우리들의 의식에도 영향을 주기도 합니다(영어로는 직감을 장의 느낌 'gut feeling'이라고 표현하고 있습니다). 그렇게 해서 일상의 직관과 다르게 드러나는 특별한 직관 가운데는 사물 사건에 대한 새로운 시각과 유용한 내용을 담고 있는 것도 있지만 대부분은 그냥 일어났다 사라지므로 직관을 너무 신비하게 생각할 것까지는 없을 것 같습니다.

일상의 의식을 습관적 직관, 곧 비슷한 것들을 관통하는 일반상을 만들어 하나의 이름을 지으면서 사유하는 습관이라고 하더라도 그와 같은 직관이 실생활에 훨씬 유용하게 작용한다는 것입니다. 다만 일상의 의식은 습관화된 해석이 너무 강하기 때문에 변하면서 지속되는 현재의 사건을 온전히 해석하기에는 한계가 있을 수밖에 없는 것과 달리, 한계를 넘어서는 새로운 인식 내용이면서 실생활에 유용한 직관이라면 사유의 지평을 넓혔다고 할 수 있겠지요.

내부를 외부화시켜서 외부라고 읽는다

새로운 직관 의식이 발생해 사유의 지평이 넓혀진 경우라면 새로운 개념어가 만들어진 것과 같습니다. 새로운 개념어가 만들어졌다는 것은 뇌 신경망의 배선이 새롭게 연결되면서 수용된 정보를 새롭게 편집한 것과 마찬가지이므로, 일상의 의식 내용이든 새로운 의식 내용이든 모두 내부의 해석을 통해서 읽힌 자기 마음이므로 외부를 읽는다는 것은 내부를 외부화시켜서 외부라고 읽는다고 하겠습니다.

외부를 읽는다는 것이 자기 마음을 읽는 것이기는 하지만 생명체들은 상속받은 유전정보를 바탕으로 외부 환경 등으로부터 감수된 정보를 해석하기 위해 내부의 연결망을 새롭게 만들거나 기존의 연결 패턴을 강화하기도 했으며, 유용성이 떨어진 연결망을 삭제하거나 폭을 줄이면서 해석 통로를 조절하기도 했습니다. 그 결과 새로운 의식 통로가 생기면서 인지의 폭이 확장됐다는 것이지요.

새로운 것을 새롭게 해석하기 위해서는 내부에 새로운 통로가 생겨야 한다는 것입니다. 새로운 통로가 개설됐다고 해서 언제나 새로운 해석이 발생하지 않는 것은 새로운 해석이 가진 유효성도 있지만 새로 생긴 해석 이미지가 기억의 영역으로 스며들어야 '미래를 준비하는 과거의 이미지(기억)'가 되기 때문입니다. 그러므로 새로운 해석도 중요하지만 새로운 해석에도 머물지 않는 습관을 길러야만 생각 길에 융통성이 커지면서 현재의 인연에 따라 과거의 이미지를 변용할 수 있는 폭도 키울 수 있습니다.

내외부의 정보를 해석하는 도구로서 언어가 만들어져 정보의 패턴을 읽기가 수월해진 것은 사실이지만 다른 한편 언어 표현 밖에 있는 외부를 놓치기도 하므로 필연적으로 새로운 표상 이미지와 언어 표현의 길을 만들 수밖에 없다는 것입니다.

생명체들의 활동은 근본부터 수용된 감각 정보를 언어와 같은 이미지를 만들기 위한 내부 연결망을 기반으로 이루어지나 내부와 외부의 변화에 적응하기 위해 새로운 언어를 만들어 생명 정보를 확장했기에, 생명체의 진화 과정 그 자체가 양의 확장을 통한 질적 변이였다는 것입니다. 생명의 흐름은 양의 확장과 응축을 통해 질적인 변이가 지속해서 이루어지고 있는 과정이라는 것이지요.

새로운 양적 표현으로 질적 변이를 담아내려 하다

세포들끼리 또는 생명체들끼리 주고받는 정보 소통에서 보면 양으로 표현되어야만 하나, 생명 활동 가운데는 표현된 양을 넘어서는 일이 있을 수밖에 없었기에 새로운 양적 표현으로 질적 변이를 담아내려 했다는 것입니다. 공간과 시간이 하나 된 우주에서 공간 좌표와 시간 좌표상에서 일어나는 사건마다 양과 양의 확장을 통해서 질적 도약을 담아내고 있다는 것이지요. 수로 표시되는 양에 지속이라는 시간이 들어 있고, 수를 넘어선 듯한 지속도 불연속적인 양으로 담아낼 수 있기 때문입니다. 그러므로 베르그송이 "숫자들에 추상된 자기동일성이 가정되어야만 셈법이 성립될 수 있다"라는 이야기에 대해서도 다시 생각해보아야 할 것 같습니다.

베르그송의 이야기는 숫자나 언어로 파악되는 것은 개념의 동일성을 유지해야 하므로 지속의 변이를 담아낼 수 없다는 것을 뜻하기 때문입니다. 사람이라는 언어 개념이 오직 한 사람의 특징만을 나타낸다고 하면 다른 동물 등과 구별되면서 사람 모두에게 해당되는 이미지를 그릴 수 없고, 어느 시점의 이미지만을 나타낸다고 하면 상속된 사람의 이미지도 그릴 수 없기 때문에 일반화를 통해서 만들어진 동일상으로서의 사람만이 인지의 대상이라는 것이지요.

그러므로 사람으로 일반화된 언어 대상은 한 사람 한 사람이 아니라 사람과 구별되는 다른 것과 상대했을 때 그릴 수 있는 공통 이미지를 추상하여 만들어진 내부 이미지이긴 하지만 그 이미지와 온전히 일치하는 사람은 있을 수 없습니다. 내부 해석의 결과로 누구 또는 무엇이라고 부를 수도 있고 얼마인지 잴 수도 있지만, 그것의 대상은 내부 이미지의 외부화를 통해서 외부라고 파악되는 내부라는 것입니다. 언어생활은 동일성이라는 것을 전제로 내부의 추상을 거쳐 만들어진 활동이라는 것이지요.

언어 추상을 통해서 사건을 파악하고, 파악된 정보를 기억하고 사용하면서 새롭게 맞닥뜨린 사건을 가능한 잘 이해하려 했고, 맞닥뜨릴 다음의 사건을 예측해서 행동했기 때문에 삶에서의 위험도가 줄어들기는 했겠지만, 한편으론 이미 추상된 내부 이미지가 다음 사건의 내용을 규정하기도 하므로 맞닥뜨린 현재를 잘못 해석하는 경우가 필연적으로 생길 수밖에 없었습니다. 지속을 보지 못한 양적 이해는 시간이 갈수록 지금 여기와 거리가 생기게 되기 때문입니다. 진화 과정에서 이를 보완하기 위한 노력도 병행해서 일어나기는 했겠지만 만들어진 내부 이미지가 다음 사건에 개입하고 있기 때문에 그 노력의 결과가 바람직하지 않은 것도 많았을 것이며, 사실과 만나지 않고 내부의 추상만으로 이루어진 가정은 보완될 기회조차 적었기 때문입니다.

그 결과 인도 등에서는 차별된 내부 이미지를 실체시하고, 그것을 통해서 사람들 간의 신분질서를 정하기도 했습니다. 남성과 여성 그리고 피부색 등의 외부를 가지고 사람의 신분을 정하기도 했지만, 본질적으로는 외부의 차이를 추상된 내부의 실체 때문이라고 보았다는 것이며, 자손들도 차별의 근거가 되는 실체를 가지고 태어났다고 여긴 것입니다. 가정된 언어 세계가 현실 세계를 이해하는 도구라는 한계를 넘어 추상된 언어 세계가 실제의 세계가 됐던 것이지요. 서양철학 가운데서도 현실 세계 이면에 개념의 동일성을 담보하는 불변의 세계가 있다고 여기며, 그 세계야말로 진실한 세계라고 여겨 이데아라고 불렀던 플라톤의 사유와 유사하다고 하겠습니다.

베르그송은 의식상태의 다수성을 이야기하면서, 다수성이라는 개념에는 수의 동일성이 가정됐고, 가정된 이미지의 동일성으로 말미암아 지속조차 단위화된 읽기가 가능한 것처럼 착각하게 됐다고 이야기하고 있지만, 이는 언어가 가진 개념의 한계일 수밖에 없으며, 베르그송의 주장 또한 '단위화 될 수 없는 지속'을 시간이라고 보는 관점, 곧 지속이라는 개념을 통해 파악된 지속이 아닐까 싶습

니다. 언어의 세계가 그렇기 때문이며 공간이 배제된 흐름 그 자체
만으로 있는 시간이 있어야 베르그송의 이야기가 성립되기 때문입
니다.

양에서 지속을 읽어야 하고 지속에서 양을 읽어야 한다

차별적 실체로서의 본질과 이데아가 실재하는 것은 아니지만, 사
람과 사물을 이루는 정보의 세계 그 자체가 어떤 경우는 자기동일
성을 담보하는 듯한 양상을 만들어 시간을 초월한 듯 작용하기도
하고, 다른 경우에는 자기동일성 그 자체가 변이되어 시간 흐름에
따라 다르게 작용하기도 하므로, 양에서 지속을 읽어야 하고 지속
에서 양을 읽어야 합니다. 내외부가 맺고 있는 관계망의 양상과 흐
름에 따라 양적으로 분별 되는 동일성이 있는 것 같기도 하고 양적
으로 분별 될 수 없는 지속만이 있는 것 같기도 하기 때문입니다.

동일성과 변이성이 함께 하는 것과 같은 모순적인 흐름이 생명계의
정보 흐름이라는 것이지요. 그렇기는 해도 생각의 세계에서는 다
르다는 것을 전제로 생각을 할 수 있도록 내부화된 세계 이해의 해
석 틀이 있으므로 공간적인 분별을 통한 이해가 일반적입니다. 진
화상에서 시간축을 해석하는 사유 능력이 늦게 생겼을 뿐만 아니라
파악되는 현재의 사건에서는 시간 흐름을 배제하고 읽어도 되는
듯하기 때문입니다. 시간이 배제됐다기보다는 현재 인간의 인지

조건에서는 인지 그 자체의 흐름이 시간 흐름과 일치하기 때문에 시간을 읽기가 어렵기도 하지만 공간화된 분별 속에 이미 시간이 함축돼 있기 때문이기도 합니다. 언어 표현상 모순된 두 가지 사건, 곧 정지와 운동이라는 사건이 인지하는 것마다 함께 들어 있으므로 정지를 정지라는 이미지만으로 파악하는 것도 모순이고, 운동을 운동이라는 이미지만으로 파악하는 것도 모순이라는 것입니다.

현재 인간의 인지능력으로는 이 둘을 함께 파악할 수 없는데, 그것은 인지능력만의 한계라기보다는 삶을 구성하는 세계가 본래 양자 상태로서의 불확실성을 띠고 있기 때문이라고 하니, 인지의 한계를 이해하고 그 안에서 비교적 바른 이해를 하려고 노력하는 것이 인지의 한계를 넘어서려는 노력이 아닌가 싶습니다.

따라서 운동을 정지에서 분리해 운동 그 자체를 하나의 독립된 사건처럼 이해하는 것도 바른 것이 아니며, 정지를 정지만으로 읽는 것 또한 마찬가지입니다. 이데아론이나 본질론은 운동 또는 정지 그 자체를 실체시한 개념 정리라고 할 수 있습니다. 이들 생각은 정지와 운동이 함께 하는 삶의 흐름 가운데 어느 한쪽만을 끝까지 밀고 나간 추상의 결과물입니다. 그 결과 정지와 운동은 다른 사건처럼 존재하게 되었고, 정지와 운동을 제대로 이해하기 위해서는 아주 오랜 세월을 기다려야만 했습니다.

이 책을 번역한 역자의 서문을 보면 베르그송이 말한 순수지속이라는 사유체계는 플라톤이 말한 이데아의 사유체계를 거꾸로 세운 것이라고 이야기하고 있으나, 지속이라는 개념 또한 그 자체로서 본질을 갖는다는 본질주의 사고에서 벗어났다고 이야기하기는 어렵습니다. 본질이라는 나무에서 함께 자라고 있는 가지들입니다.

한 사람의 지속만을 보면 차이나는 지속으로 보이겠지만 사건들의 공통기능을 보면 동일하다고 볼 수 있는 면도 있으니, 생명 활동의 흐름은 차이 속에 공통성을 담고 있고 공통성 속에서 차이를 만들어내는 흐름입니다. 오랜 세월 동안 생명체들끼리 유전정보를 수직 수평적으로 주고받았기 때문에 유전정보로만 본다면 개체의 한계성이 없다고까지 이야기하는 학자가 있을 정도로 생명체들은 생명체로서의 유전정보와 활동 방법을 함께 이루고 나누어 왔다는 것이지요.

차이와 공통성을 함께 만들어가는 상호의존성의 활동

생명의 기능을 정보화해서 수직 수평적으로 나누면서 상속해온 과정에서 많은 변이가 일어나 다양한 종이 발생할 수 있었고 지금도 그와 같은 일이 일어나고 있다고 하며, 정보화된 기능의 상호연결성으로 보면 시공간적 한계를 넘어섰다고 할 수 있으나 만들어진 정보의 작용으로 보면 특정 기능으로 한정되어 있다고 할 수 있으므로, 차이와 공통성을 함께 만들어가는 상호의존성의 활동이 생명체의 활동이라는 것입니다.

그렇기 때문에 공통 기능만으로 사건을 파악하는 것도 가능하지만 공생체이면서 차이를 만들어내는 기능에 의해서 차이가 발현되고 있으니 차이를 무시하는 데에도 한계가 있습니다. 생명체들은 진화 과정에서 얻게 된 생명 정보들을 디지털화하여(공간화하여) 보존하다 후손에게 상속하면서 일정 부분은 수정 이후의 환경에 적응하여 발현되게 하는 정보(후성 유전체)가 있을 만큼 유연성을 갖고 있기 때문입니다.

정보를 상속하는 능력과 변이하는 기능을 함께 갖추다

수정된 세포가 발생의 과정을 거쳐 성장해 갈 때 세포끼리 정보를 주고받으면서 역할 스위치를 조정해 내외부에서 발생하는 정보를 해석하기 위해 신체 내부의 연결망(신경계)을 만들어 차이 속에서 관념적으로 동일한 이미지를 생성할 뿐만 아니라 생성된 이미지를 기억으로 남겨 미래를 준비해야 했기에, 생물체는 정보를 상속하는 능력과 변이하는 기능을 함께 갖추게 되었습니다.

생명체가 세계를 있는 그대로 이해하는 것이 아니라 내부에서 만들어진 이미지를 외부로 투사하고, 그것을 재인하면서 외부를 이해한 것처럼 여기에 된 까닭도 여기에 있습니다. 이것이 가능한 것은 외부와 내부가 함께 공명하는 정보의 장으로서 하나 된 생명계이기 때문입니다. 직관적으로 보이는 다름보다는 보이지 않는 세계에서 무의식적으로 이루어지고 있는 상호 간의 공명을 통해 감수된 정보에 대한 이미지를 그럭저럭 그릴 수 있기에 세계 이해는 온전히 자신만의 내부 이해이면서도 외부를 그 나름대로 인지할 수 있다는 것입니다. 색깔을 분명하게 갖는 언어 개념과 비슷하게 사건 사물의 정보를 분류하여 이해해 온 생명체들의 역사에서 보면 차이를 통해 사건들을 이해할 수밖에 없었다는 것입니다. 다만 내외부의 변화에 따라 새롭게 만나게 되는 사건 사물을 이해하기 위해서는 새로운 개념어를 만들어야 했으며, 개념어가 확장된 만큼 세계도 확장됐다고 하겠습니다.

확장됐다고 해도 이해된 것은 내부에서 번역되고 해석된 세계상이기 때문에 그와 상응하는 일반상을 만들어 언어와 숫자로서 설명할 수 있게 됐고, 이해된 세계상이 내부에서 만들어진 이미지이기 때문에 이해된 세계는 환상이라고 할 수 있지만, 만들어진 환상만이 외부와 상응하는 유일한 이미지가 된다는 점에서는 그것만이 실재라고 할 수 있습니다. 그렇기에 내부 이미지들의 조합을 통해 이루어지는 세계 해석과 번역이 외부세계의 실상을 온전히 표현하고 있다고 여긴다면 집착과 착각도 함께 축적되어 갈 수밖에 없습니다.

베르그송의 말처럼 의식되는 세계는 관계망을 통해서 변해가는 세계가 아니라 멈춘 이미지로 파악된 세계이기 때문에 인지의 오류가 축적될 수밖에 없다는 것입니다. 이런 의미에서 베르그송은 플라톤의 사유 세계를 거꾸로 뒤집으면서 새로운 사유 패턴을 내놓았다고 할 수 있으나 자신의 사유 패턴을 다시 뒤집는 데까지는 이르지 못했다고 하겠습니다. 플라톤과 베르그송을 융합하는 사유 세계, 곧 디지털과 아날로그가 융합되는 현대의 사유세계에는 이르지 못했다는 것이지요. 생각의 기반이 되는 정보가 내부에 형성되고 나면 다음부터는 그 부분을 생각하지 않고서 바로 꺼내 쓰면 된다는 점에서는 어느 쪽이나 같다는 것입니다.

그렇게 하기 위해 생물체들은 추상 능력을 확장했다고 하겠습니다. 신체화된 기억의 자모음을 통해 내일을 예측하기 위한 무의식적인 정보해석 능력이 세포들의 인지능력이면서 추상 기호를 생성하는 활동이므로, 신체가 다양한 경험을 함으로써 추상 기호가 확장됨과 더불어 추상 능력도 확장되었다는 것입니다. 산소와 수소라는 기호가 모여 물이라는 기호를 새롭게 형성하는 것과 같습니다. 기존 기호들의 연합을 통해 새로운 기호가 생기기도 하고, 화학적으로 완전히 새로운 기호와 성질이 생성되기도 하면서 생명의 흐름이 지속됐다는 것입니다. 이미 경험했던 경험들을 기호화하고, 기호화된 것들이 새롭게 수용된 경험을 재구성하여 해석하거나 창발적으로 새로운 해석을 내놓을 수 있는 기호를 만들면서 지속해서 추상 기호의 확장이 일어나고 있는 것이 생명의 흐름이라는 것이지요.

삶의 정보는 기호로 이루어져 있다

138억 년을 지나온 현재의 우주에서 보면 40억 년 전에 지구에 나타난 생명체의 탄생은 질적으로 온전히 다른 사건처럼 보이기는 해도 내용상에서 보면 이미 있는 기호와 그것들의 융합으로 형성된 창발적 사건들이 만들어낸 결과라는 것입니다. 이는 변하지 않는 것처럼 보이는 양적 상태와 창발로서 새로운 기호가 만들어지는 변화의 흐름인 지속 상태가 융합되면서 우주의 사건들이 일어나고 있다는 것입니다. 우주에서 일어나는 사건들의 배경이 이렇기 때문에 플라톤이 말하는 '이데아'와 베르그송이 말한 '지속'을 함께 봐야만 우주에서 일어나는 사건들을 어느 정도 엿볼 수 있습니다. 왜냐하면 만들어진 내부 이미지로서 추상 언어의 대상을 생각하는 순간 변하는 사건의 이면에 변하지 않는 이데아를 설정할 수밖에 없는 착각이 일어나듯, 시간 또한 사건들의 변화를 통해서만 드러날 수 있으므로 블랙홀처럼 사건들의 기호가 변하지 않는다고 하면 지속이라는 개념도 설정할 수 없기 때문입니다.

그렇기에 베르그송이 양적인 판단으로는 운동의 순수한 계기(契機)를 잘 알 수 없다고 하는 이야기가 이데아적 추상에 머물지 말

것을 전제로 하는 뜻에서는 옳다고 할 수 있지만, 지속이라는 연속적 계기와 양이라는 불연속인 계기가 하나의 사건 속에 함께 일어나고 있기 때문에 베르그송의 이야기도 이와 같은 양면성을 다 드러내지는 못했다고 하겠습니다.

이는 생명체들이 유전정보를 기호화하여 갖고 있는 것과 기호화된 유전정보를 후손에게 전해 줌으로써 상속적 계기가 이루어진다는 것을 통해서도 잘 알 수 있습니다. 유전으로 보면 상속된 것이나 유전되는 내용으로 보면 새로운 기호들의 조합과 같기 때문에 유전됐다고 해서 조상들의 유전정보 조합이 변함없이 그대로 유전된 것은 아니라는 것이지요. 생명의 흐름에는 상속과 변이라는 양면성이 있기는 하지만 생명 활동 그 자체에서 보면 양면성이 없는 것과 같다는 것입니다.

다만 기호화된 과거가 변이하기 쉽지 않다는 데서 유용성에도 한계가 있으며, 공생하는 생명계와 더불어 조화롭게 작용할 수 없는 변이 또한 생명체의 삶에서 유용하지 않았을 것이기 때문에, 40억 년을 계기적으로 살아온 생명체들의 세포 역사는 시대의 변화와 상응하여 이전 시대에 유용했던 생명 정보의 한계성을 뛰어넘기 위해 원하든 원하지 않든 창발적 변이가 일어날 수밖에 없었다고 하겠습니다.

124

세포들이 취할 수 있는 생명 활동이 이와 같기 때문에 다세포 생물체들도 그와 같았습니다. 화학 물질 분자를 주고받거나 전기신호를 통해 이웃 세포들과 이야기를 나누어야 하는 것이 관계망에서의 세포 활동이기에 인간의 지식 활동도 기호화된 단일성을 취한다는 것이지요. 최초의 생명체부터 지금에 이르기까지 생명체가 하고 있는 무의식적 인지 활동과 의식적 인지 활동 모두는 만들어진 표상의 양적 단위들을 통해 이루어졌다는 것입니다. 그렇기에 베르그송도 지성의 지각 활동은 경험된 것들 가운데 있는 단일성을 취한다고 이야기했겠지요.

삶의 정보는 기호로 이루어졌습니다. 그러므로 최소 단위의 기호로서 이루어진 것이나, 최소 단위의 정보가 융합된 것이라도 단일성을 갖는 정보가 된 경우라면 단위 숫자로 파악해도 이상할 것이 없지만, 여러 기호가 모여 창발적으로 하나의 기호가 된 경우라고 하더라도 지성의 작용은 그것을 중첩된 것으로 보는 것이 아니라 단일한 것으로 파악한다는 것입니다.

언어만의 세계에 갇히다

베르그송의 이야기에 따르면 여러 기호가 중첩되면서도 단일성을 담보하기에 언어 표현이 가능하기도 하지만, 곧 단일성으로 파악하는 것이 가능하기도 하지만, 단일한 것으로 언어화된다는 것은 그 언어 색깔 이외의 다른 색깔이 드러나지 않게 하는 것과 같으며 시간의 변화를 담아내지 못한 상태로서의 고정된 이미지만을 취하게 하는 것과 같기 때문에 현재의 활발한 삶을 표현하는 데에 한계가 있을 수밖에 없다는 것입니다. 양화된 이미지의 단일성에만 머문다고 하면 활발한 현재를 잃어버리게 되면서 언어만의 세계에 갇히고 만다는 것이지요. 플라톤이 말한 이데아의 세계가 그와 같습니다.

기호만큼 응축된 모습으로 세계를 이해하려 했던 노력이 현재를 이해하는 데 유용하기도 하지만 어떤 경우에는 상상만의 세계에 빠져 현재를 보지 못하게도 한다는 것입니다. 그렇기는 해도 응축된 기호가 갖는 차이를 통해 내부 이미지를 만들지 못했다고 하면 세계와 의미있는 관계를 형성하는 것도 쉽지 않았겠지요. 왜냐하면 세계 이해는 차이들을 구별하는 것이고, 그 차이는 내부 이미지를 통해 재현된 것이면서 현재를 이해하는 척도가 되기 때문입니다. 불변 표상을 만들어 세계를 이해하는 것이 생명체들이 살아온 방법이었다는 것입니다. 그러므로 차이를 아는 능력인 지성이 '살아난 물질'의 특성이면서 생명체들이 생명 활동을 할 수 있는 기반이 되었겠지요.

다만 생명체들의 인지 능력인 지성이 차이 난 것들을 일반화하여 구별하다 보니 세밀한 차이들을 무시한 측면이 있기는 합니다. 그렇지만 만일 미세한 차이와 변화를 하나하나 구분 지으려고 했다면 표상 이미지와 언어를 만들어 사건들을 구별할 수조차 없었을 것입니다. 한 사람이 일생동안 변해온 다양한 모습 모두를 그냥 '나'라는 이미지에 묶어 '나의 변화'로 파악하듯, 맞닥뜨린 사건마다 그렇게 파악해왔기에 정보를 파악하는 데서 보면 더할 나위 없이 유용했다는 것이지요. 다만 그렇게 파악된 정보에는 순간순간 일어나고 있는 시공간의 변이를 담아내지 못한 경우도 허다했을 것이며, 그 정보를 생성하고 있는 공생의 장도 잊히기 일쑤였을 것이므로, 시공간의 변화에 맞춰 새로운 이미지를 만들면서 폐기된 내부 이미지 또한 한둘이 아니었을 것입니다.

온몸으로 온 맘으로 있는 그대로를 보는 연습

진화 과정에서 생명체들이 행했던 지성 활동이 공간 분별을 중심으로 이루어졌을 뿐만 아니라 지성 활동인 사유 그 자체가 시간 흐름과 같이하기 때문에 시간을 직관할 수 없었고, 시간을 추상할 수 있게 된 것도 인류의 출현 이후이기 때문입니다. 그렇기 때문에 알아차리지만 실상을 제대로 알아차리기 어려웠고, 생명체들이 맺고 있는 내외부의 관계망이 수시로 변하기 때문에 자기 이해라고 해도 온전한 자기 이해일 수 없었으며, 상호 간에 이루어지는 정보 교환 또한 잘못되는 경우가 생겨나게 되었겠지요. 하여 가끔씩은 이미 만들어진 내부 이미지를 내려놓고 온몸으로 온 맘으로 있는 그대로를 보는 연습이 필요합니다. 이미 있는 생각 길을 내려놓고 새로운 생각 길을 만들어야 할 때도 있기 때문이며, 새로운 생각 길을 걸어야 지금 여기를 온전히 사는 생명 활동이 될 때도 있기 때문입니다.

생명체들은 내외부에서 발생하는 정보를 해석하기 위해 필요할 땐 언제나 생각 길을 새롭게 만들면서 정보를 해석하고 있기 때문에 일정한 생각 길을 걷기만 한다면 생명의 흐름과 어긋난 걷기가 되고 만다는 것입니다. 사유하는 행위 그 자체가 시간 흐름과 함께 하기에 차이만을 읽는 지성의 즉각적인 작용으로는 정지와 운동이 중첩된 모습을 동시에 읽을 수가 없어 차이가 확실히 드러나는 임계점을 경계로 어느 한쪽만을 읽을 수밖에 없기 때문입니다.

시간의 흐름은 변화의 전후를 반추하는 추상적인 사유에 의해서 읽히기에 '불연속적인 지속으로서의 생명 흐름'을 인지상으로는 '만들어진 이데아의 연속적인 계기'로 읽히게 된다는 것입니다. 질이 양으로 읽힐 수 있고 양이 질로 표현될 수 있는 것이 생명 흐름의 실상이지만 지성의 직관 능력으로는 이를 동시에 읽을 수가 없다는 것입니다. 그러므로 사건 사물이 내포하고 있는 불연속적이며 분할될 수 있을 것 같은 공간성에서 보면 일대일 상응 관계로서 명사형의 언어 표현이 가능하기도 하지만, 연속적이며 분할될 수 없을 것 같은 지속성에서 보면 동사형의 언어 표현이 실상에 대한 이해에 가깝다고 하겠습니다.

표현되는 현재의 양이 그 순간 그것의 질을 나타내기도 하고 계기를 통한 도약은 질이 양적으로 나타난 것이라고 할 수 있으므로, '살아있는 활동을 하는 물질(생물)'이나 '살아있는 활동을 하지 않는 물질(비생물)' 모두가 '언어로 표현되면서도(양) 언어의 한계를 넘어서고(질)', '언어의 한계를 넘어서면서도 언어로 표현된다'라는 것입니다. 그런 가운데 창발적으로 이어지는 삶의 창조적 변화들은 생명체들의 역사가 되고, 역사가 된 경험은 새로운 창발을 뒷받침하는 동력이 되어 미래를 만들어 갑니다. 아직 오지 않은 미래조차 이미 살아온 삶에 기대어 질적인 변이를 하면서 새로운 모습으로 자기를 드러낼 준비를 하는 것과 같다는 것입니다. 한 순간의 양과 질은 그 자체로 운동을 드러내는 변이를 담아 과거 현재 미래를 표현하고 있는 순간이라는 것이지요.

생명의 흐름은 정보의 상속과 변이로 이어지는 도약

어느 한 순간도 그것만으로 결정적 단일성을 담보하는 것이 아니라 과거 현재 미래를 담아내고 있는 순간이기도 하므로, 언제 어디서나 그것이라고 부르는 순간 이미 그것과 결별하는 순간도 됩니다. 계기로서의 도약이 없으면 순간이라는 이야기도 할 수 없겠지만, 순간 또한 '생물과 무생물'의 속성 가운데 하나인 운동성으로 인해 질적 변이를 일으키려는 작용이 지속되고 있는 순간이기도 하므로, 지속되지 않는 것 같은 순간에도 질적 도약을 준비하고 있다는 것입니다. 생명의 흐름은 불연속적인 연속, 곧 정보의 상속과 변이로 이어지는 도약이기 때문입니다.

베르그송이 말하는 '순수지속'이라는 개념도 생명의 흐름, 곧 정보의 도약을 통한 상속과 상응하는 개념이어야 하기 때문에 양이 배제된 지속이라고 하면 지속 그 자체도 추상된 언어의 대상에 지나지 않게 됩니다. 왜냐하면 사건 사물을 해석하는 인지습관은 동적인 상태조차 명사 상태로 읽기 때문입니다.

우리가 무의식적으로 하는 인지 습관의 해석체계에서는 양적 판단이 직관적으로 일어나기 때문에 양적 판단의 근거로서 실체나 이데아를 사유의 대상으로 삼으면서 실체의 부수적인 상태로서 운동을 이야기하고 있으며, 순수지속의 운동성을 사건 사물의 본 모습이라고 여기는 사유 체계에서는 실체가 운동하는 것이 아니라 운동 상태가 실체를 규정한다고 이야기하고 있지만, 어느 쪽이나 사건 사물의 한쪽만을 강조해서 본다는 점에서는 차이가 없다는 것입니다. 정지와 운동이 동시에 작용하고 있지만 정지가 보이면 운동이 잘 보이지 않고 운동이 보이면 정지가 잘 보이지 않기에, 한쪽에서는 변치 않는 실체로서의 어떤 것이 정지하고 있거나 운동하고 있다는 식으로 해석하는 데 반해 다른 한쪽에서는 운동만이 실제라고 주장한다는 것입니다. 온갖 인연이 얽혀 사건 사물이 발생하고 질적인 도약이 일어나고 있는 듯하기 때문에, 곧 운동과 정지가 융합되어 있다고도 말할 수 없는 상태에서 인연의 관계망에 따라 운동에서 정지로 정지에서 운동으로의 도약이 일어나고 있기 때문에, 정지나 운동 가운데 어느 한쪽만으로 사건 사물을 해석해서는 사건 사물을 온전히 이해할 수 없다는 것이지요.

순수지속이라는 개념, 곧 계기적 운동이라는 개념 역시 양으로 파악되는 사건일 수 있다는 것입니다. 이와 같은 일은 생명체가 하고 있는 유전정보의 상속에서도 알 수 있습니다. 유전자 가운데 수억 년 동안 변함없이 상속되고 있는 유전정보는 마치 과거의 시간에 머물러 있는 것과 같으나, 이웃한 유전정보와 협력하여 새로운 패턴을 만드는 데 동참하고 있는 데서 보면 미래를 준비해온 과거였다고 할 수 있으며, 조건에 따라 유전정보 자체가 변하기도 하기 때문입니다.

정지된 듯이 보이는 정보지만 이웃 정보들과 손을 잡고서 현재를 창발적으로 창조하고 있기 때문에 이웃과 주고받는 정보까지를 생각한다면 과거 속에 머물러 있는 듯한 정보조차 운동으로서 지속되는 시간 속에 있다는 것입니다. 전혀 다른 이미지로 표현할 수밖에 없는 양상들이 하나의 사건 속에 들어 있으므로 하나의 사건이라는 측면에서 보면 단일한 듯 보이지만 그 사건에 담겨있는 내용으로 보면 단일체로서의 어떤 것이라고 말하기 어렵다는 것입니다.

사건 사물의 양상은 집합체로서의 단일성을 갖고 있으면서도 단일한 어떤 것이 복합적인 활동을 하는 듯이 보인다는 것입니다. 따라서 언어 하나하나에 해당되는 사건 사물이 독립되어 있다고 보는 것은 그 사물 사건이 가지고 있는 시공간의 역사성을 놓치고 언어의 한계만을 보는 것에 지나지 않습니다. 사건 사물은 그 자체만으로 존재하는 것이 아니라 시공간의 역사를 통해 창발로써 드러난 사건 사물이 되므로 관계망을 해체하는 순간 이미 나타난 사건 사물도 사라지고 말기 때문입니다.

하나의 개체는 시공간의 온 역사를 다 담아낸 공생체

이런 뜻에서 '개체성은 없다'고까지 이야기하는 생물학자도 있습니다. 개별 생명체 그 자체가 공생으로서의 온 생명이므로 물려받은 유전정보로 보나 유전정보의 발현에 지대한 영향을 끼치고 있는 관계망으로 보나 개체만의 개체일 수 없다는 것입니다. 하나의 개체가 그 자체로 시공간의 온 역사를 다 담아낸 공생체이면서도 창발적으로 자신의 무늬를 갖는다는 데서 사건 사물마다 우주적 사건이며 우주라고까지 이야기할 수 있다는 것이지요.

한 사람 한 사람의 이야기도 마찬가지입니다. 유전정보가 수직적으로 전해졌다는 데서는 한 사람의 역사는 생명 전체가 지나온 역사와 같고 유전정보가 수평적 공간을 통해 교류된 공생 정보라는 점으로 보면 관계망 전체를 하나의 생명계라고 할 수 있으므로, 한 생명의 탄생은 우주 전 역사를 드러내는 창발적 탄생이 되면서 개체성과 공생성을 다 담고 있는 사건이 된다는 것입니다. 사건 사물마다 종횡으로 얽혀 있으면서도 특정한 색깔로 우주의 이미지를 생성하고 상속해가는 것이 사건 사물의 흐름이라는 것이지요.

더구나 사건 사물이 독자적으로 자기의 색깔을 만드는 것이 아니라 관계망의 조건과 상응해서 색깔을 변주해야 하기 때문에, 곧 알고 상응해야 하기 때문에 사건 사물의 활동을 지성(知性) 작용이라고 할 수 있으며, 사건 사물이 손잡고 있는 관계망 그 자체가 지성(知性)의 장이 된다고 해도 과언이 아니라는 것입니다.

이런 뜻에서 우주란 공간과 시간이라는 두 개의 축이 만나 작용하는 곳이 아니라 두 축으로 분리될 수 없는 하나이면서 작용 그 자체가 정보가 되는 곳이라고 말씀드렸습니다. 정보들이 끊임없이 융합되고 해체되면서 온갖 무늬를 만들어낼 수 있는 것도 정보 그 자체가 하나하나로 보면 자기 색깔을 가진 것 같지만 정보들이 섞이면서 하나가 되기도 하고 다시 해체되면서 다른 무늬가 되기도 하기 때문입니다. 그러므로 각각의 색깔이 고유하다고 해서 고유한 것만 있는 것도 아니고, 섞였다고 해서 고유한 색깔이 없는 것도 아닙니다.

특정한 모습으로 응축된 것을 보면 결정적 단일성을 말할 수도 있지만, 결정적 단일성을 이루는 데에 참여하는 다른 요소도 있으므로 사건 사물마다 단일하면서도 단일하지 않은 사건 사물이 된다는 것입니다. 우주를 이루는 정보의 성격이 그렇기 때문에 우주, 곧 정보의 장에서 일어나는 사건 사물도 그렇다는 것이지요. 사건 사물을 이루는 정보의 성격에 단일성과 응축성이 함께 있기에 어느 한쪽만으로는 그것들의 실상을 온전히 표현할 수 없다는 것입니다.

우주란 단일한 듯하면서도 단일하지 않은 정보들이 서로 얽히면서 순간순간 창발적인 도약으로 사건 사물이 생성되는 흐름이며, 얽히는 순간 어떻게 변해야 할지 알고 있는 듯한 흐름, 곧 지성으로 작용하고 있는 듯한 흐름이므로, 우주에서 사건 사물이 실행하고 있는 정보의 얽힘과 해체를 무의식적으로 실행되고 있는 인지의 흐름이라고 이야기해도 지나치지 않다는 것이지요.

다른 동식물의 의식적, 무의식적인 인지 상태에 대해서는 잘 알 수 없지만, 현생인류는 이와 같은 무의식적 인지 활동을 어느 정도까지는 자각하게 된 것 같습니다. 명상 등을 통해 인지 영역을 확장할 수 있었을 뿐만 아니라 그 상태를 의식적으로 자각할 수 있기 때문입니다.

우리의 신체활동은 관계망을 통해서 일어나는 사건들을 일정한 양상으로 포획하여 하나의 의미있는 정보를 생성하는 활동이라고 할 수 있으나 생성된 정보 대부분은 무의식적으로 처리되고 그 가운데 일부만을 의식할 수 있는데, 사람들은 의식으로 발현된 것을 다시 의식하는 의식을 갖게 되면서 의식의 주체로서 자아를 추상할 수 있을 정도로 인지의 영역이 확장되었다는 것입니다. 몇몇 동물들도 어느 정도까지는 자아를 자각하는 의식이 있다고 하지만, 사람은 그들보다 확장된 의식 활동을 한다는 것입니다. 의식이 확장됐다는 것은 다양한 경험을 통해 뇌가 무의식적으로 재구성할 수 있는 표상 이미지가 확장되었다는 것만이 아니라 의식적으로 무의식의 영역에 끼어들어 새로운 표상 이미지를 만들 수도 있게 됐다는 것입니다.

일상의 의식은 대부분 과거가 해석한 현재를 보는 것이므로 우리들의 의식작용을 능동적이라고 하기 어렵지만, 무의식적으로 재구성된 내부 표상을 인지한 연후에 습관적으로 뒤따르는 생각과 행동을 하지 않거나 새로운 생각과 행동을 지속해서 하게 되면 이전과 다른 내부 표상을 만들 수도 있게 되었다는 것입니다.

어린 시절에 이루어진 학습보다 쉽지는 않겠지만 어른이 되어도 학습이 끼치는 영향은 여전하기 때문에 집중적으로 이미지를 조율하는 힘을 기른다면 뒤따라 일어나는 의식에 영향을 주다가 마침내 무의식의 작용도 어느 정도 조율할 수 있게 됩니다. 어른이 됐다는 것은 내부 신경망의 배선이 학습의 강도에 따라 정해졌다는 것이므로 어린아이에 비해서 새롭게 배선을 하기가 쉽지는 않지만 신경망의 배선이 만들어지는 데는 어느 정도 가소성이 있으므로 의식 집중을 통해 배선이 새롭게 이루어지면 무의식적으로 이루어지고 있는 해석과 실행의 습관이 바뀐다는 것입니다.

의식의 발생 자체가 물리적 운동이면서 의식이 된다는 것이며, 정신세계인 듯한 인식 또한 물리적 사건이 된다는 것입니다. 특히 의식 집중을 통해서 만들어지는 내부 영상 등은 일상으로 경험되는 무의식적 활동 영역을 어느 정도까지 의식의 영역으로 확장한 것과 같으므로 의식 집중은 그 상태로만 본다면 온전히 정신세계인 듯하지만, 내부의 상황으로 보면 내부 신경망의 배선을 새롭게 한 물리적 사건이 된다는 것입니다.

뇌에 있는 생각의 지도를 바꾸는 의식 집중

일상의 의식은 습관화된 생각 길의 물리 활동이라고 할 수 있으며, 의식이 집중된 상태는 정신의 특별한 활동만이 아니라 신체 내부에 새로운 생각 길이 열린 물리 활동이라고 할 수 있습니다. 습관이 된 의식 집중은 뇌에 있는 생각의 지도를 바꾸고, 생각 길이 바뀐 내부 지도는 일상적인 경험과 다른 의식세계를 의지적으로 경험할 수 있게 합니다. 이 상태를 신체화된 선정 상태라고 할 수 있는데, 이와 같은 경험을 통해 우리의 인지가 어떻게 발생하는가를 알 수 있게 됩니다.

선정(禪定) 의식에 대한 체험은 외부의 대상을 있는 그대로 자각하는 것이 아니라 받아들인 외부의 감각자료를 해석해서 그것을 외부처럼 인식하고 있다는 것을 알게 하며, 내부에 있는 생각의 자료를 가지고 이미지 등을 만들면서 의식작용이 일어나고 있는 것을 알게 한다는 것입니다. 선정 의식을 경험하게 됨으로써 얻게 되는 효능 가운데서 인지의 실상을 알게 하는 것은 다른 무엇보다 중요하다고 하겠습니다.

만들어진 '내부의 외부'가 의식의 대상이 되기 때문에 그 상태가 자신의 처지에서 보면 있는 그대로의 실상이 되겠지만, 그렇다고 해서 그것이 외부의 대상을 있는 그대로 비춘 것이 아니라는 것을 알게 하는 경험이기 때문입니다. 의식된 외부는 내부의 배선이 어떻게 됐느냐에 따라 만들어진 이미지로서의 외부라는 것을 알게 됐다는 것이지요.

아울러 유사하게 보이는 것에 대해 같은 이름으로 상호 간에 의사소통은 할 수 있지만 그 대상에 대한 서로의 인식이 온전히 일치할 수 없다는 것을 근본적으로 아는 체험이라고 할 수 있으며, 외부로부터 들어오는 감각 정보가 없는 상태에서 내부 배선의 떨림만으로도 갖가지 이미지가 생성될 수 있다는 것을 알게 되는 경험이므로, 선정 의식을 경험했다는 것은 '인식한다는 것은 만들어진 자기 마음을 자기가 보는 것'임을 알게 되는 체험이라고 하겠습니다. 꿈이 발생하는 것도 그와 같으며, 신경세포끼리 주고받는 전기신호의 이상, 곧 간질 상태 등에 의해서 온갖 신비한 경험이 발생하는 것도 그와 같습니다.

신체의 물리적 상태가 온갖 정신 상태가 된다는 것이며, 온갖 정신 상태가 신체의 물리현상으로 드러난다는 것입니다. 의식 또는 무의식으로 발생하고 있는 인식이란 신체 기관들의 협업으로 내부 표상을 만들어 내외부의 관계망을 통해 수용된 감각자료를 이해하는 것이라고 할 수 있는데, 이는 진화 과정을 통해서 이루어진 생명체들의 생명 활동으로 정신 작용이면서 물리현상이라는 것입니다.

그렇기 때문에 같은 종은 세계 이해 지도가 비슷하다고 할 수 있지만, 종이 다를수록 세계 이해의 일반상도 다를 수밖에 없어, 인식을 통한 세계 이해는 생물의 종만큼 또는 하나하나의 생명체만큼이나 많다고 해도 과언이 아닙니다. 따라서 사건에 대한 해석이 서로 다를 때는 다른 해석을 그 자체로 이해해 보려는 시도가 일차적으로 필요합니다. 세상에 있는 많은 생물종과 개체가 알아차리고 있는 세계 이해는 스스로 만들어 갖고 있는 생각의 지도를 바탕으로 알아차리고 있는 자신의 세계이기 때문입니다.

욕망하는 내용에서 보면 욕망만 있을 뿐

그러므로 생물에 대한 이해가 넓고 깊어진다면 자신과 이웃 생명체를 이해하고 공감하기가 수월해질 것입니다. 따라서 현재까지 연구된 생물학적 이해를 바탕으로 이미 만들어진 이해 통로를 이용해서 새로운 생각 길을 만들어 간다면 쓸데없는 욕망으로 불편한 삶을 만들지 않을 확률이 높아지겠지요. 욕망 그 자체는 생명체의 생존과 번식을 위해 필요한 요소라고 할 수 있지만, 욕망하는 내용에서 보면 욕망만 있을 뿐 그 결과가 그렇게 발생하지 않게 되어 있는 것을 욕망하는 경우가 허다하기 때문입니다.

욕망 그 자체의 문제라기보다는 욕망의 방향성과 내용이 삶을 고달프게 한다는 것입니다. 그러므로 이미 만들어진 생각 길들의 연합으로 욕망의 이미지가 만들어진다는 것을 알고 허망한 욕망으로부터 자유롭게 되는 생각 길을 만들어가는 마음 챙김을 하는 것이 자신의 내부를 있는 그대로 보는 것이면서 번뇌를 발생시키는 욕망으로부터 자유롭게 되는 길이라고 하겠습니다.

이 말은 베르그송이 '생각하고 있는 동안의 단일성'과 '생각한 후의 단일성'을 구별해야 한다는 이야기, 곧 '생각하는 생물의 활동'과 '생각의 결과'를 구별해야 한다고 하는 이야기와 맥을 같이합니다. 베르그송이 말한 '생각하는 동안의 단일성'이란 각자 단일한 색깔을 가진 기억의 자모음으로 최종 이미지를 만들어가는 과정이라고 한다면, '생각한 후의 단일성'이란 최종적으로 만들어진 이미지, 곧 의식의 대상이 된 이미지를 지칭하기 때문입니다.

베르그송에 따르면 '생각한다는 것'은 과거의 경험과 기억을 토대로 사물 사건들의 유형을 분류해가는 과정이라는 것이고, 분류된 것마다 하나의 이미지를 갖게 되는 것이 '생각한 후'라는 것입니다. 그렇기 때문에 '생각한다'는 지속적 과정이 생각의 결과에 의해서 단일한 양으로 파악될 수밖에 없어 우리의 인지 체계에서는 생각하는 지속의 실상을 제대로 인지하지 못한다는 것입니다. 생각하는 행위와 생각의 결과가 다르게 되면서 스스로 자신을 왜곡하는 일이 내부에서 발생하고 있다는 것이지요.

그렇지만 베르그송의 생각과는 달리 생각의 과정과 결과를 연출하고 있는 신체의 활동 그 자체가 단위 정보들의 응축과 해체를 통해 단일성으로서의 내부 이미지를 만들어 사물 사건들을 그런대로 이해하게 하고, 이해된 결과에 따라 내부 표준의 강도가 결정되기 때문에 생각의 전 과정이 단위 정보들의 단일성을 매개로 이루어지는 지속이라고 할 수 있습니다. 그러므로 생각한 결과의 단일성은 살아오면서 경험된 과거의 단일성이 개입되어 재구성된 단일성이라고 이야기할 수 있는데, 그렇게 하는 것이 생존과 번식에 유리했었기 때문일 것입니다. 경험했던 과거를 통해서 일어날 미래를 예측하고 예측한 이미지로 현재를 재구성하면서 생각을 이어가는 과정이 '지속'이라는 것이며, 그렇기 때문에 지속의 과정마다 응축된 현재이면서 도약의 발판이 된다고 하겠습니다.

생각은 함께 시공간의 관계망을 이루고 있는 것들 사이에서 일어나는 사건들을 해석하기 위해 기억의 자모음을 응축시켜 단일한 이미지를 만들면서 이루어지고 있기 때문입니다. 현재와 과거의 단일성이 모여 미래를 예측하는 단일성이 만들어지고, 그를 통해 행동의 방향이 결정되기 때문에, 의식과 무의식이 순간적으로 파악하는 단일성은 단순히 과거나 현재 또는 미래의 어느 한 순간만을 가리키는 것이 아니라 지속의 전체를 담아낸 단일성이 된다는 것입니다.

생각하는 과정과 생각의 결과가 서로 영향을 주고받으면서 지속을 양 속에 담아내고 양으로써 지속을 드러내고 있다는 것입니다. 그러므로 생각을 통해 만들어진 이미지만으로 보면 한쪽만을 보는 것 같지만 양과 질이 서로 영향을 주고받으면서 이미지를 새롭게 변주해 새로운 양과 질의 이미지를 만들어간다는 데서 보면 생각은 시공간의 관계망들이 주고받는 정보의 교류와 부합되는 행위라고 할 수 있습니다. 우주적 사건이나 생물의 삶 모두가 시공간의 지속적 계기와 창발적 도약인 비지속적 계기를 통해 전후 찰나를 이어가고 있다는 것입니다. 도약을 통해 발생한 창발적 내용으로 보면 전후 찰나가 계기가 아닌 것 같으나, 계기가 아니더라도 전 찰나의 내용을 일정 부분 상속한 상태에서 후 찰나의 변이가 발생했다고 할 수 있기 때문에 전후 찰나의 흐름을 계기라고 할 수 있다는 것입니다. 시공간에서 발생하는 사건 사물의 활동은 다름과 같음을 함께 담아내는 활동이라고 할 수 있으므로 양 또는 질, 다름 또는 같음 등이 온전히 다른 양태를 지칭한다고 여겨서는 안 된다는 것이지요.

그렇기 때문에 이 책에서 말하고 있는 '의식상태의 다수성'에서 다수의 각각을 온전히 분리된 실체로서의 다수라고 봐도 문제가 있고, 다수를 발생시키는 하나로서의 어떤 실체가 있고 그것이 변용되어 다수의 각각이 됐다고 여겨도 문제가 있습니다. 의식상태를 '공간화할 수 없는 영혼의 정조적(情操的) 상태로 규정하는 것'에 대해서도 다시 생각해야 한다는 것입니다. 왜냐하면 신체 내외부에서 일어나고 있는 감각자료를 수용해 해석하기 위해서는 뇌의 여러 영역에 분산된 기억의 자모음들이 참여하여 수용된 감각자료를 기억된 정보와 비교해 인지한 연후 각자 인지한 부분들의 정보를 재통합해서 수용된 감각자료를 재구성하고 재현해야 의식으로 알 수 있기 때문입니다.

다만 인지 활동 그 자체를 공간화할 수 없다는 것에 대해서는 일정 부분 공감할 만한 부분이 있습니다. 왜냐하면 내부에서 해석된 결과를 가지고 '내부의 외부'를 만들고, 만들어진 이미지를 외부에 투사하여 주체와 객체를 만들면서 의식의 장을 공간화하여 분별하고 있기 때문입니다. 외부라고 인식된 정보가 투사된 내부라고 보면 내부나 외부 할 것 없이 모두 내부라고 여기는 것도 당연하겠지만, 주객으로 나뉜 공간화된 인지는 자기조차 외부화하는 것과 같으므로 분별 된 자기를 인식하는 것은 인식의 장에서 자기를 소외시킨 행위가 되고 만다는 것입니다.

신체가 수용된 정보를 해석하는 것이 의식 활동이며 영혼

그렇다고 무규정적(無規定的)으로 정의하고 있는 정조적 영혼을 신체와 다른 실체로서 어떤 것이라고 여겨서도 안 됩니다. 순수한 영혼이 현재를 보는 것이 아니라 신체가 수용된 정보를 해석하는 것이 인지 시스템이며 의식 활동이며 영혼이기 때문입니다. 베르그송은 영혼의 정조적 상태들을 전제하고 의식의 다수성을 이야기하고 있지만, 뇌에서 의식될 수 있는 이미지, 곧 시지각과 청지각 등의 이미지가 만들어져야 보고 듣는 등의 의식이 발생하게 되므로, 영혼의 정조적 상태로서의 의식이라는 실체가 있을 수 없다는 것입니다. 신체화된 기억의 자모음들이 모여 지금 수용된 내외부의 정보를 해석하는 순간마다 영혼으로서의 의식이 새로 발생하는

것과 같다는 것이지요. 의식의 다수성 또한 의식으로 해석되는 순간 발생하는 질적인 도약이면서 동시에 양화 될 수 있는 현상이라는 것입니다. 의식은 어떤 상태에서나 틈 없이 계기적으로 지속되는 것이 아니라 순간순간 만들어지는 양적인 해석이 상속되는 지속이기 때문입니다. 어디 의식뿐이겠습니까? 무의식적으로 정보활동을 하는 신체와 세계 모두가 순간순간 특정 정보를 만들고 해체하기를 되풀이하면서 이루어지는 정보의 상속을 통해서 계기적으로 지속을 담보하고 있다고 할 수 있겠지요.

인연화합으로 만들어지는 사건들이 표현하고 있는 차이야말로 사건 그 자체를 해석하는 토대가 되면서 시간의 지속도 알게 한다는 것입니다. 이런 뜻에서 우리에게 알려지는 다수성은 드러난 그 자체로 통일된 언어 개념을 유지하는 다수성이라고 하기 어렵습니다. 다수성으로 나타나는 시각 등의 지각 표상들이 단일성으로서의 시각 정보를 만들어내는 것 같지만 그곳에도 다수의 단일성이 융합되고 흩어지기를 반복하면서 시지각 등이 발생하고 사라지기 때문입니다.

지속으로 작용하고 있는 듯이 보이는 의식상태조차 깊은 곳에서 순간순간 찍혀지는 픽셀들이 모여 한 장의 사진을 만들고, 만들어진 사진들이 동영상처럼 상영되면서 양적인 분별도 일어나고 변이의 지속도 담아낸다는 것이지요.

제4강. 찰나마다 총체적인 자아

앞서 말씀드렸듯이 공간이란 아무것도 없이 텅 비어있는 곳이 아니라 지구나 태양 등과 같은 물질(우주 물질 총량의 4%)과 보이지는 않지만 인력으로 작용하는 암흑물질(우주 물질 총량의 23%), 그리고 척력으로 우주 공간을 팽창시키는 작용을 하는 암흑에너지(우주 물질 총량의 73%)가 역동적으로 작용하고 있는 장 그 자체입니다. 공간 물질인 중력장과 척력장이 일반 물질과 상호작용하면서 공간 그 자체가 수축 또는 팽창하게 되므로 우주의 장인 공간이 굴곡을 이루면서 역동적으로 유동하고 있다는 것이지요.

공간은 물질과 중력 또는 척력으로 상호작용하는 물질

공간은 물질이 존재하게 되는 배경이 아니라 중력 에너지이거나 척력 에너지라는 것이며, 일반 물질과 상호작용하는 물질이라는 것입니다($E=mc^2$, 에너지=질량×빛의 속도^2). 한 사람이 걸어가는 것조차 빈 공간을 걸어가는 것이 아니라 공간 물질과의 상호 작용으로 자신과 공간의 굴곡을 새롭게 만들면서 걸어가고 있다는 것이지요. 다만 그 폭이 너무나 미세해서 측정되지는 않지만, 주변과의 상호작용으로 공간의 양태를 변주하고 있다는 것은 분명합니다.

더구나 공간과 시간은 분리될 수 없는 하나이므로 공간의 굴곡과 응축의 강도가 변한다는 것은 시간의 흐름이 바뀐다는 것이며, 시간의 흐름이 바뀌었다는 것은 공간의 응축도가 다르게 되었다는 것을 나타냅니다. 시공간이 하나 되어 흐르는 가운데 시공간 그 자체와 상호작용하는 낱낱 물질들은 주변 물질과도 상호작용을 하면서 시공간의 양태와 흐름을 변하게도 하므로 공간을 측정한다고 해도 한계가 있을 수밖에 없고 시간의 지속 또한 일정하다고 할 수 없으며 특정 상태가 되면 시간이 멈추기도 합니다.

일반 물질과 공간 물질의 상호작용을 통해서 시공간의 굴곡이 끊임없이 달라지므로 엄밀한 의미에서 보면 공간과 시간의 양적 측정은 근사치를 잴 수밖에 없습니다. 시공간의 굴곡이 분명하게 측정되는 곳은 중력 강도의 변화가 심하다는 것을 알 수 있고, 그 변화가 미세하다면 과거의 경험 기억과 현재가 만나 일반화한 공간의 분별이 여전히 유효하다고 하겠습니다.

사람에 이르러서는 정합성(整合性)을 갖는 것 같은 공간 분별뿐만 아니라 미래를 추상할 수 있게 되면서 과거 현재 미래의 시간 분별과 지속을 생각하게 되었으며, 더 나아가 공간에서의 자기 위치뿐만 아니라 시간을 이어 동일상으로서의 자기를 생각할 수 있게 되었는데, 그 또한 유동하는 흐름 속에서 근사치를 묶어 일반화할 수 있었기 때문입니다.

그렇게 되기까지는 우연과 필연으로 일어났던 진화 과정에서의 유전적 변이에 의해 뇌가 커지면서 시공간에서 발생하는 다양한 사건들을 분류할 수 있었을 뿐만 아니라 자아상을 만들어내는 섬엽이라는 영역이 형성됐기 때문입니다. 물론 그 영역이 그 일을 하기 위해서는 뇌의 여러 영역이 함께 일을 해야 하기 때문에 그 영역만이 자아의식을 생성해낸다고 할 수는 없지만 섬엽에서 자아에 대한 이미지를 만들어내지 않는다면 동일한 자아상을 가질 수 없다는 것이지요. 신체의 감각기관에서 수용된 정보들과 내부에서 해석된 정보들을 통합해 일관된 자아상을 만들고, 그것을 자아로써 인식하게 하는 것 또한 뇌의 역할이지, 인식 주체로서 자아가 있어 그 일을 하는 것이 아니라는 것입니다.

우리의 인식체계는 기억을 토대로 수용된 정보들에 대한 내부 이미지, 곧 언어 등과 같은 이미지가 만들어져야 인지가 발생할 수 있는 시스템입니다. 그러므로 의식한다는 것은 내부 신경망들이 주고받는 정보해석 행위의 결과로 내부 표상이 만들어졌다는 것을 뜻합니다. 내부 표상이 만들어졌다는 것 자체가 인지가 발생하는 것과 같으며, 인지하는 행위를 알아차리고 있는 것과 같은 자아상이 만들어지게 되면서 의식과 의식하는 자아가 있는 것처럼 알려지게 된다는 것이지요. 인류는 진화를 통해 형성된 기능에 의해서 자신이 만든 내부 이미지를 외부로 투사하여 외부라고 인지할 수 있게 되면서 인식 주체와 인식 대상을 실체의 이미지로 사유하게 되었으나, 이로 인해 인연 따라 진화하는 세계의 실상(實相)을 왜곡해서 인지하게 되었다고 하겠습니다.

의식을 의식하는 것이 내부에 있는 인식주관인 듯하지만 인식 주체라고 읽힌 이미지는 이미 대상으로서 외부가 되므로 자신이 자신한테 소외되는 기반이 될 뿐 아니라, 만들어진 표상은 기억을 토대로 만들어졌기에 현재 이루어지고 있는 삶을 왜곡하는 기반도 된다는 것입니다. 생명 흐름을 지속으로만 보면 과거에서 미래로 흐르는 듯하지만, 인식된 결과만을 놓고 보면 미래를 준비하고 있는 과거가 현재를 해석하는 데 관여하고 있기 때문에 미래가 과거로 흐르면서 현재를 왜곡하기도 한다는 것입니다. 이런 관점으로 본다면 과거에서 미래로 가는 흐름과 미래에서 과거로 가는 흐름이 만나는 곳이 현재인 듯 드러난다고 할 수 있으며, 개념을 만드는 인식 작용에 의해 내부 표상이 만들어지는 시점을 현재라고 할 수 있습니다.

이런 뜻에서 생명체들이 가진 기억이란 어떤 것을 기억하고 그것을 토대로 감수된 현재의 정보를 해석하는 것처럼 보이지만, 실제로는 과거에서 미래로 흐르는 것 같은 시공간의 흐름과 미래에서 과거로 흐르는 듯한 인식의 흐름이 만나 현재의 이미지를 생성하는 기반이라고 해도 지나친 말이 아닐 것 같습니다.

생명체들이 모듈화된 기억의 조각들을 다시 엮어 수용된 정보를 해석하고 의식한다는 것은 순과 역으로 흐르는 한 순간을 포획하는 것과 같으며, 포획된 그 순간을 현재로 만드는 것과 같다는 것입니다. 내부에서 이루어지고 있는 해석이 순간순간 재구성되는 까닭도 여기에 있다고 하겠습니다. 통합된 현재의 한 순간은 이전의 이미지가 그대로 나타나는 것이 아니라는 것입니다. 과거라고도 할 수 있고 준비된 미래라고도 할 수 있는 기억의 자모음들은 현재 수용된 감각자료를 해석하는 부분으로 참여하기도 하지만 해석된 최종 이미지에 의해서 특정 자모음이 강화되거나 약화되기도 하므로, 현재가 다시 과거와 미래에 영향을 준다고도 할 수 있기 때문입니다.

마음 비움, 지속의 한 순간을 있는 그대로 맞이하다

지속의 한 순간을 있는 그대로 포획하기 위해서는 포획하는 순간 온전히 새로운 이미지가 만들어져야 하지만 실상은 그렇게 되지 않습니다. 다만 과거의 기억이 현재의 사건에 그대로 투영되는 것이 아니라는 측면에서 마음 비움을 이야기할 수 있으며, 마음 비움이 분명할수록 지속의 한 순간을 있는 그대로 맞이할 경향성이 커진다고 하겠습니다. 갖고 있는 이미지를 내려놓을수록 현재의 흐름을 포착할 가능성이 커진다는 것입니다. 의식의 흐름은 연속된 흐름이 아니라 포착된 순간의 영상들이 동영상으로 상영되는 것과 같기 때문입니다.

순간순간 만나는 수많은 정보를 그대로 간직하는 쪽으로 생명 활동을 했다면 며칠 지나지 않아 더 이상 새로운 정보를 받아들일 수 없기에, 사건 하나하나를 통째로 기억하는 방법을 버리고 사건 하나에 들어있는 기본 골격들을 분할하여 갖고 있다가, 비슷한 사건이 발생하면 나뉜 정보들을 재결합하여 그 사건을 해석하는 쪽으로 작동하는 기억 방법을 만들었다는 것이지요. 이 방법이 대단히 효율적인 방법임은 틀림없지만 기억을 회상할 때조차 나뉜 정보들이 재결합해야만 회상될 수 있으며, 이 과정에서 어떤 조각이 빠지거나 전혀 상관없던 조각이 끼어든다면 과거의 경험을 있는 그대로 회상할 수 없어 기억의 왜곡이 발생하게 됩니다.

실상(實相)은 현재의 시점에서 재생산된 기억

그러므로 기억이 과거의 경험을 그대로 재생하는 것처럼 보이기는 해도 실상은 현재의 시점에서 재생산된 기억이라는 것을 잊어서도 안 되며, 기억의 발생 과정 그 자체에 왜곡된 기억이 발생할 소지가 있다는 것을 잊어서도 안 됩니다. 최종 이미지가 만들어지기까지는 신체 내부의 여러 곳이 참여할 뿐만 아니라 외부에 의해서도 영향을 받으며 과거와 미래도 참여하고 있으므로, 의식이 무엇을 아는 것처럼 보이기는 해도 안다는 사실로 드러난 그것이 현재의 의식조차 규정한다고 할 수 있기 때문입니다. 의식되기 이전의 무의식적 활동을 들여다본다고 해도 최종 이미지가 어떻게 드러날 것인지 온전히 알 수 없는 까닭도 여기에 있습니다.

뇌를 기능적으로 나눈다면 신피질만 해도 180개의 영역으로 나눌 수 있고 그 아래에 수백만 개의 모듈들이 있는데, 각 부분이 재생시키고 있는 정보는 큰 회사로 보면 자기가 맡은 정보만을 생성하고 있는 중간 간부나 말단 사원과 같습니다. 물론 그 사원들이 생성한 정보 조각들이 통합되어 최종 이미지가 만들어져야 사건을 온전하게 이해하게 되므로 각 부분에서 생성하는 정보의 중요성은 더 말할 필요도 없겠지요.

그렇기 때문에 특수한 경우에는 말단에서 생성된 정보만 보고도 그 이후를 예측하여 최종 행동이 무엇인지를 알 수 있는 경우도 있다고 합니다. 말단에서 생성된 정보들은 대부분 무의식적 시스템에 의해 처리되기 때문에 의식되는 경우가 많지 않아 의식되는 내용은 무의식적으로 생성되고 처리된 정보에 비하면 빙산의 일각에 지나지 않기는 하지만, 의식으로 인지되기까지는 어느 영역에서든 일관성 있는 번역을 하고 있기 때문입니다.

일관성이 있기에 사건 사물을 해석하고 행동하는 데 혼란이 없겠지만, 의식되는 최종 이미지는 언어화할 수 있도록 내부 조율을 거친 것과 같다는 것입니다. 수용된 정보를 해석하는 해상도로만 보면 언어가 가장 약하다고 해도 언어화하는 것이 뇌가 사건을 해석하는 방법이라는 것이지요. 따지고 보면 의식되는 최종 이미지만 그와 같은 것이 아니라 말단 부분에서 하는 부분적 해석도 그와 같겠지요. 참여하는 말단들이 많아진다면 의식되는 해상도(解像度)가 높아지기는 하겠지만 하는 일의 내용에서 보면 해석된 해상도는 어떤 것이든 일어난 사건에 비해 낮을 수밖에 없습니다. 왜냐하면 사건 그 자체를 완벽하게 재현하는 해상도를 갖는다는 것은 가능하지도 않으며, 학습과 반응의 효율성으로 봐도 효과적이지 않기 때문입니다.

해석하는 처지에서 보면 부분을 해석하는 곳이든 부분들을 모아 전체의 이미지를 그리는 곳이든 이미 경험한 사건과 유사한 사건에 대해서는 동일한 이미지를 만들어야만 효과적인 인지 활동을 할 수 있다는 것입니다. 또한 하나의 사건을 해석하기 위해 만든 동일한 이미지라고 하더라도 그 이미지가 끊김 없이 연속적으로 상속되는 것이 아니라 순간순간 같다고 인지되는 이미지가 새롭게 만들어지면서 불연속적으로 상속된다고 하니, 의식작용이란 동일하든 동일하지 않든 찰나 간에 생성되고 소멸되는 이미지를 포착하여 알아차리는 활동이라고 할 수 있습니다.

의식이 작용한다는 것은 찰나찰나 만들어지고 해체되는 이미지들을 일정한 흐름으로 파악하는 것이지, 한 번 만들어진 이미지가 연속적으로 이어지는 것을 파악하는 것이 아니라는 것입니다. 순간적으로 작용하고 해체되기를 반복하는 과정을 의식의 해상도로는 알 수 없기 때문에 의식작용 그 자체가 끊임없이 이어진다고 인지되고 있을 뿐입니다. 만일 마음 흐름의 미세한 양상을 볼 수 있다면 "마음이 생겨나면 세계도 생겨나는 것과 같고 마음이 사라지면 세계도 사라지는 것과 같다"는 것을 쉽게 알 수 있겠지요.

이것은 의식의 작용에만 국한되는 일이 아닙니다. 시공간을 구성하는 기본 물질인 양자의 활동에서는 일상으로 일어나고 있는 일이기 때문입니다. 사건 사물이 나타나기 전에는 있음과 없음 그리고 연속과 불연속 등에 대해서 이야기할 수 없을 뿐만 아니라 상반되는 사건들이 중첩돼 있다고도 할 수 있으므로, 드러난 사건 사물만을 보고 있다거나 없다고 하는 것은 거친 현상만을 포착하는 의식의 추론과 직관에 지나지 않는다는 것입니다. 세밀한 관찰과 깊이 있는 연구 결과에 따르면 사건 사물의 실상은 있다고도 할 수 없고 없다고도 할 수 없으며, 연속인 듯하지만 연속도 아니고 연속이 아닌 듯하지만 끊어진 것도 아닌 상태에서, 있는 듯 나타나고 없는 듯 사라지는 현상이 있을 뿐입니다.

일관된 자기동일성은 의식과 무의식이 만든 것으로 자기와 세계를 해석하기 위한 표상 이미지라는 것이지요. 그렇지만 그 또한 온전히 헛것이라고 하기도 어렵고 헛것이 아니라고 하기도 어렵습니다. 표상 이미지만을 놓고 보면 환상에 지나지 않지만, 그 환상이 자기와 세계를 만나게 하는 매개물이 되기 때문입니다.

사람마다 세계 해석이 다르다

하나의 사건이 인식되기까지는 이미 갖고 있는 기억 패턴을 토대로 수용된 정보를 해석한 연후에야 가능하지만, 기억을 토대로 정보의 연속성이 담보됐기 때문에 단절 없는 계기를 이야기할 수도 있고, 연속되는 듯한 이미지라고 할지라도 인식되는 순간에 새로 만들어진 이미지이기 때문에 불연속적인 상속이라고 이야기할 수도 있습니다. 인식주관이나 인식 대상 모두가 전후 찰나를 이어 끊임없이 상속된다기보다는 해석의 일관성으로 인해 끊임없는 상속도 있는 듯하고, 다른 사건과의 구별도 가능하다는 것입니다.

이미지는 뇌 신경세포들의 시냅스 연결을 통해서 만들어지는데, 시냅스 연결은 유전적으로 삼 분의 일, 환경의 영향으로 삼 분의 일, 그리고 무작위에 의해서 삼 분의 일이 정해지므로 사람마다 세계 해석이 다르다는 것은 말할 필요도 없고 일란성 쌍둥이조차 다르다고 합니다. 그렇지만 개인이 하는 해석의 일관성과 공동체가 함께 가진 개념의 일관성이 없다고 하면 정합성을 갖는 인식이 발생할 수도 없겠지요.

그러므로 기억을 회상하는 순간이나 현재의 인연을 해석하는 순간은 신체 내외부의 역사가 총체적으로 참여하고 있는 순간이면서 공간적 분할과 시간적 지속을 담아내는 순간이 됩니다. 그래서 베르그송도 "지속의 순간순간마다 다른 양태로서 총체적인 자기가 드러난다"라고 이야기했겠지요.

그럼에도 불구하고 인식의 대상은 순간들을 관통해서 동일한 이미지로 상속되는 듯이 보이는 일반상을 취해 언어화한 것이라고 할 수 있습니다. 상속되는 동일한 것이 있다는 전제하에 사건 사물을 파악해왔던 무의식적 분별이 인식의 양상이라는 것입니다. 계기적으로 다른 것이 확실하지만 그 가운데 유사성을 취해 동일한 것으로 읽어내는 일이 생명체들의 지식작용이며, 이를 통해 생존과 번식을 할 수 있었기 때문입니다.

삶의 과정은 끊임없이 변하는 내외부의 관계망들과 상응하는 흐름이므로 전후 찰나가 똑같을 수 없지만, 분할된 공간을 점유하는 개체로서의 동일상과 시간을 이어가는 개체로서의 동일상을 만들어 사건 사물을 알아차리는 인식 능력이 있었기에 삶이 지속될 수 있었다는 것입니다.

두 찰나를 이어 발생하는 사건 사물이 가진 일반상을 취해 동일하다고 보는 학습과 기억이 신체 내부에서 무의식으로 일어나고 있고, 이를 통해서 세계를 해석하는 지능의 진화가 있었기 때문에, 곧 생물체에게 공간 분별과 감정을 표출하는 능력이 생겼고 그와 같은 것들을 기억하게 되면서 기억을 기반으로 외부를 해석할 수 있었기 때문에 생존과 번식이 가능했다는 것입니다. 그 결과 외부를 인식한다는 것은 외부를 있는 그대로 보는 것이 아니라 내부에 있는 해석 패턴을 가지고 외부를 해석한 것과 같으므로 해석된 결과만을 놓고 보면 내부가 내부를 보는 것이라고 할 수 있겠지요.

안다는 일이 내외부에서 만나게 되는 사건 사물을 있는 그대로를 아는 것처럼 보여도, 실상은 사건들이 갖고 있는 차이를 아는 것에 지나지 않으며, 그 차이조차 기억을 통해 재구성된 내부 이미지의 다름에 지나지 않는다는 것입니다. 사건 사물을 기억하는 방식은 차이를 분별하여 언어화할 수밖에 없다는 것입니다. 그 결과로 다수의 의식상태가 생겨났습니다. 의식하는 내부 표상의 수만큼, 이름 지을 수 있는 수만큼 의식상태들이 있을 수 있다는 것입니다. 그리고 이 모두를 하나의 사건으로 다시 이름 붙여 의식상태라고 할 수 있으며, 그 상태들을 알아차리는 듯한 내부의 인식주관이 있는 듯하여 그것을 마음이라고 이름하면서 마음이 실재한다고 여기게 됐습니다.

‘마음’이라고 이름 붙이는 순간 무엇을 의식하는 마음이 실체로서 존재하는 것처럼 생각할 수밖에 없게 됐다는 것이지요. 그렇지만 인지가 이루어지는 과정을 보면 내외부에서 생성된 감각 정보들을 수용한 다음 이들 정보를 패턴에 따라 분류해 뇌의 해당 영역으로 보내면, 해당 영역들은 이전 기억들과 대조해서 이들을 해석한 다음, 부분적으로 해석된 정보들을 통합해서 최종 이미지를 만드는 곳에 보내 최종 이미지가 만들어진 다음에야 수용된 정보가 무엇인지를 알아차리게 되는 일이 있을 뿐입니다.

최종적으로 재구성된 표상 이미지 속에는 시간과 공간 그리고 이름 등의 이미지가 통합되어 있으므로, 시간과 공간에 대한 분별을 할 수 있고 이름 등을 알 수 있게 되면서 수용된 정보를 일관성 있게 인지할 수 있게 됐다는 것입니다. 우리가 아는 시공간은 인지의 관계망에 의해 드러난 의식을 통해 추상되고 확장된 시공간이라는 뜻입니다. 시공간에 대한 추상 이미지가 현실에서 마주하는 시공간이 된다는 것이지요. 그렇기에 확산된 공간만큼 의식이 공간에 가득 찼다고 이야기하는 학자도 있고, 의식이 공간에 배분되어 있다고 이야기하는 학자도 있습니다.

인식의 과정과 결과를 알고 보면 자기의 내부 표상이 내외부를 규정한다는 것을 알 수 있습니다. 그러므로 의식상태의 다수성은 단지 의식상태의 다수만을 말하는 것이 아니라 의식상태의 다수성만큼이나 많은 시공간이 있다는 말과 같습니다. 그럼에도 불구하고 시공간이라고 이름하는 순간 이름이 갖는 한정성에 의해서 늘 같은 시공간이라는 이미지를 갖게 되므로 시공간은 의식과는 아무 상관없는 것이라고 여기게 됩니다.

사건 사물의 정보를 일관되게 해석하고 그에 따라 행동하는 것이 생존에 유리했기 때문이었겠지만, 그 결과 서로서로 영향을 주고받으면서 의식상태마다 시공간을 변이시키고 있다는 사실을 놓치게 되어 삶에 대한 이해가 부족하게 되었습니다. 의식상태를 하나로 묶어 '나의 의식상태'로 해석하게 되면서 '나'를 시공간에서 분리된 절대적 자아로 해석하게 됐고, 그 결과 변화하면서 내외부와 손잡고 있는 자기의 모습을 모르게 된 것입니다.

삶의 자국마다 자아로서의 최고 가치를 창조한다

자기 모습을 모르게 되었다는 것은 의식상태 하나하나가 전체로서의 자기 삶인 것을 놓쳤다는 것이며, 한 순간 한 순간이 오직 유일무이한 자아의 실현이면서 동시에 그 자아를 해체하는 순간이라는 것을 모른다는 것이며, 삶의 자국마다 자아로서의 최고 가치를 창조한다는 것을 모른다는 것입니다. 순간마다 이전의 자아가 해체되고 새로운 자아가 창조되면서 상속되는 자아를 동일한 자아가 상속된다고 보는 것은 환상이지만, 그 순간을 온전히 살아가는 자아는 실상이 되므로, 살아가는 순간순간이 온전한 실상이면서 동시에 환상이 된다는 것을 모르게 되었다는 것입니다. 환상은 말할 것도 없지만 실상 또한 실체를 갖는 존재가 아니라는 것을 모른다는 것이지요. 순간순간 만들어지는 환상의 상속이야말로 유일무이한 삶의 실상을 이어가면서 삶을 변주해가는 생명 활동이기 때문입니다.

삶의 흐름은 '여기'이면서 여기를 넘어서고 '지금'이면서 지금을 넘어서는 흐름 속에 순간순간 '지금 여기'의 얼굴을 만들어가고 있으므로, 곧 순간순간의 얼굴이 개념의 차이를 넘어선 총합으로서의 얼굴이 되므로, 언어를 빌려 표현해 보려 해도 한계를 절감할 수밖에 없다고 하겠습니다.

순간마다 시공간의 전 역사를 다 담아 특별한 색깔을 생성하는 순간이면서 동시에 해체하는 순간도 되니, 생명의 흐름은 변치 않는 존재성을 상속해가는 것이 아니라 유일무이한 역사 총합의 사건들을 순간마다 표출하는 것과 같아, 특정한 색깔로 드러나지만 '존재한다'고 이야기할 수 없으며 상속되지만 '지속한다'고 이야기할 수 없다는 것입니다. 삶의 흐름은 양적(量的) 얼굴을 갖지만 그 얼굴에 머물지 않고, 머물지 않는 지속이지만 양적 얼굴을 표출하는 흐름이기 때문입니다.

또한 양적 상태와 지속이 드러내는 차이들이 앎으로 드러나므로 앎은 아는 주체가 있어서 아는 것도 아닙니다. 상태의 차이들이 앎으로 드러나고 그렇게 드러난 앎을 지각하는 것을 다시 인지하게 되면서, 아는 주체로서의 자아상을 갖게 됐지만(양적 얼굴), 그 또한 내부에서 만들어진 이미지로서의 자아, 곧 환상으로서의 자아에 지나지 않는다는 것입니다.

양적인 자아가 만들어지게 됨으로써, 곧 동일상으로 파악되는 자아라는 이미지가 생기게 됨으로써 순간순간 역사 총합이 되어 흐르는 생명의 변주, 곧 베르그송이 말하는 지속도 모르게 됐다고 하겠습니다. 자아의식을 갖게 되면서 자아에 대한 지식을 갖게 됐지만, 다른 한편 자아를 제대로 알 수 없게 되는 일도 벌어지게 됐다는 것이지요. 추상된 자아, 곧 신체와는 다른 것으로서 의식하는 주체를 추상하게 되면서 변치 않는 실체를 상정하게 되었고, 그것을 진실한 자아라고 여기는 무지도 발생하게 됐다는 것입니다.

순간마다의 삶이 시공간의 총체성을 담아 자기를 완전히 드러내는 사건이면서도 해체를 통해, 곧 변이를 통해 자아상을 이어가는 것과는 달리, 차이 나는 것들을 시공간의 이웃과 본질적으로 구분되는 실체를 갖는 존재라고 추상하게 되면서 차이들이 맺고 있는 연대적인 삶의 내용이 감춰지게 된 것입니다.

실상에서 보면 비슷한 사건 사물의 일반상을 취해 같은 이름을 붙이면서 그것들을 분류하는 것이 생존에 굉장히 유리했을 것입니다. 다음에 그것들을 다시 만나게 되면 크게 신경 쓰지 않아도 바로 알아차리면서 다음 행동을 예측하기 쉽기 때문입니다. 그렇지만 이름만으로 사건 사물을 보려고 하는 것은 세월 속에서 연대했던 이웃들을 보기 어렵고, 지속해서 변이해왔던 양상 또한 보기 어렵기 때문에 이름만을 통해서 사건 사물을 보려 하는 것은 이름이 갖는 한계만큼만 볼 수밖에 없다는 것도 알아야 합니다.

이 한계를 알아차리지 못한다면 잘 이해했다고 여긴 사건 사물에 대한 이해조차 잘 이해한 것이 아닐 수 있으며, 이미 갖고 있는 사건 사물의 이해가 오히려 사건 사물의 이해를 가로막거나 잘못 이해하게 하는 근거가 되기도 하기 때문입니다. 그러므로 분류하고 이름 붙여 이해하는 인지의 편리성을 다시 살펴 잘못된 이해의 근거를 내려놓아야 할 때는 지체 없이 내려놓아야 합니다.

내려놓아야 할 때가 됐는데도 이해의 근거를 잘 살피지 않는다고 하면 아는 것이 알지 못하는 경우보다 못할 수도 있습니다. 순간으로 드러나는 총체적인 삶의 표현은 늘 인지의 한계를 넘어서면서 새롭게 자신의 길을 만들어 가기 때문에 익숙한 인지습관만으로는 사물 사건을 충분히 이해할 수 없다는 것입니다. 앞서 말씀드렸듯이 뇌는 기능적으로 나뉜 수많은 영역마다 수용된 정보 가운데 특정 정보만을 해석한 연후에(예를 들면 색을 해석하는 영역은 색만 해석한 연후에) 이들 정보를 통합하여 최종 이미지를 재구성해서 현재의 사건 사물을 이해하지만, 이 이해 속에는 그 정보 속에 들어 있는 것들 가운데 해석할 수 없는 부분들(예를 들면 적외선이나 자외선 부분들)은 처음부터 알 수 없을 뿐만 아니라 현재의 변이도 담아내지 못한 경우가 허다하므로, 현재를 읽으면서 오히려 현재로부터 멀어지는 것이 인지의 양상일 수도 있다는 것입니다.

다가올 미래를 읽기 위해 준비한 과거의 경험들이 현재의 인연과 온전히 일치할 수가 없어 현재를 읽을 때 빈틈이 생긴다는 것입니다. 이 빈틈을 메꾸기 위해서는 한 번의 경험만으로는 쉽지 않고 그와 같은 경험들이 누적되어야만 하지만, 경험이 누적된다고 하더라도 여전히 빈틈이 있을 수밖에 없어, 빈틈만큼 현재에 대한 이해가 충분하게 이루어질 수 없습니다.

이미 갖고 있는 앎을 내려놓아야 할 때가 많다는 것입니다. 동물들의 인지 활동 가운데 기억을 통한 미래 예측은 참으로 중요한 인지 활동이라고 할 수 있지만, 진화상 그 기억이 형성된 시기의 유전적인 요인과 태어난 이후의 환경과 학습요인이 지금과는 매우 다르기 때문입니다. 그렇기는 해도 생명체들은 이미 익숙해진 생각 길을 바꾸기가 쉽지 않고, 바꾼다고 하더라도 이미 있는 길을 이용하기 때문에 빈틈을 메꿔가는 일도 쉽지 않습니다.

'왜 또는 무엇인가'라고 묻다

따라서 인지상 빈틈이 보인다고 느꼈다면 그것은 새로운 기억 이미지를 만들어 내야 하는 경계에 이르렀다는 신호를 포착한 것이라고 여기고, 이 신호를 잘 파악하여 내외부의 사건 읽기에서 빈틈이 적어진다면 현재를 현재답게 읽는 힘이 강해졌다고 할 수 있겠지요. 그러므로 마음 비움이란 이미 형성된 내부 이미지의 흐름을 잘 알아차려 유연하게 대처하는 능력이라고 할 수 있으며, 익숙한 것으로는 더 이상 현재의 사건 사물을 제대로 알기 어렵게 됐을 때 그것에 대해 '왜 또는 무엇인가'라고 질문하는 것이라고 할 수 있습니다.

질문하다 보면 기억 패턴들의 조합이 바뀔 수도 있고 새로운 패턴이 만들어져 새로운 생각 길이 생기기도 하면서 현재 일어나고 있는 일과 상응하는 이해를 할 수 있게 될 것이므로, 마음 비움이란 늘 새롭게 살아간다는 것과 같으며, 새로 생긴 생각 길과 관계를 맺으면 이미 있는 길도 새 길이 되는 것과 같으며, 같은 말을 하는데도 늘 새로운 말을 하는 것과 같다고 할 수 있습니다.

옛길과 새 길이라는 경계의 벽이 허물어진 길

마음 비워 걷는 길은 없던 길이 새롭게 등장한 것처럼 보이기는 해도, 그 길 또한 이미 있는 길들이 갖고 있는 역사와 접속하면서 만들어진 길이므로, 옛길과 새 길이라는 경계의 벽이 허물어진 길입니다. 옛길과 새 길이라고 부르고는 있지만, 새 길이 옛길과 접속하면서 옛길의 색조를 새롭게 해 옛길조차 새 길이 되게 할 뿐만 아니라, 새 길에도 옛길의 느낌이 스며들면서 새 길이 된다는 것입니다.

새 길, 곧 새로운 개념지가 발생했다는 것은 무의식적으로 처리되는 내부의 인지 연결망에 상당한 변화가 생겼다는 것입니다. 변화가 일어나기 위해서는 인지를 발생시키는 단백질의 강도가 변하거나 신경세포의 DNA에서 특정 단백질을 만들라는 신호가 형성되어야 새로운 생각 길이 만들어지기 때문입니다. 과거가 미래를 준비하고 있기는 하지만 현재의 경험이 과거를 강화하기도 하면서 미래를 새롭게 설정할 수도 있으므로, 곧 현재의 한 생각이 과거 현재 미래를 관통하는 사건이 되기도 하므로 생각에 따라 세상 읽기에 대한 변화가 심층적으로 일어나기도 합니다. 생각 길이 변했다는 것은 의식의 흐름만이 아니라 심층적으로 작용하고 있는 무의식의 흐름에도 변화가 생겼다는 것을 뜻하기 때문입니다. 그렇기 때문에 베르그송도 생명체마다 자기동일성을 담보하면서도 변하는 존재자라고 이야기했겠지요.

새로운 생각 길이 생겼다는 것은 하나 된 기억 네트워크의 떨림을 새로운 양상으로 만들었다는 것과 같기 때문이며, 사건 사물을 일반화하여 동일한 이미지를 만들어야 사물과 사건에 대한 인지가 가능하며 그것을 뒷받침하는 것이 기억 시스템이기 때문입니다. 여러 연구자에 의해서 기억과 인지의 양상들이 하나둘씩 밝혀지고 있는데, 그 가운데 한 연구에 의하면 '섬엽'이라고 하는 뇌의 특정 영역이 뇌에서 일어나는 정보를 하나하나 찍어 하나의 사진을 완성하고, 그 사진에 찍힌 것들을 '나'의 것이라고 여기면서 '나'와 '나의 것'이라는 이미지를 이어가는 동영상을 만들어 자기동일성으로서의 '나'의 연속성을 담보하고 있지만, 사진 한 장 한 장을 보면 같은 사진이 하나도 없다는 데서 변하는 존재자라는 것입니다.

자기동일성으로 인지되는 것은 변치 않는 실체로서의 자기가 있어서 그렇게 인지되는 것이 아니라 경험되는 여러 사건이 서로 침투하면서 만들어내는 내부 이미지의 하나에 지나지 않는다는 것이지요. 기억을 재구성하는 여러 패턴이 모여야 기억이 재생되는 것처럼 다수의 기억을 '나의 것'으로 인지하는 부분이 해석에 작동해야 '나'와 '나의 것'으로 인지된다는 것입니다.

지금은 생물에 대한 연구뿐만 아니라 뇌에 대한 연구가 심화됨에 따라 플라톤의 이데아와 같은 형이상학적 실체가 진화 과정에서 기억을 매개로 만들어진 내부 이미지에 지나지 않는다는 것을 알게 되었습니다. 그렇다고 해서 사물 사건에 동일상을 만들어 낼 수 있는 조건이 전혀 없다고 할 수는 없습니다. 같은 종이라고 말할 수 있는 생물들끼리는 거의 같은 유전정보에 의해서 동일한 듯한 모습을 갖게 됐고, 무생물 또한 그 물체를 이루는 분자 구조의 동일상에 의해서 제 모습을 가진 듯하기 때문에 이들을 해석할 때 동일한 이미지를 만들 수 있다는 것입니다.

다만 종을 달리할 정도의 유전적 변이나 분자 구조가 다르게 된 화학적 변이가 발생한다면 내용과 현상이 다를 수밖에 없으므로 변이의 전후를 같은 이미지로 그릴 수 없어 새로운 이미지를 만들 수밖에 없었겠지요. 왜냐하면 기억된 동일성은 해석된 동일성이라고 이야기할 수 있는데, 질적 변이가 발생하면 상속된 것이라기보다는 다른 것이라고 해석할 수밖에 없기 때문입니다.

하나의 사건 사물이 가진 동일성이란 다른 것과의 차이를 뜻한다고 할 수 있으므로, 무엇을 인지한다는 것은 어떤 의미에선 무엇을 아는 것이 아니라 다른 것과의 차이를 아는 것이 그것에 대해서 아는 것처럼 드러난다고 볼 수 있다는 것입니다. 그러므로 차이를 읽어 낼 수 없다고 하면, 곧 경계를 지어 구분할 수 없다고 하면 어떤 것이라고 알기가 어렵습니다. 따라서 경계를 나누는 것이야말로 생존을 위해서 무엇보다 중요했을 것이기에, 어떤 사물에 대해 동일한 이미지를 만들고 유지하는 것은 다른 것과의 차이를 알기 위해서 반드시 필요했습니다.

사람의 뇌도 진화를 통해 형성된 시기별로 나누어본다면 초기의 뇌(뇌간 등), 중기의 뇌(변연계), 후기의 뇌(신피질)로 나눌 수 있으며, 이를 다시 기능별로 세분화한다면 신피질만 해도 180개의 영역으로 나눌 수 있다고 하며, 나누어진 뇌의 부분들이 관계망을 만들어 하나처럼 움직이고 있기 때문에 인식의 일관성이 유지될 수 있다고 합니다. 인식의 진화 과정도 신체와 뇌의 변화에 따라 창발적 새로움이 더해지면서 새로운 인식체계가 형성됐다는 것입니다.

생물이란 무생물의 우연적 변이로 나타난 창발이며, 창발된 생명체들은 다시 내외부의 관계망이 달라짐에 따라 새로운 창발이 계속해서 일어나게 되면서 다양한 생물종이 나타난 것과 같습니다. 유전적 변이를 통한 창발이 있었기 때문에 다양한 생명체들이 지구상이 존재할 수 있었으며 생명체들끼리 자신들이 경험한 삶의 정보들을 나누면서도, 곧 정보를 공유하는 공생체가 되면서도 종으로서의 다양성을 만들어냈기에 내외부의 변화에 따른 우연적 변화를 감당해낼 수 있었다는 것입니다.

하나의 흐름이면서 다양한 흐름

한때의 필연적인 생명 정보라고 하더라도 여러 우연과 만나 변하면서 새로운 필연이 되는 창발적 정보들을 더하면서 생명 정보를 상속해왔기에 지금까지 다양한 생물종들이 생물의 역사를 써올 수 있었습니다. 이어져 온 변화로 보면 무생물과 생물 그리고 다양한 생물종을 관통하는 하나의 흐름이 있는 것 같고, 드러난 현상의 다양성으로 보면 생명체마다 고유한 역사의 흐름을 만들어 온 것과 같다는 것입니다.

그러므로 생명의 흐름은 하나의 흐름이면서 다양한 흐름이라고 할 수도 있고 다양한 흐름이면서 하나의 흐름이라고 할 수도 있지만, 해석의 일관성을 담보하기 위해서는 필연적인 해석체계가 필요했을 것이므로 이미지의 동일상을 만드는 것이 무엇보다 중요했다고 하겠습니다.

필연적인 해석 기반을 통해 우연을 해석하고, 그것을 다시 기억 패턴으로 남겨 필연적인 해석 기반을 강화했기에 일상으로 만나는 사건 사물을 해석하기가 수월했다는 것입니다. 그렇지만 한번 만들어진 해석 틀을 넘어서기가 어려웠기 때문에 사건 사물이 펼치고 있는 우연적 변이들을 해석하는 데에 오류가 발생하기도 했겠지요. 동일한 것으로 해석되는 사건 사물이라고 하더라도 새로운 인연을 만나 끊임없이 변하고 있듯, 모든 생명체도 변해왔기에 세계에 대한 해석 틀도 변해야 하지만, 틀을 바꾼다는 것이 쉽지 않았기 때문입니다.

시간을 전후해서 상속되는 측면에서 봐도 정보해석의 동일성이 있어야 하고(계통진화), 함께 진화의 역사를 만들어 왔기에 상호간에 해석의 일관성도 있어야 했으므로(공진화), 진화라는 지속 속에 공간적 분별을 담아내는 기술로써 동일하다는 이미지를 만들 수밖에 없었다는 것입니다.

생명계는 생명 그 자체의 질적인 변화를 담보하기 위해서 양적으로 이미지를 해석하는 체계를 만들었다는 것입니다. 그렇게 할 수 있었던 것은 생명체를 이루는 요소와 생성된 정보 자체에 양적으로 파악될 수 있는 기본 요소가 있기 때문이며, 기본 요소들의 총합으로 인해 발생하는 창발적 변이에도 양적으로 이야기할 수 있는 부분이 있기 때문입니다.

앞서 말씀드렸듯이 생명계 자체가 양적인 부분과 질적인 부분이 함께 하면서 유동하고 있으므로 어느 한쪽만으로 생명을 이해하는 데는 한계가 있습니다. 하나의 사건 사물마다 상보적인 측면, 곧 질적인 면과 양적인 면이 함께 있기 때문에 양에서도 질적인 변이가 일어날 수 있고 질 또한 양으로 포착될 수 있기 때문이며, 변치 않는 본질이 양으로 드러나는 것도 아니지만 변이가 양으로 포획되지 않는 것도 아니기 때문입니다. 양과 질이라는 언어 개념에 상응하는 양의 본질도 없고 질의 본질도 없습니다. 질이면서 양이고 양이면서 질인 사건 사물의 흐름을 현상에 따라 양적인 측면과 질적인 측면으로 나누어 이야기할 뿐입니다.

변이 그 자체가 앎의 근원일 수밖에 없다

안다는 것은 하나의 사건 사물이 상속되는 과정에서 나타나는 전후의 차이와 주변에 있는 다른 것과의 차이에 의해서 발생하는 것인만큼 변이하면서 상속하는 흐름만으로 보면 질이 우선인 듯하지만, 변이라는 개념이 보여주듯 전후의 차이가 분명한 것도 있기 때문에 변이하는 지속의 질도 공간 분별과 같은 양으로 알려질 수 있으며, 공간 분별로 알려지는 양 또한 변이가 발생해가는 과정에서 나타나는 하나의 표현이므로 양 그 자체로 질을 담보하고 있다는 것입니다.

생명의 흐름 그 자체가 질이면서 양이기 때문에 한편으로 보면 플라톤의 이데아가 있는 것 같고 다른 한편에는 베르그송의 지속이 자리 잡고 있는 듯하지만, 시공간에서 일어나는 사건 사물의 양상을 질 또는 양의 어느 한편만으로 보는 것은 사건 사물의 흐름을 충분히 이해한 것이 아니라는 것입니다. 그렇다고 해서, 곧 시공간의 변이가 앎으로 표현된다고 해서 흐름 자체를 사람이 아는 것은 아닙니다. 사람은 진화 과정에서 사람만의 독특한 해석체계를 만들었고, 그 해석체계를 가지고 시공간의 변이를 알아차리고 있기 때문입니다. 만들어 갖고 있는 해석체계에 의해 해석된 시공간을 있는 그대로의 시공간이라고 여긴다는 것입니다.

실상에서 보면 사건 사물 그 자체의 본질이 지성(知性)이기에 생명체들은 각자의 해석체계를 만들어 갖고 있으면서 물성(物性)을 통해 그것을 표현하고 있다고 할 수 있습니다. 그렇기에 마음 쉼, 곧 마음 내려놓기도 가능하고, 욕망과 분노의 들뜸을 조율하여 사건 사물을 평온하게 보면서 이미 갖고 있는 세계 해석 틀을 조율할 수도 있겠지요.

해석 틀이 만들어졌다는 것은 진화 과정에서 획득된 유전정보를 바탕으로 신경세포들의 연결망이 만들어지는 과정에서 학습을 통해 다듬어졌다는 것이므로 그 틀을 바꾼다는 것이 쉬운 일이 아니지만, 현재의 마음이 무의식층에도 영향을 주기도 하므로 마음 씀에 따라서 신경망들의 연결이 달라질 수 있고, 연결망이 달라지면 세계 해석과 욕망의 방향성이 달라질 수 있다는 것입니다.

이는 생물학자들이 세포의 핵 속에 있는 유전정보의 변이를 추적해서 알게 된 사실이며, 뇌 과학자들의 인지 연구를 통해서 알게 된 사실입니다. 이렇게 밝혀진 사실들을 토대로 현재의 인류는 생명과 삶, 그리고 우주에 대해서 새로운 사유체계를 만들어가고 있습니다. 이는 생명체들이 진화 과정에서 끊임없이 받아왔던 압력과 다름없겠지요. 자기의 역사 흐름과 그 흐름에 무작위로 끼어드는 우연적 요소들에 의해서 파생되는 생존 조건이 생존의 방향과 활동 양상 그리고 기억내용 등을 하나둘씩 바꿔가게 한다는 것입니다.

생명체 하나하나로 보면 자기 자신과 생명계 전체가 만들어내고 있는 변이와 함께 하면서, 변이 속에 들어 있는 질과 양의 쌍방향 운동과 상응하는 삶을 살아왔다는 것입니다. 그리고 변화의 내용을 기억으로 남겨 미래를 준비하기 위한 토대를 쌓아온 것이 생명체의 역사이기 때문에 생명체의 역사는 인식이 변해온 역사며 문화가 쌓여온 역사며 미래를 예측하기 위한 정보가 축적돼 온 역사라고 할 수 있습니다. 의식하든 의식하지 않든 생명체들은 그 나름대로 세계 이해를 위한 인식기반을 조성하고 언어 분별과 같은 분별을 통해 양적인 이해를 축적하면서 시간의 지속을 통해 드러나는 새로운 변이, 곧 질적인 변이를 이해하기 위한 문화 활동을 해온 역사라는 것입니다.

그러므로 베르그송도 "순수지속의 온전한 양태는 생명체들이 그냥 살아가도 되는 조건 속에서 살아가는 각자의 모습이다"라고 이야기했겠지요. 자아 그 자체가 갖는 '양의 확장을 통한 질적인 변이'가 순수지속이므로, 언어를 중심으로 한 양적 이해의 틀로만 삶의 흐름을 보아서는 안 된다는 것입니다. 이는 '그냥 살아가도록'이라는 말 속에 진하게 배어 있습니다.

지속의 한 순간을 살아가는 것이 '자아'

삶은 자아라고 지칭되는 본질이 살아가는 것이 아니라 순간순간의 변이 속에 담겨 있는 지속의 한 순간을 살아가는 것입니다. 지속의 순간들은 총체적인 생명계 역사를 그대로 드러내는 변이의 순간들이기에 '자아'라는 이미지로 보면 하나같지만, 내용상에는 이미 다른 모습을 담아낸 자아라는 것이지요. 이는 시간을 이어가는 동일상으로서의 자아가 있는 것이 아니라 늘 새로운 자아를 창발적으로 창조해가는 것이 자아의 흐름이기 때문에 그 흐름과 같이하는 것이 순수지속으로서의 삶을 사는 것입니다. 그렇기 때문에 베르그송의 말처럼 '자아를 그냥 살도록 내버려 두는 것'이야말로 제대로 사는 것이 된다고 하겠습니다.

그렇기는 해도 생물 물리를 바탕으로 살아가는 생명체들은 지속의 순간순간을 절단하여 양적인 자아를 만들고 해체하면서 지속으로서의 자아를 살아간다고 할 수 있으므로, 곧 순간순간 내용이 다른 자아를 살아간다고 할 수 있으므로, 생명 활동의 근간인 지성이 이들 자아를 관통하는 불변의 자아상을 만들고 그를 주체로 여기면서 살아간다고 볼 수도 있겠지요. 진화의 실상에서 보면 생명체마다 우주의 역사와 생명 역사의 총합을 담아낸 개체들이기에 개체라는 한계를 넘어서면서도 한계가 있는 개체가 되는 것처럼, 흐름에서 나타나는 개체로서의 자아상 또한 만들어진 이미지일 수밖에 없으면서도 그 이미지를 따라 사는 삶밖에 다른 삶이 있을 수 없다는 것입니다.

시간과 공간으로 나뉠 수 없는 우주를 기반으로 하는 생명계 또한 시간의 지속과 공간의 양화를 함께 담아내면서 생명 활동을 해야 하기 때문입니다. 곧 양화 된 자기동일성으로서 자아상을 만들고 만들어진 자아상을 해체하면서 질적인 지속을 담보하고 있기에, 곧 지속에도 양이 담겨 있고 양화에도 지속이 담겨 있기에, 새로운 조건 속에서 만들어진 자아상이라고 할지라도 이전의 자아를 이어 온 것처럼 산다는 것입니다

만들어진 이미지들을 기억하는 순간은 양화 된 것을 보는 것과 같으며 자아 또한 그와 같습니다. 이는 자아가 경험을 기억하는 것이 아니라 기억들의 총합이 자아라는 것이며, 기억의 변이를 통해 자아의 변이가 일어난다는 것입니다. 경험들이 자아에 통합되는 것이 아니라는 뜻입니다. 본래 그와 같은 자아가 없기 때문입니다. 그러므로 베르그송이 "오케스트라의 낱낱 악기 소리가 전체의 음악상에 녹아들어 간 것과 같이 우리들의 낱낱 경험들이 자아와 유기적으로 결합한다"라는 이야기는 '낱낱 경험들이 자아와 유기적으로 결합하는 것'이라고 해석할 것이 아니라 '유기적으로 결합한 것이 자아'라고 새겨서 읽어야 합니다.

책의 내용대로 한다면 하나하나의 경험과 결합하는 자아가 있어야 하지만 유기적으로 통합된 기억망을 제외한 다른 자아가 없기 때문입니다. 물론 하나의 지각 내용이 발생한다는 것은 과거 경험을 통해 만들어진 내부 이미지와 이것을 알아차리고 있는 것 같은 자아가 만나는 사건처럼 보이기는 해도, 그 내용을 보면 각각의 선율이 녹아들어 간 총합으로서의 음악상이 있는 것처럼 자아 또한 낱낱 기억 정보의 총합체라는 것입니다.

그렇기는 해도, 곧 하나하나의 선율이 배제된 것으로서의 음악상(音樂相)이 없다고는 해도, 선율들의 총합은 그 자체로 하나의 음악상이 된다는 점에서 창발된 음악상과 각각의 선율이 유기적으로 결합하고 있다고 이야기할 수 있겠지요. 어떤 경우에는 하나의 선율 그 자체로 하나의 음악상이 되기도 하겠지만 그 속을 들여다보면 하나의 선율을 이루기 위해서도 여러 요소의 유기적인 결합이 있어야 하므로 낱낱 선율이라고 해도 낱낱인 그 상태가 낱낱을 넘어선다는 것입니다.

순수한 계기로서 생명의 삶이 흘러가니

오케스트라의 악기마다 전체와 유기적 연합을 이루면서도 고유한 음색을 잃지 않고 선율의 흐름을 이어가듯, 생명체로서의 유기적 결합을 이룬 낱낱 세포들도 전체에 녹아들어 간 하나이면서도 전체의 색깔을 특징짓는 하나가 되어 흘러가니, 삶의 순간은 오직 그 순간의 색깔이면서도 유기적 결합을 통해 이루어지고 있는 삶의 흐름 가운데 특정 색깔의 역할을 하는 순간이라고 하겠습니다. 순간의 삶이라고 하더라도 양과 질로 나눌 수 없는 "순수한 계기로서 생명의 삶들이 흘러간다"라고 이야기할 수 있다는 것입니다.

한 순간의 색깔과 이어지는 색깔의 흐름을 엮어 상속되는 자아라고 이야기할 수는 있겠지만 한 가지 색깔만으로 상속되는 자아는 없다는 것이지요. 순간의 색깔이라고 하더라도 전체로서의 질과 양이 유기적으로 엮여 있기 때문입니다. 지속되는 자아가 순간순간을 이어서 변함없이 흘러가는 것처럼 보이기는 해도 그 속을 들여다보면 순간순간 만나는 유기적 관계가 특정 색깔들로 나타나고 사라지면서 자아라는 동일이미지를 만들어간다는 것입니다.

생명계 전체로서 이루어지고 있는 상호 침투의 유기적 관계로만 보면 개체라고 말할 수 있는 동일 이미지는 온전히 허상에 지나지 않겠지만, 오케스트라의 악기마다 자기 소리를 내면서 전체의 음률을 만들어내듯 생명계를 이루는 개체마다 인연의 흐름에 따라 자기 색깔을 만들면서 상호침투로서 하나 된 생명계에 참여하고 있기 때문에, 생명 활동의 낱낱은 침투적 총상(總相)을 실현하면서 부분적 별상(別相)을 생성하는 활동이 됩니다.

그러므로 베르그송이 "두 물체는 동시에 동일한 공간을 차지할 수 없다"라고 한 이야기는 물리적 차원의 필연성이 아니라 논리적 필연성에 지나지 않는다고 하겠습니다. 물질의 양자적 성질에 따르면 한 곳의 시공간을 오직 하나의 물질이 점유하기도 하지만, 두 물체가 동시에 동일한 공간을 차지할 수도 있고, 한 물체가 동시에 여러 곳에 존재할 수도 있기 때문에 베르그송의 침투 이론이 사실에 부합되지 않는 면도 있다는 것입니다. 논리적 필연성이 있다고 해도 반드시 사실을 가리키지 않는다는 것이며, 논리를 전개하는 기본 사실이 틀렸을 경우에는 논리적 필연성이 사실을 왜곡할 수밖에 없다는 것입니다.

베르그송은 물질과는 달리 감정 등의 상호 침투와 계기적 지속으로서의 순수지속은 물질이 동일한 공간을 점유하지 못하는 것과는 다르다는 점을 이야기하고 있지만 이 또한 물질과 감정은 전혀 다른 것이라는 잘못된 설정을 전제로 한 논리적 필연성에 기댄 이야기라는 것입니다.

전체로 녹아 들어가 하나의 이야기를 전개하는 음악상에서 보면, 악기마다 고유한 음률의 흐름을 이어가면서도 그들이 모여 하나의 이야기를 연주할 수 있는 것과 같이 감정의 스며듦 또한 그와 같다고 할 수 있는데, 이는 감정 물질이 갖는 양자적(量子的) 성질에 기인한다고 할 수 있습니다. 물리적 성질에 개체성과 중첩성이 있기 때문에 생명체마다 고유한 모습과 공유된 모습이 있을 수 있으며, 상호 모순적으로 보이는 공간적 분할과 시간적 지속이 함께 어우러진 생명 활동을 할 수 있다는 것입니다.

이는 관계망의 양상이 자아의 고유상을 나타내는 데 중요한 역할을 한다는 뜻입니다. 예를 들면 부모에게 물려받은 수정란이 세포분열을 이어가다가 일정 시기가 되면 위치에 따라 유전정보에 있는 특정 스위치를 끄거나 켜서 특정 세포로서의 역할을 하게 되는데, 자신의 위치는 이웃 세포들과의 정보교환을 통해서 알게 되는 것과 같다고 하겠습니다.

위치에 따라 낱낱 세포의 역할이 결정되면서 다세포 생명체로서의 삶을 살아간다는 것은 낱낱 세포가 하는 특정 역할도 중요하지만, 관계망 전체와 조화가 이루어져야만 낱낱 세포로서의 삶과 통합된 자아로서의 삶을 살아갈 수 있다는 것입니다. 오케스트라를 구성하는 각각의 악기가 내는 선율들이 낱낱 세포가 표현하는 부분적인 자아의 역할과 같다면, 각각의 악기가 전체의 음악상을 만들어가는 것은 낱낱 세포들이 모여 다세포 생명체로서 하나의 이야기를 만들어내는 통합된 자아의 활동과 같다는 것이지요.

더 나아가 생명계 전체를 하나의 '오케스트라'라고도 볼 수 있는데, 이는 모든 생명체가 유전자를 주고받는 공생체이기 때문입니다.

예를 들면 빛을 수용하는 광수용체가 있는 것으로 따진다면 원생생물이 생겨났던 시기까지 거슬러 올라갈 수 있지만, 동물에게 눈이 생긴 것은 지금부터 약 5~6억 년 전 동물이 먹이로 취한 식물성 플랑크톤인 와편모조류 등이 갖고 있던 광수용체의 유전자가 동물의 유전자에 들어가게 되면서 눈이 생기게 된 것과 같습니다.

동물에게 생긴 눈의 기능은 처음에는 빛의 유무 정도만을 구별할 수 있었지만, 눈이 형성되고부터 생명체들의 생존확률도 높아져 5억 4천만 년 전부터 시작된 캄브리아기에 생명체들의 종수가 폭발적으로 늘어나게 되는 데도 일조하게 됐고, 최초의 눈이 생기고 나서 얼마 지나지 않아 동물 종의 30% 가까이가 눈을 갖게 됐으며, 시간이 지나면서 생존 환경과 상속된 유전정보의 차이와 변이에 따라 겹눈 또는 카메라 눈 등이 생겨나면서 살아남은 대부분의 동물도 눈을 갖게 되었습니다.

사람의 눈에는 외부의 정보를 받아들이는 세포(막대 세포와 원추 세포)가 망막 뒤에 있고, 그 정보를 뇌로 보내기 위해 다시 망막 앞쪽으로 되돌아오는 신경 통로가 만들어졌기에 필연적으로 맹점이 있으며, 맹점에는 시각 정보를 수용하는 세포가 없기 때문에 그 부분이 검게 보여야 합니다. 그러나 뇌가 이 부분을 주변에 맞게 메꿔줄 뿐만 아니라 망막에 맺힌 눈동자 속 혈관 등의 그림자도 지워주면서 통합된 이미지를 만들어주기에 일목요연한 시지각이 발생하게 됩니다. 이 과정 역시 전체로서 하나 된 생명계의 연주와 같다는 것입니다.

낱낱 선율이 자기 색깔만을 고집한 것처럼 보이지만 실제로는 통합된 선율 위에 자기 색깔을 싣는 것과 같습니다. 이는 외부 정보를 있는 대로 보는 것이 아니라 뇌가 해석한 통합 이미지가 외부 정보가 된다는 것과 같으므로 눈이 보는 것이 아니라 마음(뇌)이 본다는 것과도 맥을 같이한다고 하겠습니다.

사람은 조류 등이 머리를 끄덕이면서 공간 정보의 차이 값을 만드는 것과는 달리, 눈동자가 미세하나마 끊임없이 움직이면서 공간 정보의 차이 값을 알게 하므로 감수된 정보를 분별할 수 있으나, 눈동자의 전체적인 움직임은 차이 값을 갖지 않기 때문에 눈동자의 움직임을 알 수 없게 되는 것만 보아도, 오케스트라의 음악상과 같이 차이와 통합을 통해 유기적인 생명 활동을 하고 있음을 알 수 있습니다. 이렇게 할 수 있는 것은 유동적이며 유기적인 생명계의 진화 과정에서 다양한 외부정보를 해석하기 위한 유전적 변이가 끊임없이 일어난 결과라고 할 수 있으며, 사람에 이르러서는 외부 정보를 수용하는 것보다 그것을 해석하는 뇌의 역할이 더 중요하게 된 결과라고 할 수 있습니다.

이 말은 눈을 통해 외부를 보는 것 같지만 내부에서 해석된 이미지를 외부로 투사하여 놓고 그것을 외부라고 읽는다는 것입니다. 그렇게 할 수 있는 것은 과거의 경험을 기억으로 갖고 있으면서 미래를 맞이하고 해석할 수 있는 기반인 뇌의 신피질이 커졌기 때문입니다. 신피질에 생명계의 선율이 잘 녹아 들어갔을 뿐만 아니라 그것을 적절하게 해석할 수 있는 기반이 갖추어진 것이지요. 그렇게 하는 것이 생존과 번식에 유리했겠지요.

눈으로 들어오는 시각 정보가 시신경 통로를 타고 시상(視床)을 거쳐 뒤통수에 있는 시각 중추에 도달하게 되면 여덟 영역으로 되어 있는 시각피질의 각 영역마다 수용된 시각 정보에 대한 부분적인 해석을 하게 되는데, 곧 제4영역인 V4 영역은 색깔을 구분하고 V5 영역은 움직임을 구분하고 V2와 V3 영역은 명암과 거리를 알아차리게 되는데, 그렇게 해석된 부분 정보가 고차원 영역과 연합 영역에서 통합되어 최종 이미지가 만들어져야만 본다는 인식, 곧 유기적인 전체 선율의 흐름이 발생하게 됩니다.

눈이 보는 것이 아니라 뇌가 본다

시지각의 전체 선율, 곧 시지각의 최종 이미지를 만들기 위해 참여하는 뇌의 부위가 지금까지 밝혀진 것만 해도 서른 군데 이상일 뿐만 아니라, 외부로부터 수용된 감각 정보를 중계하는 시상만 하더라도 눈으로부터 들어온 정보의 양보다 여섯 배나 많은 정보가 시각 피질로부터 들어온다고 하며, 이 가운데 어느 한 곳만 문제가 발생해도 지금과 같은 시지각이 생길 수 없다고 하니, 뇌가 본다는 말이 실감 난다고 하겠습니다. 예를 들어 색깔을 해석하는 V4 영역이 제 역할을 할 수 없게 되면 대상이 흑백으로만 보인다는 것입니다. 뇌에 있는 신경세포 등이 위치에 따라 특정 역할의 스위치가 켜지면서 고유한 해석 패턴을 갖게 됐기 때문이며, '서로 다른 해석 패턴(각 악기의 선율)'들이 모여야만 통합된 이미지로서의 내부 표상이 만들어지고 '지각(전체 선율)'이 발생하기 때문입니다. 뇌의 해석에 따라 지각(知覺) 이미지가 만들어지고 인지가 발생하기 때문에 내부의 해석체계가 전체적인 음악상을 규정한다는 것이지요.

의식으로 지각되는 순간은 이미 무의식적인 인지 패턴의 작용이 선행되므로 무의식이 의식을 만들어내는 기반이 된다는 것입니다. 실험에 의하면 정보가 수용된 후 의식이 발생하기까지는, 곧 내외부에서 생성된 정보가 해석되어 의식되기까지는 0.2초에서 0.5초정도 걸리며, 어떤 경우에는 무의식의 정보패턴이 발생하는 곳을 보여주는 컴퓨터 화면만 보고서도 5초나 6초 뒤에 실험자가 어떤 행동을 할 것인지 알 수 있다고 하니, 의식이 무언가를 자각한다기보다는 그렇게 자각될 수밖에 없는 것을 의식한다고 해야 하겠지요. 이 말은 뇌의 해석에 의해서 내부 이미지가 만들어져야 시지각이 발생한다는 것이므로 눈이 보는 것이 아니라 뇌가 본다는 것입니다. 뇌가 본다는 것은 생명의 역사가 축적해 온 뇌의 해석 능력에 의해서 인지가 발생하게 된다는 뜻입니다.

그렇기 때문에 외부에서 들어오는 감각 정보가 없는 경우에도 꿈과 같은 내부 영상이 만들어지기도 하고, 의식이 집중된 경우에는 일상의 지각 경험과 다른 여러 가지 지각이 발생하기도 하겠지요. 외부를 보는 것이 아니라 외부라고 해석된 것이 외부가 되기 때문입니다. 아울러 그렇게 해석된 결과는 기억으로 남아 미래에 만나게 될 사건을 해석하는 기반이 되기도 하므로, 기억된 과거를 '미래를 준비하는 정보'라고 말씀드렸습니다.

한 순간의 지각에도 과거 현재 미래의 모든 영역이 들어있다는 것입니다. 지각 내용으로만 보면 지금 여기를 해석하고 있지만, 현재의 지각은 '과거가 준비한 미래'가 현재의 인연과 만나 만들어진 이미지를 지각하는 것이면서 이 내용이 다시 과거의 기억이 되어 미래를 준비하는 것과 같으므로, 곧 현재의 지각이 해체됨과 동시에 미래를 준비하는 것과 같으므로, 신체 내부에서는 시간상으로는 과거 현재 미래를, 공간적으로는 여기와 저기를 동시에 담아내는 정보를 생성하고 해체하는 일이 반복해서 일어나고 있다고 하겠습니다.

뇌의 청각 중추가 소리 정보를 해석하고 언어를 생성하여 사건 사물에 이름을 붙일 때 이미 갖고 있는 언어를 사용하는 것과 같습니다.

그렇지만 감각 정보를 해석하여 언어화한다는 것은 수용된 정보를 최소화한 것과 같으므로, 곧 해상도가 가장 낮은 것과 같으므로 실제의 사건 사물과 비교하여 본다면 많은 정보가 생략됐다고 할 수 있겠지요. 그렇게 하는 이유는 나무 뒤에 있는 동물의 일부분만 보고서도 그 동물이 무엇인지 알 수 있도록 빈 부분을 뇌가 채워 넣으면서 대상을 인지하는 것이 효율적이기 때문일 것입니다.

생명체들이 진화 과정에서 이와 같은 인지 방법을 갖게 된 것은 하나하나의 사건 사물을 그대로 기억하는 것은 불가능한 일이었으며, 설사 그렇게 할 수 있다고 하더라도 그와 같은 인지 방법은 너무나 비효율적이라는 것을 무의식적으로 체득했기 때문이라고 할 수 있습니다. 수용된 정보가 충분하지 않을지라도 기억된 경험에 비추어 빠진 부분을 채워 넣으면서 알아차리는 것이 생존에 유리했다는 것입니다.

사람이라는 단어가 한 사람 한 사람의 다른 모습을 대상으로 한다면 사람 일반을 가리킬 수 없을 것이며, 한 사람이 겪는 변화를 하나하나 파악하여 이름 붙이는 쪽으로 내부 패턴을 만들려고 했다면 한 사람의 한 순간만큼은 온전히 알아차릴 수 있을지 몰라도 조금만 변해도 알 수 없을 것이므로, 최소로 축약된 상태를 취해 일반화하고 거기에 이름을 붙이면서 대상을 이해하는 쪽으로 인지의 진화가 진행됐을 것이라는 뜻입니다.

인지의 실상이 이렇다고 하더라도, 곧 일반화를 통해 만들어진 내부 이미지를 가지고 사건 사물을 인지한다고 하더라도, 일단 언어가 만들어지고 나면 언어가 갖는 개념의 동일성으로 인하여 그 언어에 맞는 실재가 내외부에 있다고 여기게 됩니다. 그러므로 오늘날 여러 연구자에 의해서 밝혀진 사실을 토대로 지각 현상을 살펴보지 않는다고 하면, 신체가 만들어내는 무의식적 정보와 의식 내용을 신체와 뇌가 만들었다는 것을 알기가 어렵겠지요. 더구나 그렇게 만들어지고 있는 내부 표상은 찰나찰나 생성과 소멸을 반복하면서 상속되고 있으나, 약 20밀리초(밀리초는 천 분의 1초임) 사이에 발생하는 사건을 동시라고 파악하는 뇌의 인지 시스템에 의해서 상속된 내부 이미지가 끊어짐 없이 연속되는 듯이 보이기 때문에, 지속에 대한 실상을 제대로 파악할 수가 없었다고 하겠습니다.

내부에서 해석된 것이 지금 여기의 정보가 될 수밖에 없다

내부 영상을 만드는 데도 시간이 걸리고, 만들어진 영상이 인식 대상처럼 보여야 인식이 발생하기 때문에 지금 여기에 대한 이해가 직접 이루어질 수가 없어 내부에서 해석된 것이 지금 여기의 정보가 될 수밖에 없다는 뜻입니다. 그렇지만 의식이 집중된 상태에서 발생하는 특별한 인지 경험과 뇌전증(腦電症) 등으로 인해 일상의 인식과 다른 인지 경험은 내부의 해석체계가 무엇보다 중요한 것임을 직접 알 수 있게 합니다.

생명 흐름은 순간마다 다른 얼굴로 자신의 전체를 드러내면서도 생명 정보가 상속되는 지속이기에 베르그송이 '질'이라고 이야기하는 삶의 흐름도 '양'으로 포착될 수 있다는 것이며, 양으로 포착되는 삶 또한 창발을 통한 질적 도약으로 지속을 담보하고 있다는 것입니다.

그렇기에 베르그송도 "순수지속으로서 하나하나의 감정 상태 그 자체가 자신의 전부가 되므로 시간을 이어 같은 양으로 파악될 수 있는 감정이 없다"라고 했으며, 비교할 다른 것도 있을 수 없다고 했겠지요. 그렇지만 생명의 지속이 수적 변별과 같은 양적 판단을 할 수 있는 정보들의 상속이면서도, 이질적으로 구별되지 않는 생명 정보를 지속해서 생산하고 있기 때문에 베르그송의 이야기에 대해서도 다시 생각해봐야 할 것 같습니다.

생명의 지속을 정보의 상속으로 보면 끊어짐 없는 지속처럼 보이기는 해도 정보의 상속이 생성과 소멸 그리고 변이를 통해 이루어지고 있는 측면을 보면 끊어짐을 통한 도약, 곧 양적 흐름과 도약이 지속의 실상이기 때문입니다. 도약하는 한 순간은 그 자체로 자신이 지내온 온 삶의 역사를 다 드러내고 있는 순간이기 때문에 찰나를 이어 동일한 순간들이 있을 수 없으며 도약된 정보 그 자체를 제외하고는 어떤 외부도 가질 수 없다는 측면에서는 베르그송의 이야기도 설득력이 있다고 하겠습니다.

왜냐하면 생명체의 삶은 생명계 전체의 변화에 맞춰 질적인 자기 변화를 만들어내야만 생존할 수 있었기에 생명체 하나하나는 내부에 외부의 에너지와 정보가 스며들 수 있게 하는 유연성을 갖추고서 내부를 변이시킬 준비를 했었다고 할 수 있으며, 변이를 통해 발생하는 차이 값을 알 수 있는 인식체계를 만들어왔다고 할 수 있기 때문입니다.

생명체들이 의도했든 의도하지 않았든 차이 값을 언어와 수로서 파악할 수 있었던 것도 비교되는 것들끼리의 차이 값이 분명하게 드러나기 때문이며, 차이 값을 알아야만 살아가는 데 유리했기 때문입니다. 그러므로 베르그송이 "언어와 같은 양적 이해가 지속을 왜곡시키고 있다"라고 하면서 "동물들이 직관적으로 공간을 찾아가는 것과 비교해보면 쉽게 알 수 있다"라고 한 이야기도 다시 생각해봐야 할 것 같습니다.

현재 밝혀진 사실에 의하면 동물들의 직관적 이해와 행동 또한 공간 분할을 바탕으로 하고 있지만, 사람의 추상적 사고에 비해 깊고 넓지 않아 시공간의 변화와 경험의 일관성을 사유하기 어렵고, 사유하더라도 일반화시키기 어려워 변화를 담아내는 기억을 하기 어렵기 때문입니다. 현재의 경험을 스냅사진 찍듯 기억하므로 한 장면에 대한 기억은 사람보다 더 확실할지 모르지만, 장면이 바뀌면 앞의 장면과 연계하여 그 장면이 갖고 있는 시간 지속의 일반성을 사유하지 못한다는 것입니다.

공간에서의 자기 위치를 찾는 일이 사람에 비해 떨어지지 않는 이유도 여기에 있다고 합니다. 시간을 이어가는 추상적 사고, 곧 변이를 사유 속에 넣을 수 없거나 넣는다고 해도 폭이 넓지 않아 스냅사진처럼 찍힌 기억을 토대로 길을 찾아갈 수 있기 때문이라는 것이지요. 직관적이고 본능적인 이해와 행동만으로 보면 동물의 지각이 지속을 왜곡시키지 않는 것처럼 보이기는 해도, 동물의 지각은 인간의 뇌가 갖는 다층적이며 시간 상속에 따른 변이까지 담고 있는 것과는 사뭇 다르다는 것입니다.

하나의 행동을 이해하고, 했던 행동을 의식적으로 기억하기 위해서는 공간축과 시간축 그리고 감정 축으로 이루어진 넓고 깊은 다층구조여야 하는데, 동물은 공간 분별을 담당하는 영역과 감정 축을 담당하는 영역에서도 사람보다 다층적이고 넓다고 보기 어려우며 미래를 추상하는 시간축을 거의 갖지 못해 기억의 연속성을 의식적으로 이어가는 일이 쉽지 않다는 것입니다.

이와 같은 사실을 알 수 있게 된 것은 인간의 뇌가 세 겹 구조, 곧 과거를 기억하고 현재를 읽으면서 생명현상의 기본을 조율하고 공간을 분할하여 해석하며 공포 등을 느끼는 뇌간 등의 속뇌(공간축)와 감정을 해석하는 변연계의 중간뇌(감정축), 그리고 진화상 가장 늦게 나타났으나 미래까지를 추상하면서 고차원적인 판단 등을 하는 신피질의 겉뇌(시간축)로 이루어진 것과 비교할 때 세 겹 구조를 가진 동물의 뇌라고 할지라도 사람보다 신피질의 양이 현저하게 적은 것을 알고부터라고 합니다.

더 복잡한 판단과 운동실행 그리고 미래 예측, 자의식 등을 이어가는 사고는 속뇌와 중간뇌 부분이 신피질인 바깥층과의 다층적인 정보교환을 해야 하며, 신피질 영역의 다각적인 정보해석 모듈들이 연합해야만 이루어질 수 있다는 것입니다.

동물의 판단과 이해와 행동 양상도 공간축과 감정 축 그리고 과거를 기반으로 현재를 읽는 시간축의 협업을 통해서 이루어지는데, 이는 인간이 의식적으로 미래까지를 추상하는 사유 통로가 빠진 것 말고는 전체적으로 인간의 무의식적인 정보 생성과 같다고 할 수 있으므로, 동물의 직관적인 행동 양상이 지속을 증명한다고 보기는 어렵다는 것입니다. 사람뿐만 아니라 동물 모두가 신체에 담겨 있는 정보 생성 능력을 통해서 무의식적으로 하는 인지 활동 가운데 일부가 의식적인 직관으로 드러난다고 할 수 있는데, 사람은 동물들이 직관의 즉흥성을 통해서 현재의 문제를 해결하는 것과 달리 미래를 예측하면서 현재의 문제를 분석하고 판단하게 됨으로써 동물과는 다르게 헤맬 때가 많다는 것이지요.

사람이 하는 깊고 넓은 다층적 해석은 사건 사물에 대한 이해의 폭을 넓힌 것이 사실이지만 어떤 경우에는 그와 같은 양적 분별이 장애가 되어 현재와 직관적으로 만나 해결해야 할 문제조차 다양한 기억을 참조하여 미래를 예측하려 하면서 현재의 사건에 대한 직관적 이해를 놓치게 되는 경우가 많아졌다는 것입니다.

그렇기에 사건에 따라 기억의 재구성을 통한 이해보다는 그 사건에 대해 새로운 질문을 던져야 할 경우도 많습니다. 인과 관계를 통한 해석에서 원인에 대한 새로운 관점을 드러낼 수 있는 출발점이 질문이기 때문이며, 질문에 집중하다 보면 신체 내부의 해석 통로가 재배치되거나 새롭게 뚫리게 되면서 익숙한 인지 패턴을 넘어선 직관 의식이 발현될 수 있기 때문입니다.

이는 생명체들의 창발성, 곧 생명체들이 살아오면서 내외부로 맺고 있는 관계망의 변화에 대처하는 능력인 창발성이 질문을 통해서 드러나므로, 질문의 결과로 창의성이 발현된다는 것입니다. 다만 새롭게 발현된 인지의 내용이 장기 기억으로 정착되려면 발현의 빈도수나 강도의 크기가 임계점(臨界點)을 넘어서서 그 기억과 매칭되는 단백질이 단단해져야 하므로 새로운 인지 내용을 자주 회상하는 훈련이 필요합니다.

단백질이 경화된 연후에야 새롭게 발현된 색깔이 내부 이미지로서의 고유한 모습을 지니게 된다는 것입니다. 장기기억이 된다는 것은 지속의 순간들을 공간화하면서 시간을 넘어선 색깔을 만든다는 것이며, 기억된 이미지가 무의식과 의식적인 인지 활동에 저절로 참여하게 된다는 것을 뜻하기 때문입니다.

자아 또한 뇌가 만들어 내고 있다

그렇기 때문에 베르그송이 "공간적 이해를 바탕으로 한 자아의식은 자아의 그림자에 만족한 이해"라고 한 이야기는 사람들로 하여금 자아에 대한 이해를 어느 정도 할 수 있게 했다고 하겠습니다. 이는 전측두엽 부분에 강한 자기장을 걸어 특정 부분을 마비시키면 자기 사진을 보고서도 그것이 자기 사진인 줄 모른다는 실험을 통해, "자아 또한 뇌가 만들어 내고 있다"라는 현재의 연구 결과와도 맥을 같이하기 때문입니다. 그림자에 만족하는 것이 인지의 내용이라는 것입니다.

베르그송의 관점, 곧 '생명의 흐름을 양적으로 판단하는 것'은 생명 흐름의 본래 모습을 놓치는 것으로 언어와 같은 상징체계를 통해서 실재를 보는 것에 지나지 않는다는 관점은, 우리가 알아차리는 자아는 추상된 자아며 그림자에 지나지 않기에 지속의 자아인 제1의 자아를 놓치고 제2의 자아를 산다는 것입니다. 그렇지만 내부에서 해석된 이미지를 통해서 인지하는 방식 자체가 그림자를 통해서 사물 사건을 이해하는 방식이므로, 그림자 자아를 자아로 보는 것이 자아를 보는 방식이며 지속의 자아 또한 그와 같기에 시간을 이어 지속되는 자아가 존재한다고 여기는 인지도 그림자 인지일 수밖에 없습니다.

베르그송의 이야기는 "우리들이 일상에서 느껴 알고 있는 자아는 양에 상응하는 불변적 자아를 자아라고 보는 데에 지나지 않는다"는 것으로 다수성의 수평적 융합과 상속적 계기를 통해 '지속적으로 유동하는 자아를 느껴 아는 것이 아니라고 하지만, 생명 흐름은 이 두 관점을 언뜻언뜻 보여주면서 유동한다고 할 수 있으니, 실상과 그림자의 경계 또한 모호하다고 해야 하겠지요.

우리 몸이 수용한 감각자료들이 융합되어 의미있게 생성된 정보의 흐름은 양적 개념과 상응하여 분별 될 수 있는 요소를 갖고 있는 것 같지만, 양에 상응하는 내부 표상 자체가 온전히 뇌에서 만들어진 것이기 때문에 인식결과는 언제나 그림자일 수밖에 없으면서도 그것만이 경험되는 실제가 되므로, 양적 판단을 부정하고 있는 베르그송의 이야기도 자신의 의도와는 다르게 양적 표현을 통한 이해일 수밖에 없으면서도 생명 흐름의 한 단면을 이야기했다고 하겠습니다.

자아라는 인식과 그에 맞는 대상이 뇌에 의해서 만들어지고, 만들어진 인식과 인식대상만이 자아의 개체성을 담보하기 때문에 만들어진 자아를 자아로 여길 수밖에 없는 인식의 한계가 있다는 것입니다. 그러나 생명체가 가진 유전정보로 보면 조상에게 물려받은 수직적 정보뿐만 아니라 이웃 생명체들끼리 주고받았던 유전정보, 곧 수평적으로 이동된 유전정보도 있으므로 개체로서의 한계가 없다고 이야기하는 생물학자가 있다는 데서도 양적 한계를 갖고 있으면서도 그 한계를 넘어서는 것이 자아라고 하겠습니다.

수직 수평적으로 융합된 유전자를 갖는 단세포 생명체든 수정된 세포가 발생 과정을 거친 다세포 생명체든 각각의 생명체는 생명 활동의 안정성을 유지하기 위해 개체로서의 자아를 온 힘을 다해 살고 있기 때문에 개체를 넘어선 개체이면서 개체로서의 개체를 사는 것이 자아라는 것이지요.

이는 하나의 인지 내용이 언어로 표현되면서 인지의 대상이 갖고 있는 많은 정보가 생략되는 것처럼, 수직 수평적으로 융합된 정보를 가진 단세포로서의 자아든 다세포로서의 자아든 한 개체는 양적 판단을 넘어서는 양이라는 것입니다. 단세포가 세포막을 통해 안 팎으로 관계를 맺고 있으면서도 세포막 안을 자아라고 여길 수밖에 없는 것과 같습니다.

세포의 막과 같은 역할을 하는 인지의 막을 통해 파악되는 자아는 그림자에 지나지 않지만, 인지의 속성이 그것만을 실재라고 여길 수밖에 없으니, 그림자를 넘어선 실재로서의 자아를 이야기하는 것 또한 그림자를 잡으려는 것에 지나지 않는다는 것입니다. 인지의 막을 설정하지 않고서는 자아라는 인지가 발생할 수 없기 때문입니다. 이 말은 의식화되는 사건 사물은 어떤 경우든 내부에서 만들어진 그림자이며, 그림자가 형성되지 않으면 인지 또한 발생할 수 없다는 뜻입니다. 이미지를 만드는 내부의 표상체계는 그림자를 만드는 공능이 있을 뿐 아니라 만들어진 그림자를 실재라고 여기는 인식체계도 만들었기 때문입니다.

그림자로 드러난 것 자체가 자신의 온 역사를 드러낸 삶

그러므로 그림자에도 속지 말아야 하겠지만 그림자가 아닌 실재로서의 자아가 있다는 생각도 내려놓아야 합니다. 그림자에도 속지 않고 실재라는 것에도 속지 않는 앎이야말로 그림자로 드러난 그것 자체가 자신의 온 역사를 다 드러낸 삶인 줄 아는 것이면서 그림자와 같은 삶의 양상 하나하나를 질적인 삶으로 전환하는 앎이 되기 때문입니다. 그림자를 그림자로 아는 것이 실상을 아는 것이며, 하나의 그림자에 담겨 있는 역사의 총합을 이해하는 것이며, 경계를 지닌 것 같은 삶이 경계 너머까지 손을 뻗쳐 함께 살아가고 있다는 것을 이해하는 일이 된다는 것입니다.

삶의 흐름이 드러내고 있는 하나하나의 양상마다 다층적이며 다의적인 생명 정보, 곧 수직 수평적으로 융합된 생명체들의 생명 정보가 드러낸 삶의 모습이기 때문입니다. 그러므로 '현재를 온전히 사는 것'은 그림자가 그림자인 줄 아는 것이면서 자아를 제대로 아는 것이 되며, 순간순간 만들어진 내부 영상이 개체를 드러내면서 생명계 전체의 역사를 압축시켜 보이는 현상인 줄 아는 것이 됩니다. 이렇게 알고 사는 것이야말로 시공간이 생명체들이 살아가는 삶의 배경만으로 존재하지 않는다는 것을 이해한 것이며, 삶의 깊이와 넓이를 알아차린 것입니다.

하지만 그림자를 그림자로 아는 것이 생각처럼 쉽지만은 않습니다. 내외부에서 일어나고 있는 삶의 과정들이 질적이면서 동시에 그림자이기 때문이며, 그림자를 실재로 포장하는 포장의 유용성이 있기 때문이며, 삶의 흐름을 순간순간 포획하여 실재라는 포장지를 만드는 일이 지각의 과정이기 때문입니다.

베르그송이 "실재하면서 두 찰나를 이어 동일하지 않는 것이어야 지속이라는 말을 쓸 수 있다"라고 한 말은, 실재하면서 두 찰나를 이어 동일하다면 그것은 플라톤이 말한 이데아와 같아 찰나마다 다른 모습으로 유동하는 생명의 실상과 어긋난다는 뜻일 것입니다. 그렇지만 실재하면서 두 찰나를 이어 동일하지 않는 흐름으로만 보면 경계 지을 수 없을 것 같지만, 두 찰나를 이어 다르다는 것으로 본다면 경계 지을 수 있다는 것과도 같으니, 삶의 흐름은 경계가 있는데 경계 없는 것처럼 지속되고, 지속되는데 지속되지 않는 것처럼 경계를 만드는 묘술이라고 하겠습니다.

꿈을 꾸면서 항상 그 꿈과 어긋나는 현실을 만든다

삶의 흐름이 이와 같기 때문에 특정한 양태의 삶만이 완성된 삶이라고 이야기할 수 없습니다. 그러므로 특정한 모습과 실행으로 삶의 흐름을 포착하려 하면서 현재의 흐름을 그렇게 만들려고 하거나, 그렇게 만들어진 삶만이 진정한 삶이라고 생각한다면, 꿈을 꾸면서 항상 그 꿈과 어긋나는 현실을 만들게 됩니다.

꿈이 삶을 힘들게 한다는 것이지요. 이와 같은 일이 단지 한 사람의 일 만이 아니라 여러 사람의 일도 되기 때문에 함께 어떤 꿈을 꾸고 어떻게 손을 잡아야 하는지 이해하는 것이 무엇보다 중요합니다. 삶이 이루어지고 있는 장 자체가 관계망으로 촘촘히 얽혀있기 때문입니다. 관계의 구성을 생각하지 않으면서 꾸는 꿈은 자신마저도 저버리게 될 확률이 높습니다.

그러므로 개체와 구성원 전체에 대한 욕망과 욕망의 방향성을 잘 생각해야 하고, 그렇게 생각된 내용이 인지의 기반을 이루도록 하는 연습, 곧 신체화되는 데까지 이르도록 하는 연습이 중요합니다.

신체화된다는 것은 내부의 기억 통로를 새로 만들거나 기존의 통로에 새로운 접점을 만드는 것입니다. 그렇게 될 수 있는 것은 내부 이미지를 만들어 사건 사물을 이해하는 뇌에 가소성이 있기 때문입니다. 가소성이 없다고 하면 새로운 이해 자체가 성립되지 않겠지요. 이 말은 기존의 통로뿐만 아니라 새로 만들어진 내부 통로 또한 변할 수 있다는 것이며, 변이하면서 상속되는 신체와 인지 체계이므로 새로운 관계망을 만들 수 있고 새롭게 만나게 된 삶의 과정을 표상할 수 있다는 것입니다.

꼭 잡고 놓지 않으려는 것이 집착이 되고, 집착으로 삶이 힘들게 되는 까닭도 여기에 있습니다. 변이하는 신체와 인지하는 능력이 진화 과정을 통해서 생명체들이 획득한 삶의 기술이라고 해도, 한 번 만들어진 신체와 인지 통로는 특정 단백질 등이 강화되어 있기 때문에 새로운 경험을 새롭게 해석하려 해도 쉽지 않다는 것입니다. 취할 때 취하고 놓을 때 놓아야 하는데, 이 일이 생각만큼 쉽지 않은 것은 사람에게 시간축을 사유하는 능력이 강화되면서 미래에 대한 걱정도 많아지고 미래의 욕망을 충족하기 위한 갈망도 커져 불필요한 취착(取著)이 심해졌기 때문입니다. 취착이 심해졌다는 것은 흐름에 상응하는 유연성이 현저하게 떨어지게 되면서 취착하는 응고력이 커졌다는 것입니다. 그래서 베르그송은 "수용된 정보를 언어화한다는 것은 그 정보를 응고시키는 경향성이 작용하는 것이다"라고 이야기했겠지요.

진화를 통해 사람은 공간축과 감정 축에 시간축을 더해 고차원적인 판단 등을 하는 신피질의 용량이 커지면서 언어 추리 등 넓고 깊은 분별 활동을 하게 됐지만, 다른 한편으로는 과거를 토대로 원하는 미래를 예측하면서 과거에 집착하고 미래를 불안하게 바라보게 됐다는 것입니다. 원하는 것과 다른 현재를 너무 많이 경험했기 때문이었겠지요.

경험한 일들이 기억됐다는 것은 단기 기억을 관장하고 있는 해마라는 뇌 영역과 자주 접속되는 정보나 강도가 센 정보가 신피질의 장기 기억층으로 옮겨졌다는 것으로 특정 정보가 언어로 표현될 수 있을 만큼 응고됐다는 것을 뜻합니다. 그러므로 언어로 표현된 이미지에만 머물러 있다고 하면 삶의 과정에서 일어나는 일을 제대로 보기 어렵습니다. 그와 같은 인지는 지속의 순간마다 온전히 자신으로 사는 것이 아니라 과거에 머물러 있는 삶이 되기 쉽기 때문입니다. 그래서 베르그송도 지속의 순간들을 본다고 하면서도 실제로는 번역된 단어의 이미지만을 본다고 이야기했겠지요.

외부로부터 수용된 정보를 그 자체로 이해하는 것이 처음부터 가능하지 않았다는 것입니다. 자신이 만들어 놓은 단어들을 가지고 세계를 해석하기 때문입니다. 그렇지만 기억의 지도에 들어있는 단어들이라고 하더라도 온전히 추상에 의해서만 만들어진 것이 아니라 외부를 수용하고 해석하면서 만들어진 것이 많기 때문에 외부가 내부를 만들었다고 할 수도 있으므로, 해석하는 방법만을 가지고서 내부와 외부를 완벽하게 나눌 수 있는 것도 아닙니다.

베르그송이 "언어의 틀을 깨고 공간의 강박에서 벗어나는 것만이 생명의 흐름과 일치하는 놀라운 경험을 하는 것"이라고 이야기한 까닭도 여기에 있겠지요. 그렇지만 공간화하는 것 또한 생명현상을 표현하는 것 가운데 하나이기에 언어 씀과 공간 분별 그 자체도 생명 흐름에 대한 놀라운 경험이라는 것을 잊어서는 안 됩니다. 생명의 흐름 그 자체가 틀을 만들기도 하고 틀을 부수기도 하면서 흐르기 때문입니다.

언어의 틀 속에 매인 사유를 일상적으로 하고 있는 우리로서는 언어의 틀을 부수고 공간의 강박에서 벗어나는 놀라운 경험을 하기가 쉽지 않기 때문에 베르그송의 이야기를 귀담아들을 필요가 있기는 하지만, 오랫동안 마음 집중과 알아차리는 훈련을 한다고 하더라도 누구에게나 언어의 틀을 부순 것과 같은 경험이 쉽게 일어나지 않는다는 것은 공간 분별과 언어화 또한 생명현상을 드러내는 길 가운데 하나라는 것을 보여준다고 하겠습니다. 그렇기에 언어의 틀로부터 자유로운 사람들도 언제나 초행길인 인생의 길에서 언어를 지팡이 삼아 걸었겠지요.

스스로 그렇게 존재하는 자아를 느끼다

생명체가 진화를 통해 얻게 된 경험으로 보면 세계를 해석하는 데는 언어와 같은 틀을 만드는 것이 더 유용했기에, 사건을 분별하여 일반화시키는 공간화와 언어의 틀이 세계 해석 지도의 중심축이 될 수밖에 없었다는 것입니다. 그렇기는 해도 언어 등의 틀을 통한 해석만으로 생명의 흐름을 보는 것으로는 개체이면서 공생체로 살아가는 생명의 흐름을 바르게 이해하기가 어렵습니다. 그러므로 새로운 학습과 의식 집중 등을 통해 언어의 틀과 공간 분별의 강박에서 벗어나는 놀라운 경험을 한다면 틀을 세우고 깨는 데 자재하게 됩니다.

집중과 관찰이 깊어지면 심리적으로 안정되고 기쁜 상태를 경험하기도 하고, 흐름의 순간마다 자신의 전존재를 드러내는 체험, 곧 주객으로도 나뉘지 않는 체험을 하기도 하면서 틀을 깨고 세우는 데 자재하게 된다는 것입니다. 이런 경험은 해석된 자아와 만나는 것이 아니라 스스로 그렇게 존재하는 자아가 되는 것입니다. 집중을 통해 드러난 자아에 대한 다른 경험은 해석된 자아도 진짜가 아니지만, 해석의 틀을 부순 것 또한 진짜가 아닌 줄 알게 합니다. 내외부의 조건에 따라 해석된 양상과 경험된 내용이 다르게 나타난다는 것을 직접 경험했기 때문입니다.

언어의 틀을 부순 체험이 놀라운 경험임에는 분명하지만 그것만이 자연스러운 상태라고 할 수도 없습니다. 생명체가 진화 과정에서 경험한 수평적 연대와 수직적 상속을 보면 공간 나눔과 같은 분별만으로 자기를 해석해서도 안 되지만 순수지속만으로 생명의 흐름을 해석해서도 안 된다는 것입니다. 왜냐하면 수직, 수평적인 연대가 만든 생명 정보는 분별 되는 그것으로 전체의 시공을 표현하고 있기 때문이며, 변이를 통해 분별을 넘어선 지속으로서의 삶의 흐름도 표현하고 있기 때문입니다.

연대로 보면 모든 개체가 자신의 개체상(個體相) 속에 다른 개체들의 시공간을 겹쳐 놓은 것 같아 하나 된 세계라고 이야기할 수도 있지만, 겹쳐진 시공간마다 다른 표현으로 다양한 생명 활동을 드러내고 있으니 개체는 분절된 상태로 자기를 표현하면서 지속한다고 이야기할 수도 있다는 것입니다.

그러므로 언어의 틀이 갖는 분별상만으로 자신을 보아서도 안 되지만 분별없는 하나라고만 보아서도 안 됩니다. 의식 집중과 알아차림을 통해 분별과 분별없음을 넘나드는 경험은 분별 속에 분별없음을 담아낼 수 있고 분별없음 속에 분별을 드러낼 수 있는 경험이라고 할 수 있는데, 그와 같은 경험이 가능한 것 또한 생명 흐름의 본래 모습이 그렇기 때문입니다.

제5강. 기계적이면서 역동적인 신체

순간순간 일어나는 감정과 판단이 '나'의 감정과 판단이 되는 것이 아니라 감정과 판단 그 자체로 '나'를 표현하고 있습니다. 하나의 감정도 그것이 일어나는 순간은 그 사건과 얽힌 시공간 전체가 흔들린 것이라고 할 수 있기 때문이며, 두 찰나를 이어서 똑같은 흔들림이 없기 때문입니다. 그럼에도 불구하고 우리는 그 느낌과 판단을 '나의 느낌'이고 '나의 판단'이라고 생각하게 됩니다. 왜냐하면 사건을 유기적으로 이어가는 중심축, 곧 시간상으로 연속된 자아이면서 공간을 분리하여 나의 세계라고 규정짓는 무의식적인 자아의식이 지구상에 생명체가 나타나 세포막이 형성된 순간부터 생겨났기 때문입니다.

세포막이 형성된 이후부터는 내외부의 경계가 확실하게 생겨났고, 자연선택에 따라 내부를 안정적으로 유지하기 위한 변화, 곧 자아를 유지하기 위한 변화가 진화 과정이었다고 할 수 있다는 것입니다. 그렇기에 변화 과정의 순간마다 그 자체로 자아의 전체를 드러낸 '다른 얼굴'을 한 나이지만, 한편으로는 생존 환경의 변화에 따른 내부 변화를 '나의 다른 얼굴'이라고도 여겼다는 것이지요.

생명의 역사는 세포의 역사

막으로 둘러싸인 단일 세포체로서의 나를 유지하기 위해서는 외부의 선택압(選擇壓)에 맞게 내부를 변이시켜야 했기 때문에 얼굴을 달리해야 했고, 하나하나의 얼굴이 갖고 있는 정보를 다음 얼굴을 위해 썼기 때문에 시간을 이어 동일한 자아가 상속되는 듯했으며, 막의 내부를 보호하기 위해 어느 정도 외부와 거리를 두어야만 했었기에 독자적인 자아의 공간이 있다고 여기게 된 것입니다. 이와 같은 과정은 다세포 생명체가 탄생하고 나서도 계속되었습니다. 세포들이 연합하여 하나의 막을 만들어 내부와 외부를 나누면서 무의식적으로 막의 내부를 자아라고 여겼다는 것입니다.

생명의 역사는 세포의 역사라고 할 수 있는데 세포들이 살아남기 위해서는, 곧 자연선택의 압력에 적응하기 위해서는 세포들의 자기 변이는 필수였지만, 변이가 일어나고 있는 세포막 내부를 '나'라고 여기고, 변이를 통해 '나'에 대한 안전망을 유지하면서 나를 이어왔기에 '변하는 나'를 통해 '변치 않는 나'를 유지했다고 하겠습니다. 그러므로 베르그송도 "감정마다 숙고의 순간마다 바뀐 자아가 드러난 것"이라고 이야기했을 것이며, 드러난 자아가 상호침투하면서 이루어지는 동적인 연쇄가 원활할 때 자연스러움과 자유로운 행위도 있을 수 있다고 이야기했겠지요.

하나의 감정에도 함께 공명하는 관계망 전체의 역사가 스며 있으므로 순간의 표정 이외의 다른 모습을 한 자신이 있을 수 없으며, 그 모습 그대로가 자신의 존재 이유가 될 수밖에 없습니다. 삶의 모습 하나하나가 동적인 연쇄로서의 전체 관계망이 만들어내는 상태이며, 의식과 무의식의 생명 활동 또한 순간마다 그것으로 온전히 자신을 표현하는 활동이기 때문입니다. 드러나고 있는 모습마다 그 자체로 자신의 존재 이유를 만들고 있다는 것이지요. 생명의 흐름을 만들어내는 정보의 단위로 보면 낱말을 생성하는 자모음과 같고, 이들 자모음의 연결망만을 놓고 보면 기계적이라 할 수 있지만, 자모음이 모여 시절 인연을 표출하고 있는 모습은 삶의 역동성이 온전히 살아있는 행위가 된다는 것입니다.

그렇기에 삶의 낱낱 모습으로 자기의 존재 이유를 표현하는 생명의 흐름은 창발적인 면에서는 역동적이라고 할 수 있고, 정보의 기초에서 보면 기계적인 연합이라고 할 수 있습니다. 기계적이면서 역동적이고 역동적이면서 기계적인 흐름이 삶의 흐름이기에 자모음의 기계적 연합이라고 해서 기계적인 결과만을 산출하는 것도 아니고, 연합을 넘어서는 창발의 흐름이라고 해서 기계적으로 관계를 맺고 있는 자모음을 버린 것도 아니라는 것입니다.

생명 기계의 자모음으로 대표되는 것은 유전정보입니다. 그 가운데 DNA 복제에 관여하는 약 500여 개의 유전자가 있는데, 이 유전자들은 세균과 식물 그리고 동물의 공통조상으로부터 유전된 것으로 적어도 18억 년을 이어온 자모음이라고 합니다. 이들 유전자는 유전자 복제에 관여하면서 다양한 생명체들의 창발적 진화와 함께 해왔기 때문에 이들 유전자가 기계적으로 제 역할을 하는 것만으로도 역동적인 생명 활동에 동참하면서 제 역할 이상의 몫을 해 온 것이 좋은 예라고 하겠습니다.

더 나아가 생명체들의 역동적인 생명 활동은 생명체들의 생존과 번식에만 한정된 것이 아니고 지구 생태계의 생존 조건을 만들었다고 말할 수 있을 만큼 환경에도 지대한 영향을 미쳤습니다. 지구상에 생물들이 없다고 하면 지구의 대기 조건은 화성과 크게 다를 바가 없었겠지만, 생명체가 나타나게 되면서 역동적인 지구 생태계가 만들어졌다는 것입니다.

예를 들어 박테리아는 세포분열을 통해 수직적으로 후손에게 유전정보를 물려줄 뿐만 아니라 수평적으로 이웃 생명체들과 유전정보를 주고받으면서 수십억 년의 세월을 지내왔기 때문에 세포막에 의해서 구분되는 개체로 활동하면서 동시에 개체를 넘어선 활동을 하였으며, 박테리아가 생존 환경에서 유기물을 취하는 대사 활동이 생존 환경까지 변하게 하는 활동이 됐다는 것이지요. 박테리아가 하는 호흡 하나에도 생명계 전체의 역동성이 드러난다는 것입니다.

생명계의 역동성으로 생명체는 기계적인 활동을 넘어섰을 뿐만 아니라 내부의 변이를 통해 자연의 선택압에 적응하면서 다양한 생물종들이 살아갈 수 있는 생태계를 만들어 왔습니다. 그러다가 약 25~30만 년 전에 현생인류가 지구상에 나타나게 됩니다. 물론 갑자기 나타난 것은 아닙니다. 진화의 과정을 통해서 나타난 것이므로 약 600만 년 전으로 거슬러 올라가면 사람과 침팬지의 공통조상을 만날 수는 있지만, 현재의 사람이나 침팬지를 만날 수는 없습니다. 그렇지만 유전자 분석을 통해 두 종이 공통조상으로부터 분기했다는 것을 알 수 있고, 두 종이 가지고 있는 유전정보가 얼마나 다르게 진화했는지도 알 수 있습니다. 유전정보의 분석을 통해 사람과 침팬지의 유전체는 매우 유사해서 전체 유전자의 98.5%가 같고, 사람의 유전자가 만든 단백질 중 30%는 침팬지와 완벽하게 동일하며, 모든 단백질 가운데 약 99.3%가 유사한 것을 알 수 있게 되었다는 것입니다.

이와 같은 사실을 토대로 지구상에 있는 모든 생명체의 내력을 살펴보면 모두 다 약 40억 년 전에 생겼던 초기 생명체를 공통조상으로 하지만 오랜 세월을 지나면서 세포 내외부의 선택압과 돌연변이 등에 따른 유전정보의 변이에 의해서 지구상에 다양한 종들이 생겨났으며, 지금 지구상에 남아있는 종은 생겨났던 전체 종 가운데 0.1% 에 지나지 않는다고 합니다.

생겨났던 종들 가운데 99.9%가 사라졌다는 것이지만, 40억 년 전에 생긴 세포의 처지에서 보면 지금도 여전히 자신의 후손을 이어가고 있으니, 종이 사라지는 것과 세포가 후손을 남기는 것은 다른 일이라고 할 수 있겠지요. 모든 생명체의 세포는 유전정보의 상속을 통해 40억 년을 살아오면서 오늘날까지 다양한 종으로서 왕성한 생명 활동을 이어가고 있으므로, 40억 년 동안 서로 다른 종들이 갖는 유전정보의 차이는 최초의 세포가 써 온 역사의 다른 버전이 된다고 하겠습니다.

세포막을 경계로 내부와 외부를 구별하면서 내부의 생존 활동을 이어온 낱낱 세포들은 생명체가 써 온 역사책의 한 페이지가 되면서 동시에 하나의 독립된 역사를 쓴 것입니다. 무의식적인 생존 활동이었겠지만 세포막의 내부를 생명의 실체로 삼고서 그것을 유지하고 보호하기 위한 노력을 해왔으며, 생명 정보의 변이가 생겼다고 해도 막의 내부를 하나의 실체로 보는 데는 변함이 없었으며, 막의 내부를 유지하는 것이 생명계 전체와 개체의 역사를 써가는 일이 된 것입니다.

다양한 생명체가 나타나게 된 것 또한 필연

막 내외부의 관계 변화에 따른 유전정보의 변이는 우연이었겠지만, 만들어진 유전정보를 유지하고 이용하는 것으로 보면 필연이었으니, 우연으로 맞닥뜨린 경험을 생명 정보로 만들어 필연화하면서, 무의식적으로 자기동일성을 상속해 생명의 연속성을 담보해온 것이 생명의 흐름이었다는 것입니다. 우연과 필연 그리고 필연과 우연의 관계 변화에 따라 생명 정보의 다양화가 이루어지면서 다양한 종들이 출연하게 된 것이지요. 그렇기 때문에 다양한 생명체가 나타나게 된 것 또한 필연이었습니다.

나아가 6~7억 년 전에 나타난 동식물 등의 다세포 생명체는 세포들끼리 역할 분담을 하는 공능까지 갖게 되었으니, 변화에 따르는 생명체의 생명 활동이 다양한 차이를 아는 지능과 같다고 할 수 있겠지요. 사람을 예로 들면, 신체의 여러 기관이 하나의 세포로부터 분화됐음에도 불구하고 성체가 되어가는 과정에서 이웃 세포들과의 대화를 통해 자신이 위치를 알고, 그에 따라 자신이 가진 유전정보 가운데 필요한 정보의 스위치를 켜고 필요 없는 정보의 스위치를 꺼서 자신의 역할을 조정할 줄 알기 때문에 다세포 생명체가 하나의 생명체처럼 활동을 할 수 있는 것과 같습니다.

세포 하나하나의 자기동일성도 이어가면서 전체로서 하나 된 생명체를 유지하기 위한 분업이 다세포로 된 생명체의 생명 활동입니다. 세포막의 내부를 자기로 보고 그것을 이어가기 위한 능력이 다세포 생명체의 넓혀진 외연을 하나의 막으로 보고 그를 통해 유전 정보를 이어가는 데까지 확장됐다는 것이지요. 아울러 막의 확장은 외부와의 관계 설정을 다양하게 할 수 있는 조건을 갖춘 것과 같아, 외부를 수용하는 여러 감각기관을 만들게 됐으며, 사람에 이르러서는 다양한 감각을 수용하여 종합적인 판단을 내려야 했기에 뇌의 역할이 더 중요하게 되었습니다.

사람의 감각기관은 외부의 정보를 수용하고 수용된 정보를 신경선을 통해 뇌로 보내는 역할을 하는 곳이며, 뇌는 수용된 정보를 과거의 경험을 기반으로 해석하는 기관이기 때문입니다. 감각 정보를 수용하는 눈이 외부의 대상을 보고 알아차리는 것이 아니라 뇌의 해석을 통해야만 본다는 지각이 발생할 수 있다는 것입니다.

뇌 또한 여러 영역이 역할을 달리하고 있기 때문에 각 영역별로 해석하는 내용이 다르다고 하며, 부분적인 해석 내용이 모여 전체 이미지를 재구성한 뒤에야 지각 내용이 결정된다고 합니다. 그렇기 때문에 어느 한 부분이 손상됐을 경우에는 정보를 재구성하여 내부 이미지를 만들 때 그 부분이 빠진 이미지가 만들어지게 됩니다. 예를 들어 시각 정보를 재구성할 때 색을 해석하는 영역이 제 역할을 하지 못한다면 지각 내용이 흑백으로만 보이고, 움직임을 해석하는 영역이 손상을 입으면 정지상태만 보이고 움직이는 상태는 보이지 않습니다. 따라서 눈 등의 감각 수용체는 외부의 정보를 수용하는 곳이며 지각은 뇌의 해석으로 인해 생기니, 뇌가 보고 듣는다고 알아야 지각 발생을 바르게 이해했다고 하겠습니다.

이와 같은 과정에 대해 옛사람들은 "마음이 대상을 만든다"라고 했으며, "마음이 과거의 경험 내용을 갖고 있다가 현재의 지각 내용을 이해한다"라고 했는데, 마음을 뇌로 바꾼다고 하면 옛날과 지금이 크게 다른 것도 아닙니다. 더 나아가 뇌라는 물질이 의식작용의 중추가 된다고 보면 물질과 정신의 구분 또한 언어 개념만큼 분명하다고 이야기하기 어렵습니다.

마음이 인식대상을 만든다는 것을 알 수 있는 직접적인 체험은 집중 수행입니다. 그리고 그와 같은 체험이 자주 발생한다면 뇌의 내부에 새로운 지각 통로가 만들어지게 됩니다. 지각 통로가 새로 생겼다는 것은 신경세포의 배선이 달라졌다는 것으로 정보해석에 대한 새로운 관점이 뇌의 내부에 자리 잡았다는 것입니다.

이는 외부에서 오는 감각 정보를 새롭게 해석할 수 있는 내부 기반이 형성됐다는 것으로, 인식 기반의 유연성을 입증한다고 하겠습니다. 잉태되고 나서 얼마 지나지 않을 때부터 유전정보의 발현에 따라 결정되는 배선망도 있지만, 생존 환경과 우연적 요소 그리고 의식 집중이라는 경험 등에 의해서 세계 해석에 대한 다른 이야기를 할 수 있는 유연성도 있다는 것입니다. 만일 내부에 그와 같은 유연성이 없다고 하면 새로운 이해나 해석은 불가능하겠지요.

쉽게 이루어지지는 않지만 의식 또는 무의식적으로 새로운 해석을 할 수 있는 유연성이 있기에 지구상에 있는 많은 생명체가 내외부에서 일어나는 변화에 적응하면서 살아올 수 있었으며, 새로운 변화를 읽어낼 수 있을 뿐만 아니라 읽어낸 정보들을 일정한 패턴으로 분류해 일반상을 만들어 기억하면서 정보를 해석할 수 있는 기반을 넓혀올 수 있었습니다.

눈, 귀 등의 감각 정보를 수용하는 기관의 세포는 수용범위 안에 있는 외부정보와 접촉했을 때만 그 정보가 수용되는 것과는 달리, 뇌의 신경세포는 수용된 정보를 경험에 비추어 일반상을 만드는 능력과 변화에 대응하는 유연성을 갖추고 있기 때문에 세계 이해 지도의 새로운 버전이 만들어질 수 있는 것입니다.

눈의 시각 세포가 가진 접속 범위가 내부의 시각 정보를 불러오는 범위라는 것이 일반적이긴 해도, 특수한 경우에는 그 범주를 넘어서는 것과 같은 시각 이미지를 뇌가 만들 수도 있다는 것입니다. 해석체계만을 놓고 보면 내부의 정보해석 능력은 감각 정보를 수용하는 감각기관의 접속 범위와 밀접한 관계가 있을 수밖에 없으므로 감각기관과 해석 기관의 연결 폭이 해석의 넓이가 되겠지만, 실제로는 내부의 해석에 의해서 감각기관의 수용 범위도 영향을 받고 있기 때문에 수용된 감각은 내부에서 만들어진 이미지와 언어에 한정해서 알려지게 된다는 것이지요. 해석된 내용이 이미 있는 이미지와 언어의 범위를 벗어나기 어려운 까닭도 여기에 있습니다.

새로운 경험은 새로운 언어를 만든다

내부에서 최종적으로 해석된 정보를 읽는 것은 생각의 도구라고 말할 수 있는 언어의 영역을 크게 벗어날 수 없습니다. 어떤 의미에서는 언어가 세계 해석의 한계라고도 말할 수 있겠지요. 그렇기에 새로운 경험은 새로운 언어를 만들 수밖에 없습니다. 이미 있는 언어만으로 새로운 경험을 해석하기에는 한계가 있기 때문입니다.

그러므로 생각이 깊다고 하는 것은 내부에 있는 연결망을 새로 만들면서 새로운 개념 언어를 만드는 일이라고 하겠습니다. 이 일은 어린아이가 학습을 통해 자신만의 세계 이해 지도를 내부화하는 것과 같다고 할 수 있는데, 이 또한 생명체가 가진 유연한 적응력이겠지요.

유연한 적응력이라고 해도 한없이 유연해질 수는 없습니다. 그러므로 사람의 유전정보를 보면 현재 발현되지 않고 있는 정보가 98.5%

나 될 정도로 과거 영역을 폐기하면서 새로운 지도를 만들기 위한 정보가 생겨났다고 하겠습니다. 내외부의 정보를 해석하면서 미래를 예측하기 위해서 지도를 바꾸지 않으면 안 될 상황이 많았던 것입니다. 그 이유는 수용된 정보에 대한 해석도 중요하지만, 다세포 생명체가 되면서부터는 세포들끼리의 의사소통이 더 중요해졌으므로, 해석된 정보를 이웃 세포에게 전달해야 하는 전달체계의 효율성과 일관성을 유지해야만 했기 때문일 것입니다.

세포들끼리의 효율적인 정보 전달 능력이 다세포 연합체이면서 동시에 하나 된 생명체로서의 창발된 자아를 유지할 수 있게 합니다. 창발된 자아를 하나의 실체로 보도록 하는 내부시스템이 만들어질 수밖에 없었다는 것이지요. 사람의 경우는 뇌의 섬엽이라는 곳이 자아의식을 만들어내는 중심이 된다고 말씀드렸습니다. 섬엽에서 신체 내부에서 발생하는 정보들의 신호를 수용하여 사진 건판에 점들을 찍어 하나의 사진을 만들 듯 통일된 자아상을 40초 간격으로 만들고, 그 사진들을 동영상으로 상영하면서 자아상을 이어간다는 것입니다.

생명체를 이루는 세포는 처음부터 무의식적으로 자아상을 만들었는데 사람은 섬엽을 중심으로 의식된 자아상을 만들 수 있게 됐다는 것이지요. 내부에서 이루어지고 있는 사건들의 내용이 계속 달라진다고 하더라도 사진 한 장마다 담겨 있는 동일체로서의 자아에 대한 이미지는 바뀌지 않는다는 것입니다. 바뀌면서 상속되고 있는 것으로 보면 순간순간 다른 자아이지만, 시간을 사유하게 되면서부터 시간을 이어서도 변하지 않는 듯한 자아를 사유할 수 있게 된 것입니다. 이에 따라 변치 않는 이미지로서 '자아'라는 새로운 언어 개념을 만들어 냈을 뿐만 아니라, 변해가는 삶의 흐름 속에 변화를 담고 있는 듯한 순수 자아, 곧 점이 하나도 찍히지 않는 판과 같은 순수한 자아를 추상하게 되었습니다.

언어 이미지에 맞는 변치 않는 자아가 실재하지 않는다

그렇다고 해서 그와 같은 자아가 실재하는 것은 아닙니다. 자아라는 개념을 만들 수 있는 경험의 일반상이 있는 것은 사실이라고 하더라도 그것 또한 내부에서 만들어진 이미지에 지나지 않으므로 언어 이미지에 맞는 변치 않는 자아가 실재하지 않는다는 것입니다. 그렇지만 한번 그와 같은 개념분별이 형성되고 나면 다음 찰나부터는 그것이 의식의 영역에서 항상 작용하게 되므로 갈수록 자아에 대한 불변의 이미지를 강하게 추상하게 됩니다.

이렇게 형성된 자아에 대한 이미지를 의식적으로 자각하게 된 것은 인간에 이르러 강화됐다고 할 수는 있지만, 초기생물체가 세포막을 중심으로 내부와 외부를 가르게 된 때부터 무의식적인 자아의 분별이 시작됐다고 이야기하는 것을 보면, 세포의 의사소통인 공명과 결맞음이 자아 이미지를 만들었다고 해야 하겠지요. 다만 뇌의 신피질이 확장된 인간은 신체를 경계로 하는 공간축의 자아 이미지뿐만 아니라 시간축을 통해 연속성을 담보하는 자아를 사유의 대상으로 만들었다는 측면에서 자아에 대한 이미지가 더욱 강화됐다고 하겠습니다.

지금 여기에서 공간축을 통해 형성된 자아의 이미지만을 본다는 것은 시간축을 이어가는 자아의 동일성을 생각하지 않아도 되었지만, 시간축이 사유의 한 축이 되고 나서는 시간을 이어서도 변치 않는 자아를 생각하게 되었다는 것입니다. 그리고 한번 이와 같은 자아상이 만들어지고 나면 언어 개념과 상응하는 대상 모두를 변치 않는 실체를 가진 존재로 여길 수밖에 없기 때문에 이미지화된 존재들끼리의 연대적 통합은 사유하기가 쉽지 않았을 것입니다.

시간축으로 보면, 곧 생명 정보의 상속으로 보면 변화를 통해 질과 양 모두가 달라지는 도약이 이루어지고 있는 상속이므로 동일체로서의 자아가 있을 수 없지만, 시간축의 해석체계보다 먼저 생긴 공간축에 따른 해석, 곧 양적 분별을 전제한 해석체계에 의해 이웃 생명체들과 연대하지도 않고 변하지도 않는 존재로서의 자아상이 내부 깊숙이 각인되어 있기에, 시간축이 사유의 영역으로 들어온 이후에도 여전히 변치 않는 실체를 생각하게 된다는 것입니다.

절대 공간과 절대 시간이 있다는 전제하에 공간축을 바탕으로 불변의 이데아를 사유의 근거로 삼은 플라톤과는 달리, 베르그송은 시간축을 사유의 근거로 삼으면서 생명의 지속이란 나눌 수 없는 변화의 흐름이라고 여기면서 생명의 흐름에 끼어드는 여러 가지 감정 등과의 융합을 통한 변화야말로 순수한 지속이며 자유라고 이야기하고 있습니다. 그러나 생명의 흐름은 공간축과 시간축이 하나로 융합된 상태의 흐름이기 때문에 이 가운데 어느 한쪽만을 전제로 생명의 흐름을 이야기하는 것은 생명 흐름에 대한 충분한 이해라고 하기 어렵겠지요.

베르그송은 생명현상의 하나인 감정의 흐름도 언제나 일정한 것이 아니라 뒤따라 일어나는 감정에 앞서의 감정이 스며들면서 매 순간 새로운 감정표현으로써 자기를 만들어가고 있기 때문에 감정은 양으로 잴 수 있는 것이 아니며, 스며들면서 생기는 융합적 변화가 '생명 지속의 자유도(自由度)'라고 이야기하고 있습니다. 그러나 요즘 밝혀지고 있는 사실에 의하면 신체에 스며들어 있는 감정 기억이 현재 상황과 공명하면서 특정한 감정 상태를 표출한다고 하니, 생명 흐름의 자유도 또한 신체화되어 있는 양적 정보가 변환되어가는 상속적 지속이라고 볼 수밖에 없습니다. 스며들면서 변하는 지속의 자유로움조차도 내면에서 보면 양화 된 과거의 정보가 현재의 흐름에 스며들면서 현재를 새롭게 양화시켜 가는 지속이라는 것이지요. 늘 새롭게 양화 되어 가는 지속이 진화의 원동력입니다.

생명체들은 세포막을 통해 공간을 안팎으로 나누면서 내부를 결속하고, 안팎의 균형을 유지하면서 외부와의 연대를 위해 변해가지만, 그 또한 내부(자아)라는 동일성을 유지해가는 변화이며 분별이라는 뜻입니다. 그렇게 하여 형성된 내부정보는 유전정보로서 생명 흐름의 근간을 이루게 되지만 새롭게 스며드는 환경 등의 정보와 만나 변할 수밖에 없는 선택, 곧 자연선택으로 인해 이미 있는 유전정보 또한 변할 수밖에 없어 다양한 생물종이 지구상에 나타나게 되었습니다. 생명의 흐름은 유전되는 언어를 만들어 후손에게 물려주고 정보를 물려받은 후손은 자신의 시대에 맞게 새로운 언어를 만들면서 지속해 온 역사, 곧 늘 새롭게 양화 되는 지속이 생명체들이 진화해 온 역사입니다.

진화라고 하더라도 생명체를 이루는 기본 언어로 보면 시간이 멈춘 것 같고, 기본 언어를 바탕으로 새롭게 창발된 유전 언어의 변화로 보면 시간이 드러나는 것과 같으므로, 멈춤과 흐름을 통해 생명체들은 보다 풍부한 정서와 감정과 언어를 만들고 해체하면서 공생체로서의 삶을 이어왔습니다. 이것을 알 수 있는 것은 언어의 개념 분별만큼이나 분명한 생명 언어인 유전정보가 생명체마다 수직 수평적으로 전해졌기 때문입니다(사람의 유전정보 가운데 60%는 바이러스로부터 전해진 것이라고 하며, 현재 발현되고 있는 유전정보로 보면 약 8% 정도라고 합니다).

특정한 상태로 머물러 있기를 바라는 마음을 내려놓고

따라서 자유로운 생명 활동을 그대로 표현하고자 한다면 특정한 상태로 머물러 있기를 바라는 마음을 내려놓아야 하며, 특정한 상태로 존재하는 것만이 삶에서 의미를 창출한다는 생각 또한 비워야 합니다. 삶은 생명 언어를 이어온 흐름이지만, 시대와 이웃 간의 연대를 통해 언어를 새롭게 만들면서 순간순간이 오직 존재의 전체를 드러내는 순간이 되게 하는 흐름이므로, '멈춤을 담고 있는 흐름'과 '흐름을 담고 있는 멈춤'을 동시에 살아가는 것이 유동하는 생명체들이 펼칠 수 있는 자유의 폭이기 때문입니다.

머물러 있는 사유체계가 시대의 의미를 창출해 낼 때도 있었지만 생명의 흐름에서 보면 그 또한 그 시대의 역할일 뿐이므로 만들어진 의미에만 머물러 있다고 하면 흐름의 의미 체계를 왜곡할 수 있습니다. 찰나를 이어 표현해내는 생명의 자유는 학습훈련을 넘어서기 때문입니다. 그렇기에 베르그송은 내외부의 연대를 표현해내고 있는 신체 언어, 곧 내외부가 오직 그 순간을 온전히 표현해내는 신체 활동과 결이 맞는 교육이야말로 생명의 순수한 지속을 담보한다고 이야기했겠지요.

베르그송이 말하는 교육이란 신체와 마음을 훈련하는 것이 아니라 '내외부가 자유롭게 공명하도록 놓아두는 것'입니다. 훈련은 성과를 드러내기는 하겠지만 생명 본연의 처지에서 보면 흐름을 막고 연대를 끊는 경우가 많기 때문입니다. 신체가 특별한 양상으로만 반응하도록 조건 짓는 훈련은 일시적인 필요를 충족시키기는 하겠지만 생명의 자유에서 보면 바른 교육이라고 할 수 없다는 것이지요. 그렇기 때문에 베르그송은 "지금 시대에서 교육이라는 이름으로 행해지는 심신의 훈련은 자신의 모습을 있는 그대로 드러내는 것일 수 없으며 오히려 포장된 거짓 모습으로 자신을 살게 한다"라고 이야기하고 있습니다.

이어지는 활동마다 그 자체로 삶의 이유가 되는 것이 교육

이런 뜻에서 진정한 교육이란 '하나하나의 생명 활동 그 자체가 존재 이유가 되게 하는 것'이며, 이 일이 다음 찰나의 활동에 스며들어 '이어지는 활동마다 그 자체로 삶의 이유가 되도록 하는 것'이라고 하겠습니다. 전 찰나의 생명 활동이 후 찰나에 스며들어 다른 양상으로 표출될 수 있다는 것은 스며들 수 있는 자유 공간이 있다는 것이니, 생명체들이 가진 유전정보의 다양성도 그와 같은 유연성이 있었기에 가능했겠지요.

유전정보의 상속과 공생체로서 유전정보의 이동도 자연과 더불어 했던 교육, 곧 자연의 변화에 적응할 수 있는 선택지가 있었기에 가능했던 것입니다. 스며들어 변해갈 수 있는 유연성이 없었다면 자유란 말도 성립되지 않을 것이며 새로운 정보가 스며들 수조차 없었겠지요. 전 찰나의 교육내용이 후 찰나와 만나 다른 식으로 공명할 수 있는 유연성이야말로 순간순간 펼쳐지는 삶의 양상들이 그 자체로 이유가 될 수 있는 바탕이 되며, 삶의 바탕이 그와 같기에 생명의 자유는 생명 그 자체의 속성이 됩니다. 다만 생명 정보 하나하나를 본다면 수십 억 년 이상을 이어온 것도 있고 불과 몇백 년 되지 않는 것도 있겠지만, 그 기간 동안 변하지 않았다는 사실로만 본다면 시간이 흐르지 않는 것과 같아 변하지 않는다는 말조차 소용이 없고, 그와 같은 정보가 시간 속에서 이웃 정보와의 공명으로 새로운 정보를 만들고 있다는 데서 보면 변하지 않는 것이 없다고 해야 하겠지요. 이웃과 공명하면서 변해가는 생명의 유연성이 시간의 지속을 담보하고 있는 것입니다.

이는 해석의 일관성으로 보면 변하면서도 변하지 않는 것 같고 새로운 이웃과 만나면 변하지 않으면서도 변한 것 같은 생명의 흐름, 곧 양이라고도 할 수 없고 지속이라고도 할 수 없는 생명의 흐름이 양과 지속을 담보하고 있다는 것입니다. 그런 뜻에서 생명의 흐름이란 정보의 기초인 자모음을 유연하게 조합하여 인연에 맞추어 내부 영상과 해석을 바꾸어가는 것이며, 흐름에 따라 새로운 자모음을 만들거나 새로운 연결망을 만들어가는 것이며, 드러나는 현재가 과거를 바꿔가면서 미래를 만들어가는 것이지요.

자유란 자신의 역사 흐름이 갖고 있는 자유도(自由度)라는 것입니다. 과거의 경험이 미래를 준비하는 토대가 되긴 하지만 언제나 같은 양상으로만 작용하지 않고 조건 따라 변할 수 있는 자유도가 자유의 본바탕이기 때문입니다.

자유도가 있기 때문에 '미래를 준비하는 과거'가 수용되는 현재의 정보를 해석할 때 현재와 공명하는 폭이 넓고 깊어질 수 있어 변하는 현재의 정보를 일반화할 수 있습니다. 기억을 토대로 현재의 이미지가 만들어지지만 만들어진 현재가 과거의 기억에도 끼어들면서 미래의 이미지를 넓고 깊게 해석할 수 있도록 준비해왔기 때문입니다. 과거와 과거가 준비한 미래가 현재의 인연을 해석하는 것이 인지의 흐름이므로, 현재는 언제나 재창조되는 현재이면서 미래를 이해하기 위한 토대로서 과거처럼 남겨진다는 것이지요. 다만 현재를 이해하기 위해서는 내부에 있는 여러 패턴의 정보들이 찰나에 융합되고 해체되기를 반복하면서 표상 이미지를 만들어야 하므로 만들어진 내부 이미지가 그 모습 그대로 저장될 수 없으므로, 의식되는 심상은 매 순간 창발되고 흩어지기를 반복하는 내부 운동이라고 해도 지나친 말이 아닙니다.

낱낱 사건 사물을 그 모습 그대로 기억한다고 하면 얼마 지나지 않아 기억용량을 초과해 더 이상 새로운 경험을 기억할 수 없겠지만, 심상 이미지를 구성하는 자모음을 이용하여 이미지를 만들고 해체하기를 반복하기 때문에 과거를 재구성하기가 수월할 뿐만 아니라 새로운 경험을 이해하는 데도 효과적입니다. 다만 자모음을 통해서 재구성되지 않는 것들은 내부 이미지가 만들어지지 않아 이해의 대상이 될 수 없기 때문에 내부 이미지인 심상의 세계가 의식되는 세계의 한계라고 할 수 있겠지요.

현생인류에 이르러서 언어 발생에 관여하는 Fox P₂ 유전자의 변이가 발생해 구강 구조까지 바뀌게 되었고, 그 결과 풍부한 자모음을 발음할 수 있게 됨으로써 언어의 세계가 확장됐다고 하더라도 언어의 세계가 세계 해석의 한계가 되는 것은 마찬가지라고 하겠습니다.

언어를 통한 개념의 일반화가 마음의 한계를 규정한다

언어를 통한 개념의 일반화가 마음의 한계를 규정한다는 것입니다. 이는 수용된 감각 정보가 언어로 변환되면서, 마음 작용이 표현되기 때문입니다. 그러므로 의식은 말할 것도 없고 무의식적으로 작용하고 있는 자모음의 역할까지를 마음이라고 볼 수도 있고, 자모음이 모여 심상이 생겨난 이후 의식으로 발현되는 측면만을 마음이라고 볼 수도 있겠지만, 기억의 자모음들이 모여 정보를 해석한다는 데서는 정보가 마음으로 변환됐다고 할 수도 있으며, 심상 이미지가 해체되면서 기억 정보로 전환된다는 점에서는 마음이 정보로 변환됐다고 할 수도 있겠지요. 학자에 따라서는 우주의 운동 자체가 정보활동의 장이라고까지 이야기하는 것을 보면, 축약된 상태에 따른 정보활동의 차이가 있기 때문에 무의식적인 마음 활동과 의식적인 인지 활동에 차이가 있는 듯이 보이기는 해도, 활동의 근본이 정보의 융합과 해체라는 데서 보면 크게 차이가 없다는 것입니다.

인간에 이르러서는 이와 같은 마음 활동까지도 타자화하여 볼 수 있고 생각할 수 있게 되면서, 곧 과거의 기억과 미래의 예측을 의식적으로 기억하고 추상하게 되면서 생존에 유리한 점도 많았겠지만 불필요한 회한과 불안이 증장된 것 또한 사실입니다.

그렇게 된 것은 인간은 뇌의 신피질 영역이 다른 동물보다 훨씬 커졌을 뿐만 아니라 신경망을 통해 정보해석을 융합적으로 할 수 있게 되면서 다양하고 복잡하며 깊이 있는 정보를 생성하고 해석할 수 있는 능력에 기인하게 되는데, 그 가운데 시간축에 대한 사유능력, 곧 과거와 미래를 이어가는 인지 활동이 왕성해지면서 불안 등의 감정도 증장했기 때문입니다. 미래에 대한 예측이 예측한 대로 발생하지 않은 경험을 자주 하게 되면서 미래를 생각할 때마다 아직 일어나지도 않은 일에 대한 불안을 앞당겨 현재화시키면서 불안한 감정을 키워 온 것입니다. 다가올 현재를 잘 살기 위해 불안요소를 없애고자 하는 예측이 도리어 현재를 불안하게 만들고 말았다고 하겠습니다.

오랜 진화 과정에서 외부에서 오는 감각 정보를 해석할 때 긍정적으로 해석하기보다는 부정적으로 해석하고 그에 맞게 행동하는 쪽이 살아남을 확률이 높았기 때문에 감정을 해석하는 첫 번째 관문인 편도체의 세포 가운데 80% 이상이 감정을 부정적인 쪽으로 해석하도록 배선되었다는 것만 봐도, 미래의 예측에 감정이 스며들 경우 불안이 증대될 수밖에 없는 쪽으로 진화가 진행되었음을 알 수 있습니다.

회한과 불안이 주는 두려움에서 벗어나는 법, 마음 관찰

감정 또는 정서라고 하는 심리 현상도 신체에 스며들어 있는 감정 정보의 발현을 통해서 발생하고 있으므로 회한이나 불안에 대해 다시는 그렇게 생각하지 않겠다고 다짐한다고 해서 쉽게 사라지지 않는 까닭도 여기에 있습니다. 학습과 수행을 통해 신체의 발현 패턴을 조절할 수 있어야 비로소 부정적인 감정에 휘둘리지 않게 된다는 것입니다.

마음을 평온하게 하기 위해서는 일어나고 사라지는 심리 현상을 의식적으로 지켜보면서 의식 자체가 감정 상태에 따라 들뜨지 않게 하는 습관을 증장시키는 것이 무엇보다 중요합니다. 심리상태가 신체 상태에서 발생하듯 관찰하는 마음 상태가 신체 상태를 조율하기도 하며 신체가 하는 해석의 패턴 조합을 바꾸기도 하기 때문입

니다. 마음 현상을 관찰하면서 들뜨지 않는 심리상태를 유지하는 강도가 커지면 마음이 신체를 조율하는 강도도 커지고, 신체가 어느 정도 조율된 다음부터는 힘을 덜 들이고도 마음을 고요하게 할 수 있으므로, 마음 관찰이야말로 과거의 회한과 미래의 불안을 있는 그대로 지켜보면서 현재를 부정적으로 보지 않게 하는 묘술이 될 뿐만 아니라 궁극적으로는 회한과 불안이 주는 두려움에서 벗어날 수 있게 합니다.

마음 관찰이 익어지게 되면 현재 일어나는 심리적 사건에 대한 감정의 표현 양상이 과거와 다를 수 있고, 오지 않는 미래의 불안을 현재화하지도 않으므로, 지금 일어나고 있는 삶의 흐름 이외의 다른 것을 갈망하지 않게 되어 흐르는 모습마다 그 자체로 삶의 이유가 되어, 곧 마음 씀씀이 하나하나도 그 자체로 존재 이유가 되어 온전히 자유가 실현되는 삶을 살게 됩니다.

마음을 관찰한다는 것은 마음 작용을 있는 그대로 지켜보는 것으로 그 마음 이외의 다른 마음이 일어나기를 바라지 않고 보는 것입니다. 이는 바라던 마음 상태이거나 바라지 않은 마음 상태이거나 일어난 마음 그 자체를 온전히 껴안으면서 다음 행동을 이어가는 것이라고 할 수 있습니다. 그렇게 해야 하는 까닭은 이미 신체화되어 있는 정보들이 모여 무의식적으로 내부 이미지를 구성한 연후에야 마음이 일어나기 때문입니다. 그러므로 일어나고 사라지는 마음 상태를 있는 그대로 지켜보는 것은 들뜬 마음 상태를 들뜨지 않는 마음 상태로 바꾸는 것과 같으며, 불필요하게 후회하거나 불안해하지 않는 신체를 만드는 것과 같습니다.

새로운 인지가 신체화된다는 것은 뇌신경세포의 연결 패턴이 바뀌는 것과 같기 때문에 어렵기는 하지만, 바뀔 수 있는 가소성 또한 뇌 신경세포가 가진 특성 가운데 하나이기 때문에 마음 살핌이 깊어진다면 신경세포의 연결망도 그에 따라 하나둘씩 바뀌어 가다가, 임계점을 넘어서 마음 관찰을 전담하는 것과 같은 신경망의 배선이 새로 생기게 된다면 마음 관찰을 쉽게 할 수 있겠지요.

들뜸 없이 현재를 지켜볼 수 있는 배선이 생기다

마음을 관찰하는 것, 곧 현재의 마음을 본다는 것은 과거를 보는 것이면서 동시에 과거가 준비한 미래를 보는 것과 같으므로, 들뜸 없이 현재를 지켜볼 수 있는 배선이 생겼다는 것은 회한과 불안으로 흔들리지 않는 마음 작용을 할 수 있다는 것이며, 현재를 오롯이 살아내면서 과거와 미래조차 담담한 삶이 되게 한다는 것입니다. 후회와 불안은 과거와 미래를 번갈아 사는 것과 같아 현재를 놓치게 되므로, 현재 일어나고 있는 마음까지도 삶의 이유가 될 수 없게 하지만, 지켜보는 마음은 현재만을 삶의 이유로 만드는 것이 아니라 과거와 미래조차 그 모습 그대로 삶의 이유가 되게 한다는 것이지요. 열심히 산다고 하지만 과거와 미래만을 산다면 허구의 삶을 사는 것과 같고, 마음 지켜보기가 오롯하게 이루어지고 있는 상태는 현재만을 충만하게 하는 것이 아니라 과거와 미래의 삶까지도 충만하게 만든다고 하겠습니다.

허구의 삶을 산다는 것은 미래를 위해 기억으로 남겨 둔 과거의 경험이 미래조차 일정한 경험 영역으로 가둠으로써 생명 활동의 역동성을 놓치게 하는 것입니다. 그런 뜻에서 과거의 틀은 기계적으로 반응할 수 있는 행동 양상을 만들어 내 불필요한 에너지 소비를 줄이기는 하겠지만 변이가 필요한 시점에서 적의 적절한 역할을 할 수 없게 함으로써, 곧 과거가 준비한 미래만을 현재화함으로써 현재의 삶이 삶의 이유가 되지 못하게 하는 역할도 합니다.

그러므로 '신체 내부가 외부와 맺고 있는 관계망'과 '신체 내부가 내부와 맺고 있는 관계망'을 통해서 일어나고 있는 현재 의식을 잘 관찰하여 의식의 흐름이 자유로워진다면, 곧 과거의 패턴에 매이지 않는다면 신체에 스며있는 패턴들의 융합이 자유롭게 일어날 수 있어 삶의 역동성이 살아나겠지요.

마음 챙김은 의식이라는 영역을 자유롭게 하는 것처럼 보여도 실제로는 감각 정보를 수용하고 해석하는 무의식의 영역에 영향을 미쳐 뇌에서 이미지를 구성하는 통로를 새롭게 만들어 의식되는 이미지가 그 전과 다른 양상으로 나타날 수 있게 하기 때문입니다. 이렇게 되어야만 답습된 인식 활동에 머물지 않고 창조적인 인지 활동을 하면서 현재 인식이 후회와 불안으로 들뜨지 않게 되니, 마음 관찰 이야말로 현재를 역동적으로 살아있게 할 뿐만 아니라 과거와 미래 도 새롭게 구성해 가는 교육이라고 할 수 있습니다.

돈독한 마음 챙김으로 마음 씀이 자유롭게 된 의식 활동은 인식의 틀을 새롭게 만들면서도 그 틀로부터도 자유로울 수 있으므로 특정 한 인식 틀로 현재를 재단하지 않아 순간순간 새롭게 된 듯한 자기 를 사는 것과 같습니다. 이러한 경험은 자유로운 자기조차 일정하 게 존재하지 않는 줄 알아 자기동일성이 과거의 경험 등을 통합하 여 하나의 일반상을 만들어낸 결과라는 것도 알게 합니다. 자유란 순간순간 총합으로서의 자아를 만들면서 동시에 만들어진 자아를 해체해가는 생명 활동이기 때문입니다. 틀을 만드는 것에서 보면 양화 된 삶이지만 틀을 해체하고 다시 틀을 세우는 흐름에서 보면 지속으로서의 삶이 실현되는 것과 같으므로, 삶의 근본 속성은 기 존의 양과 지속을 넘어서면서도 새로운 양과 지속을 드러내는 흐름 이라고 하겠습니다.

삶의 흐름은 양을 만들면서 다음을 위해 찰나 전의 양적 표현을 해 체하는 응집과 해체의 과정, 곧 정보의 자모음을 모아 이미지를 생 성하고 난 다음 다시 자모음으로 해체되는 과정이 지속되는 역동적인 흐름이기 때문입니다. 양적인 A이면서 동시에 동적 해체를 거쳐 A에만 머물지 않는 여정이 삶의 흐름이라는 것이며, 자아 속에 이미 현재의 자아를 해체하면서 미래의 자아를 현재화시키는 변이성을 담보하고 있다는 것입니다. A이면서 동시에 A를 부정하는 힘이 A 속에 내재되어 있고, 부정하는 힘에 의해서 A가 새롭게 창발된 A′가 될 수 있으며, 창발된 A′가 됨으로써 새로운 관계망과 적응할 수 있다는 것이지요.

물론 A가 스스로 A를 부정하는 힘을 통해서 창발된 A′가 되어 가는 과정 전체를 보면 A가 A로 드러나고 있는 한 A가 반드시 창발된 A′가 되지 않는 것 같지만, 곧 A가 A′로 나타나지 않는 상태에서는 지속이라는 의미가 살아나지 않는 것 같지만, A에 내재된 해체의 힘에 의해서 A가 A′가 되는 순간 지속으로서의 시간도 드러나게 된다는 것입니다. 그런 뜻에서 머묾 없는 상속, 곧 A이면서 A가 해체되는 과정에 의해서 관계망 전체가 역동적인 창발 활동을 하는 것이 지속이면서 A′ 또는 A″가 나타날 수 있는 근거가 된다고 하겠습니다.

마음 지켜보기는 삶의 과정을 온전히 자유롭게 하는 운동

마음 지켜보기가 삶의 과정을 온전히 자유롭게 하는 운동이면서 동시에 새로운 생각 길이 생기게 하는 활동이 되는 까닭도 여기에

있습니다. 순간순간 일어나고 사라지는 마음이 단지 한 순간의 마음 작용에 그치는 것이 아니라 기억과 기억의 재구성을 통해 내부의 조직을 새롭게 만드는 일과 같기 때문입니다. 베르그송의 말을 빌리자면 '의식의 조직화'가 새롭게 이루어진 것이라고 할 수 있겠지요.

'의식의 조직화'란 뇌 내부에서 이루어지고 있는 신경세포의 연결망을 특정한 상태로 강화하는 것과 같으므로, 의식의 조직화가 새롭게 이루어졌다는 것은 인식의 범위를 최종적으로 응축시키고 있는 언어의 영역에도 영향을 미쳐 새로운 개념 틀이 만들어질 수 있는 조건을 갖춘 것과 같습니다. 이 일이 제대로 이루어지지 않는다면 이미 있는 내부 표상을 바꾸거나 새로운 표상을 만들기 어려울 것이며, 그렇게 되면 세계 이해 또한 바뀌기 어려울 것이므로, 과거의 기억을 통해 재현된 그림자를 인지하는 것을 현실에 대한 직접적인 인식이라고 여기는 착각도 계속되겠지요.

의식화의 과정에 공간화된 언어 분별력의 영향력이 크기 때문에 새로운 개념어가 만들어지지 않는다면 지속을 사유하기가 어렵다는 것입니다. 그렇지만 앞서 말씀드렸듯이 외부의 감각 정보를 수용하여 해석하는 것은 말할 필요도 없고 신체 내부에서 일어나고 있는 정보도 언어 표상과 같은 이미지로 응축시켜야만 의식할 수 있기 때문에, 곧 언어 이미지 등이 가진 해상도만큼 정보가 해석되고 의식되기 때문에 새로운 개념어가 만들어졌다고 해도 의식작용은 근본적으로 공간 분할과 같을 수밖에 없습니다.

이는 수용된 정보를 해석하기 위해서 뇌의 여러 곳이 주고받는 신호가 전기 파장의 공명과 화학물질의 발산과 수용을 통해 이루어지고 있기 때문입니다. 파장 공명의 한계와 물질 구조를 이루는 화학적 결합의 한계를 생각한다면 정보처리는 공간화를 동반할 수밖에 없기 때문에 지속적 변이 또한 그와 같은 한계성 내에서 일어나게 된다는 것입니다. 지속이라는 양상도 정보 상속을 넘어설 수 없기 때문이며, 정보 상속이란 언어의 한계성을 통해서 이루어지는 것과 유사하기 때문입니다.

그렇기 때문에 마음 작용에서도 관찰 가능한 공간적 대상이 나타날 수 있고, 불연속적인 지속으로 새로운 얼굴도 나타날 수 있습니다. 곧 '변환되는 양적 지속'이 삶의 길이라고 할 수 있기 때문에 이미지를 생성하되 생성된 이미지에만 머물지 않게 하는 자유야말로 생명체들이 생명 활동을 온전히 할 수 있는 근거가 되는 것입니다.

생명체들이 현재를 알아차리기 위해 이미지를 생성하고 해체하는 것은 내외부의 관계망들이 만들어온 역사라고 할 수 있으므로, 이미지를 재조합하는 행위 그 자체가 생명체가 선택할 수 있는 자유의 폭이 되는 것과 동시에 관계망들이 만들어가고 있는 역사에도 영향을 주는 행위가 된다는 것입니다. 그러므로 관계망을 스스로 설정할 수 있다거나 만들어진 관계망 속에서 자신의 의지대로 행위를 할 수 있다는 것을 자유라고 말하는 것은 생명체들이 실천적으로 행하고 있는 자유를 잘못 이해한 것입니다. 베르그송은 삶의 흐름을 설명하면서 '기계론(양)'보다는 '역동론(지속)'에 힘을 실어주고 있기는 하지만, 실상은 기계론을 바탕으로 역동론이 성립될 수 있으며 그 역도 마찬가지라는 것입니다. 기계론이 배격된 역동론도 치우친 견해며 역동론 없는 기계론도 생명 작용을 설명하기에는 충분하지 않기 때문입니다.

생명체들이 보여주고 있는 창발적인 생명 활동의 배경에는 기계적이라고 할 수 있는 양적인 정보의 상속과 새로운 생명 정보를 창출하는 역동성이 함께 작용하고 있습니다. 그와 같은 일이 가능한 것은 진화 과정에서 획득한 양적 정보들과 운동의 방향성에 대한 정보들이 내부에서 일정한 패턴 형태로 신체화되었기 때문입니다. 생명체들이 하는 기계적이면서도 역동적인 신체의 활동이 생명 정보를 생성하고 지속하는 기반이 되는 것이며, 기계적이면서 역동적이기 때문에 신경망들의 연결 패턴에 따라 내외부의 운동 패턴이 달라질 수 있으며, 달라진 신체의 운동 상태는 의식되는 표상 이미지를 확장합니다.

이미 갖추어져 있는 기계적인 신체의 작용이 역동적인 세계 해석의 바탕이 될 뿐만 아니라 역동적인 활동으로 새로운 패턴이 만들어지게 되면서 이전보다 풍성한 내부 이미지를 발현시킬 수 있다는 것입니다. 그렇기 때문에 생명 활동 그 자체는 기계론적인 관점과 역동론적인 관점을 넘어서지만 활동 양상으로 보면 기계적인 양상과 역동적인 양상을 넘나든다고 하겠습니다. 이는 생명체들이 살아오면서 경험한 내용을 신체화하면서 기계적인 기관들을 만들어왔을 뿐만 아니라 만들어진 기관들을 바탕으로 수용된 정보에 대한 이미지를 생성하고 확장했기 때문입니다. 기계의 부품과 같은 장치를 만들면서 경험을 내재화했다는 것이며, 역동적인 해석을 통해 세계의 변화에 맞추어 왔다는 것입니다.

이 말은 신체에 깃든 무규정적인 정신이 있어 세계를 해석하는 것이 아니라 정신이 된 신체가 사건 사물을 해석하고 있다는 것입니다. 생명 탄생의 초기부터 살아있는 물질인 생물체들의 활동, 곧 세포들이 환경과 주고받는 정보에 대한 이해와 세포들끼리 나누는 정보 소통이 정신 활동이라는 것입니다. 이는 물질에서 정신이 부수적으로 나온 것이 아니라 물질이 살아난 순간 정신과 상대되는 물질 이미지도 생겨났다는 것입니다. 만들어진 이미지를 걷어내고 보면 생물과 무생물의 구분 또한 언어 이미지만큼 명징하지 않다는 것이지요(얼마 전에 물을 0.001mm 크기로 분사하기만 해도 인산화반응이 일어나며 RNA를 이루는 기본 물질이 저절로 생성된다는 연구 결과가 발표됐습니다).

인연 따라 물질처럼 정신처럼 작용한다

그렇기 때문에 오직 물질만이라고 해도 틀린 말이 아니며, 오직 정신뿐이라고 해도 틀린 말이 아닌 것 같지만, 실상에서 보면 물질이라거나 정신이라고 개념 지을 수 없는 것이 인연 따라 물질처럼 정신처럼 작용한다고 여겨야 하겠지요. 그러므로 진화의 과정에서 특수하게 발현된 인간의 의식 활동과 같은 상황만을 정신 활동이라고 보는 것은 아주 좁은 영역만을 정신이라고 보는 것이며, 신체 자체가 하는 정보 생성 작용을 마음이라고 보거나 신체가 환경과 교류하는 무의식적인 정보 소통까지를 마음이라고 보는 것은 넓은 의미로 정신을 보는 것이라고 하겠습니다.

의식과 무의식의 영역 모두가 마음이면서 신체의 활동이라는 것입니다. 신체가 무의식적으로 하는 정보의 생성에 관여하는 관계망은 신체 내부뿐만 아니라 외부까지라고 할 수 있기 때문입니다. 곧 외부가 내부로 하여금 특정 이미지를 생성하도록 한다고도 할 수 있으며, 내부에서 해석된 정보 이미지를 외부로 투사했을 때 외부도 비로소 외부가 될 수 있기 때문에 내외부 전체를 물질 정보의 장이면서 정신 작용의 장으로 봐야 된다는 것입니다.

더구나 감각자료를 해석하는 뇌 신경망의 패턴 양상이 사람마다 다 다르므로 세계 해석을 위한 내부 지도 또한 사람마다 다를 수밖에 없어 '지금 여기'가 사람의 수만큼 중첩된 지금 여기라고 할 수 있는데, 그 까닭은 내부 지도를 만드는 정보 가운데는 공생과 공진화를 통해서 획득된 것이 많기 때문에 다름 속에 같음을 담아낼 수 있었고 같음 속에 다름을 드러낼 수 있었기 때문입니다.

그렇기 때문에 상호 공명하는 일반성을 찾아 이해를 같이하는 것도 중요하지만 일어나는 생각 하나하나가 온전히 자신을 드러낸 순간임을 알아차리는 마음 챙김이 더욱 중요합니다. 알아차리는 마음 밖에 다른 마음을 찾아 헤매지 않는 것이야말로 온전히 자신을 살아가는 길이면서 만들어진 내부 이미지에 갇히지 않는 삶이 되기 때문입니다.

물론 기계적으로 작용하고 있는 욕망의 패턴을 바꾼다는 것이 생각처럼 쉬운 일이 아니기 때문에, 곧 마음이 만든 욕망의 이미지를 찾아 마음 밖을 헤매는 습관의 강도가 크기 때문에 욕망하는 마음이 자신의 욕망을 저버리는 일이 될 것입니다. 그렇다고 하더라도 그 마음 상태에 대해 자책하는 마음을 일으키지 않아야 합니다.

일어난 마음을 안아 주고 고요히 흘러가도록 지켜보기

질책하는 마음 작용은 신체화된 질책하는 마음의 패턴과 공명 강도를 높이면서 마음 내려놓기를 더욱 어렵게 할 뿐입니다. 그러니 아프고 들뜬 마음이 일어나더라도 그 마음을 위로하고 온전히 감싸주어야 합니다. 마음을 내려놓는다는 것은 일어나는 마음을 있는 그대로 지켜보면서 흘러가게 하는 것이기 때문입니다. 일어난 마음을 안아 주고 고요히 흘러가도록 지켜보는 마음에 의해서 아파하는 마음의 강도가 줄어들게 되고 고요하고 밝은 마음 작용이 커지게 되면, 힘을 덜 들이고도 현재의 흐름을 포근히 감싸 안아 줄 수 있게 됩니다.

수십 조 개의 세포로 된 몸이라고 하더라도 그들끼리 이야기를 주고받는 연결망을 갖고 있기 때문에 몸의 이야기가 뇌를 통해 의식으로 발현될 수 있고, 이 이야기가 몸에 되새겨지면서 이야기의 내용이 풍부해지는 것이 생명 활동의 흐름이기 때문입니다. 다세포 생명체가 초유기체로서의 생명 활동을 유지해 간다는 것은 세포들끼리 이야기를 주고받으면서 각자가 해야 할 일과 하지 않아야 할 일을 알고 있다는 것입니다.

상호 간에 이야기를 주고받을 수 있다는 것은 서로 이해할 수 있는 공통 개념이 있다는 것이며, 그것이 있기 때문에 세포 공동체나 종 등의 공동체가 존속할 수 있다는 것이지요. 공명된 신호를 일반화해 함께 의미의 네트워크를 만들어 세계를 이해하는 기계적인 활동과 이를 넘어서는 역동적인 변화가 생명체들이 진화할 수 있는 토대가 된다는 것입니다.

이 말은 기계적인 공명 틀을 만들지 않고서는 역동적인 생명 활동과 의식작용을 하기 어렵다는 것이며, 역동적인 창발 과정이 없었다고 하면 기계적인 기반조차 유지되기 어렵다는 뜻입니다. 그러므로 기계론과 역동론을 함께 사유하는 것이 생명과 생명 흐름에 대한 이해에 가깝게 다가서는 것이라고 하겠습니다. 그러므로 베르그송이 "생명의 흐름이 기계적이라면 미래에 대한 예측이 충분히 가능할 것이지만 그렇게 되지 않는 것을 보면 생명의 흐름은 역동적일 수밖에 없다"라고 단정 지어 이야기하는 것은 한쪽으로 치우친 견해라고 할 수 있습니다. 이것은 생명체를 이루고 있는 물질 양자에 '공간을 점유하는 상태(위치)'와 '운동하는 상태(운동)'가 함께 있는데, 위치를 정확하게 알려고 하면 할수록 운동 상태에 대해서는 불확실성이 증대하고 운동을 확실하게 알려고 하면 할수록 위치에 대해서는 불확실성이 증대된다는 사실과도 맞물려 있다고 하겠습니다.

운동 상태와 공간점유 상태가 함께 하고 있기 때문에 어느 한쪽을 정확히 알기 어려운 것과 같이 생명체의 활동에도 기계적인 면과 역동적인 면이 함께 있기 때문에 측정에서 어느 정도 오차가 생길 수밖에 없다는 것입니다. 그렇기 때문에 생명체들은 무의식적으로 삶의 환경과 공명하면서 미래 예측을 위한 정보 가운데 어떤 것은 폐기해야만 했을 것이고, 대신 새로운 정보를 축적하면서 창발적인 생명 활동을 이어올 수밖에 없었겠지요.

그럼에도 불구하고 생명 활동을 기계적으로 보는 까닭에 대해서 베르그송은 외부에서 빌려온 형식들 때문이라고 이야기하고 있습니다. 베르그송이 말한 '외부에서 빌려온 형식들'은 우리의 몸과 마음을 관찰해서 알게 된 형식이 아니라 이미 신체화되어 있는 언어와 같다고 하겠습니다. 여기서 말하고 있는 '언어'란 우리가 쓰고 있는 말만을 이야기하는 것이 아닙니다. 눈 등의 감각기관을 통한 외부의 이해 또한 언어만큼 명징한 이미지를 만들면서 그것을 외부라고 이해하고 있기 때문입니다. 의식으로 이해된 세계는 수용된 감각자료를 해석하기 위해 내부화되어 있는 언어 등의 형식을 사용하고 있기 때문에 외부란 내부화된 외부라고 할 수도 있으며, 베르그송의 말대로 언어 등의 형식이 외부에서 빌려온 형식이라고 본다면 내부란 외부화된 내부라고 할 수도 있습니다.

생명체들이 취해 온 삶의 방식은 기존의 형식을 이용한다는 면에서는 기계적이나 흐름에 따라 역동적으로 그것을 넘어서는 형식을 만들기도 하지만, 인지의 방식은 외부에서 빌려온 형식들을 넘어서기가 어려웠다는 것입니다. 기계적으로 불변의 언어상을 만들어내지 못했다면 삶의 과정에서 맞닥뜨렸던 여러 가지 사건들을 이해할 수 없었을 것이며, 내부의 표상 형식을 확장하지 못했다면 시대를 이어 살아남기 어려웠기 때문일 것입니다. 생명체들은 형식을 만들기도 하고, 형식을 폐기하기도 하고, 형식을 확장하기도 하면서 지속해서 진화해 왔다는 것입니다.

베르그송은 생명 흐름에 대한 기계적인 이해가 외부에서 빌려온 형식들을 기반으로 하는 이해이기 때문에 인식의 오류가 발생하고 있다고 이야기하고 있습니다. 그러나 원자나 분자의 작용이 그 물질의 구조에만 머물지 않고 상호작용을 통해 새로운 물질 구조를 만들어내고 있는 것과 같이, 언어와 같은 형식들도 자신을 넘어서는 형식을 만들면서 이해의 영역을 확장하는 식으로 역동성을 담보하고 있으므로, 내외부의 형식들을 온전히 오류라고 여겨서도 안됩니다. 지속의 색깔은 생명체들이 형식을 만들고 해체하는 과정에서만 드러나기 때문입니다.

원자와 분자들이 모여 새롭게 형성된 것은 '원자 분자라는 형식을 넘어 새로운 형식으로 탄생한 다른 것'이라고 할 수 있으며, 생명체들은 그 형식을 이해하는 방법으로 내부 표상을 만들었을 뿐만 아니라 형식의 변이를 통해 지속을 드러내고 있는 것입니다.

외부형식은 내부에 의해서 정해진다

관계 속에서 파생되는 정보를 이해하기 위해 만들어진 내부 형식이 외부를 본받은 것 같지만, 외부 또한 내부 형식의 연장이라고 할 수 있기 때문에 내부 형식을 통해 외부가 이해될 수 있다는 것입니다. 생명의 흐름인 진화는 형식의 진화라고 할 수 있으며, 외부 형식과 내부 형식은 열쇠와 자물쇠처럼 맞물려 있기 때문입니다. 내부와 외부가 형식들을 빌려주고 받으면서 생명의 흐름을 연출한다는 것이지요. 그렇지만 기억과 기억의 확장을 통해 해석의 다양성이 확보된 이후로는 내부 형식이 더 결정적인 인식기반이 되었다고 할 수 있기 때문에 외부 형식은 내부에 의해서 정해진다고 해도 과언이 아닙니다.

다만 내부 형식이 만들어지고 변해가는 과정을 하루아침에 볼 수 있는 것도 아니고, 한번 만들어진 내부 형식도 쉽게 변하지 않기 때문에, 언어 개념과 같은 내부 형식만을 근거로 세계를 이해했다고 하는 것은 이미지를 실재라고 여기는 오류를 범하는 것입니다.

그래서 베르그송은 장미의 향기를 맡을 때는 향기를 맡는 것 자체가 자신의 전부임에도 불구하고 공간화된 외부 형식에 의한 인지에 의해서 '자신'도 '향기'도 '향기를 맡는 자신'도 공간의 일부가 되는 인지의 오류가 일어난다고 이야기하고 있습니다. 이 말은 장미 향기를 맡는 현재의 경험이 기억을 통해 환기된 경험이 아니라 현재의 경험이 추억을 환기시킨 것이면서 그 일만이 자신이라는 것을 놓쳤다는 것입니다. 기억된 추억이 현재를 추억으로 이끌고, 현재의 경험과 기억된 추억을 공유하는 이름에 의해서 순간순간 역동적으로 지속되는 자아를 놓치게 됐다는 것이지요. 개념을 공유하는 이름 붙이기에 의해서 기억된 추억들이 현재를 오도(誤導)했다는 것입니다. 그렇지만 추억된 것은 과거가 준비한 미래가 현재화한 것이라고 할 수도 있고, 현재의 인연에 의해서 '과거'와 '미래'가 드러난 것이라고 할 수도 있으며, '과거와 미래'가 만난 시점이 현재라고 할 수도 있으니, 외부에서 빌려온 형식도 역동적인 삶을 표현하는 수단 가운데 하나라고 하겠습니다.

공동체의 언어형식에도 공간성과 지속성이 함께 있다

베르그송의 말처럼 향기를 맡았던 경험이 만든 내부 형식을 통해 지금의 향기가 해석되는 것이므로 향기가 추억을 불러내서 그것을 향기처럼 맡는다고 이야기할 수도 있지만, 향기를 맡을 수 있는 내부 형식이 없다면 추억을 떠올리게 하는 향기조차 없다는 것입니다. 그런 뜻에서 기억된 추억은 과거를 회상하는 것이 아니라 현재를 해석하는 것이며, 현재가 과거에 개입된 것이면서 과거가 만든 미래가 의식되는 것이라고 할 수 있습니다. 한 개인의 흐름이 기계적이면서 역동적이듯 공간 형식을 대표하는 공동체의 언어형식에도 공간성과 지속성이 함께 있기 때문입니다.

과거가 현재를 해석하는 기반이 되기도 하고 현재가 과거를 해석하는 기반이 되기도 하지만, 해석을 통해서만 현재나 과거를 재구성할 수 있으므로, 현재 그 자체를 경험한다는 것은 과거와 미래를 잇는 내부의 해석 형식이 작동할 때라야 가능하다는 것입니다. 추억 속에는 과거 현재 미래가 모두 들어 있으며, 과거 현재 미래가 공유하는 내부 형식이 있기 때문에 그 일이 가능하다는 것이지요.

향기라고 해석하는 영역들이 작용해서 향기라는 이미지를 재현해야 할 뿐만 아니라 재현된 향기 속에서 상속된 정보가 읽혀야만 추억을 담아낸 향기가 된다는 것입니다. 특별한 추억이 없다고 하더라도 향기라고 해석된 그 자체만으로도 정보의 상속이 이루어지고 있기 때문에 향기를 맡는다는 하나의 사건도 현재의 관계만을 온전히 해석한 것일 수 없다는 것이지요. 옛날에 맡았던 향기라는 추억과 향기라고 상속된 정보의 이미지를 떠올리지 않는다고 하면 내부에 추억과 향기라는 분별 영상이 생길 수 없으므로 추억과 만난 현재의 흐름, 곧 의미를 공유하는 정보의 상속을 통해서만 추억이 담긴 향기라는 의미를 포착할 수 있다는 것입니다.

이렇게 해석된 개인의 추억이 개인의 추억에만 머물지 않고 향기라는 언어를 매개로 정보를 교환할 수 있는 것은 개인의 추억이 생명 공동체의 추억을 담아낸 정보도 되기 때문입니다. 의미를 공유한다는 것은 사람과 같은 다세포 공동체의 생명 활동에서 보면 너무나도 중요한 일입니다. 만일 세포들끼리 의미를 공유하기 위해 특별한 끈으로 연결되지 못했거나 분자 언어 등을 방출하여 상호 간에 의사소통이 이루어지지 않았다고 하면 지속해서 새로운 세포를 생성하면서 생명 활동에 필요한 정보를 이어갈 수 없었을 것입니다.

향기가 추억을 불러내는 것이기는 해도 그것에 대한 이미지를 재현하지 못했다면, 곧 언어 형식과 같은 일반상을 만들지 못했다면 자신의 과거와 현재가 만날 수 없을 뿐만 아니라 사람들끼리 또는 세포들끼리의 의사소통도 이루어질 수 없었다는 것입니다. 이런 뜻에서 생명 공동체는 의미를 공유하는 형식을 만들면서 자신들의 삶터를 일구어 왔다고 하겠습니다.

향기는 나에게 그 모든 것이다

다세포 공동체나 생명체들의 공동체를 엮고 있는 공간화한 정보, 곧 의미를 공유하는 도구인 언어 현상이야말로 개체의 역사를 표상하는 정보이면서 생태계 전체의 관계망을 이어가는 끈이 될 뿐 아니라 개체이면서 개체를 넘어서게 하고 공동체이면서 개체를 드러나게 하는 바탕이 됩니다. 그렇기에 베르그송이 "향기는 나에게 그 모든 것이다"라고 한 이야기도 사실을 가리키는 말이 될 수 있겠지요.

향기라고 해석되는 정보는 향기라는 사실 하나를 아는 것과 같지만 실상에서 보면 향기라는 정보가 만들어지기 위해서 생명의 역사가 수직 수평적으로 관여되어 있으므로 향기라는 해석과 그 해석에 스며있는 추억을 떠올리는 것이 자신의 전부이면서 생명 역사의 전부라는 것입니다. 향기를 추억하는 그 순간은 단지 향기를 추억하는 것이 아니라 생명의 역사와 자신의 역사를 다 드러내는 순간이 된다는 것입니다. 그러므로 "다른 사람들은 그것을 다르게 느낄 것이다"라고 이야기할 수밖에 없습니다. 생명의 역사가 만들어온 내부의 해석체계라고 하더라도 개체마다 다 다르기 때문입니다.

그렇다고 그 차이가 완벽하게 다르기만 했다면 정보에 대한 일반화가 이루어질 수 없어 정보를 주고받는 공동체가 형성될 수 없었겠지요. 해석 내용으로만 보면 개인이 만들어 온 내부 형식에 의해서 사람마다 차이가 날 수밖에 없지만, 개인의 내부 형식 속에 스며있는 공동체의 역사가 있기 때문에 그 차이가 언어를 통해 정보를 주고받을 수 없을 만큼의 차이는 아니라는 것입니다. 공유한 내부 형식이 있기 때문에 어린아이가 언어를 배울 때 공동체의 해석체계를 내부화하면서도 자신만의 내부 이미지를 만들 수 있는 것과 같습니다. 자신만의 이미지라고 하더라도 그 이미지 속에 외부의 형식이 개입돼 있으므로 서로 간에 의사소통이 가능하다는 것이며, 외부라고 하더라도 내부 이미지가 투사된 외부이기 때문에 외부의 형식 또한 단순히 외부만의 영역이 아니라는 것입니다.

향기에 대한 느낌이 각자 다를 수밖에 없지만, 그 다름에는 내외부의 정보가 융합된 상태에서의 다름이기 때문에 베르그송이 이야기했듯 향기에 대한 느낌이 자신의 전부가 되면서도 다른 사람과 온전히 다르지도 않다는 것입니다. 곧 베르그송의 말처럼 "장미라는 말 속에는 개인적인 면이 제거됐다"라고 해도 온전히 제거되지 않고 여전히 개인적인 면이 남아있기 때문에 공유된 의미를 창출할 수 있다는 것이지요.

사건 사물에 대한 일반화를 통해 공동체의 이해를 담보하는 언어가 만들어지기 때문에 사물 사건에 대한 느낌에서 개인적인 면이 제거됐다고 하더라도, 그 언어 속에는 여전히 개인적인 면이 짙게 배어 있다는 것입니다. 어린이가 처음 장미라는 단어를 들었을 때를 생각해 보면 자신이 느끼고 이해하는 장미라는 의미를 부모도 똑같이 느끼고 이해할 것이라는 전제가 있었을 것이며 부모들 또한 그렇게 생각했을 것이므로 언어에 맞는 내부 형식을 공유한 것과 같은데, 이 일이 가능한 것은 사물 사건에 언어 형식을 통해 포착되는 측면이 있기 때문이며, 개인의 내부에도 그 형식과 공명하는 내부 형식이 있기 때문입니다. 장미라는 말을 들을 때 장미라는 언어 영역의 환상 이미지만을 접속하는 것이 아니라는 것이지요. 언어 추상을 통해서 내외부를 이해하는 것이 한편으로는 환상과 같지만, 환상 이외의 다른 추상이 없다는 면에서는 환상이 실상이 되기 때문입니다.

곧 공유된 환상이 의사소통의 실상이 되므로 환상을 만드는 내부 형식은 개인의 형식이면서 공동체의 형식이라고 할 수 있으며, 개인의 공간도 공동체의 공간이 될 수 있습니다. 공간화한다고 해서 반드시 분리된 공간이 되는 것이 아니라 변이되고 접속되는 지속의 공간도 된다는 것이지요.

베르그송에 의하면 개인마다 세계 이해의 틀을 내부 형식으로 갖고 있으며 그 형식이 다 다르기 때문에 장미에 대한 느낌 또한 다른 사람과 온전히 같을 수 없다고 하지만, 이 이야기가 사실의 일면만을 가리키는 것은 개인의 내부 형식에 이미 공동체가 함께 만들어온 이미지가 들어있기 때문이며, 개인적인 면이 제거된 것처럼 보이는 것조차 공유 형식이 드러나는 것이라고 할 수 있기 때문입니다.

일반화와 추상화를 거쳐 '차이를 만들어내는 공간 변화'와 '지속의 흐름'을 이해할 수밖에 없는 인지의 한계가 시간을 배제하고 있는 것 같지만 내재화된 형식의 확장을 통해서 지속을 드러내고 있듯, 개인의 형식과 공유의 형식 또한 그와 같습니다. 따라서 언어화되는 내부 형식은 개인차를 제거한 것과 같지만 실상은 개인을 공유 영역으로 확대한 것이라고 할 수 있으며, 확대된 형식 속에 과거 현재 미래를 담아내는 흐름이라고 할 수 있습니다.

베르그송의 말에 따르면 기계적인 해석체계와 언어에 의해서 역동적인 삶의 일부가 제거되고 있다는 것이지만, 생명체들은 끊임없이 공유 형식을 확장하면서 역동적인 삶을 살아가고 있습니다. 현재의 경험인 향기 맡음을 양화 된 향기로 해석하기에 현재를 온전히 이해할 수 없다고 해도, 해석마다 삶의 역사가 온전히 드러날 수 있도록 형식을 확장하면서 역동적인 삶을 산다는 것입니다. 정량화된 내부의 해석체계는 양화 될 수 없는 현재, 곧 순간순간 확장되면서 지속되는 역사의 현재를 잃어버리게 하는 것 같고 과거 현재 미래의 삶을 기계적으로 만드는 측면이 없는 것은 아니지만, 그 또한 그것으로 살아온 삶의 역사를 역동적으로 표현하고 있는 것입니다.

개념의 동일성을 담보하고 있는 언어에 의한 해석체계가 있기에 과거의 경험을 통해 미래를 예측하는 역량을 갖게 됐고(만일 일반화를 통해 언어화하는 능력이 없다면 개별 사건 사물과의 만남은 있겠지만 시공간과 사건 사물 일반에 대해 추상을 할 수 없었겠지요), 그와 같은 해석체계가 흐름의 순간들만을 포착해서 해석하는 기계적인 면 때문에 창발적으로 지속되는 면을 볼 수 없게 만드는 측면도 있으나(사차원을 동시에 볼 수 없는 인지의 한계 때문에 시간 지속은 보는 영역이라기보다는 사유의 대상이 됐다고 할 수 있겠지요), 머묾 없는 현재에서 최종적으로 해석된 이미지가 생명의 역사를 쓰고 있다는 것입니다(일반화를 통해 언어 이미지가 만들어지는 순간 그 이미지가 실체성을 갖게 된다는 것입니다).

정보와 정보끼리의 공명 그리고 창발적으로 생산된 정보의 흐름으로 보면 삶의 흐름은 양이면서 양을 넘어서기 때문에 양적으로 포착되지 않는 것들은 의식 또는 무의식의 영역에서 이미지를 생성하기 어려워 역사이면서 역사로 남기 어렵습니다. 양적으로 표현된 것들에 들어있는 운동성을 생각하면 양적 이미지만으로는 수용된 정보의 내용을 모두 담아낼 수 없지만, 운동을 통한 변화의 흐름 또한 양적인 궤적을 가지면서 운동하고 있으므로 양이 제외된 역동적인 지속만이 생명의 흐름이라고 할 수 없다는 것입니다.

지금 발현되고 있는 환상이 환상인 줄 아는 것

의식적으로나 무의식적으로 이미지를 생성하고 해체하면서 세계와 공명하고 있는 삶의 흐름에서 보면 의식으로 파악되는 내부 이미지란 내부에서 만든 환상에 지나지 않는다고 할 수 있으므로 지금 발현되고 있는 환상이 환상인 줄 아는 것이 자기의 내면을 보는 첫걸음이라고 하겠습니다. 외부만을 보아왔던 시선을 돌이켜 생각의 흐름을 지켜보게 되면 환상에 머물지 않을 수 있으며, 환상에 머물지 않게 되면 이미 있는 환상을 넘어 새로운 환상을 만들어가는 흐름도 보이기에 환상이 실상이 되고 실상이 환상이 되는 흐름마다 자신의 전체를 드러내는 것인 줄 알게 되며, 보아야 할 근원적인 자기가 내부의 어딘가에 웅크리고 있고 그것을 보는 것이 자기의 실체를 보는 것이 아니라는 것을 알게 됩니다.

'변하지 않는 자기'라는 이미지 또한 만들어진 환상에 지나지 않는다는 것이지요. 생명체들이 환상을 만들어 인식의 동일성을 확보하고자 한 이유는 양화 되는 공간에 시간의 변이성이 들어있다는 것을 무의식적으로 알았기 때문일 것입니다. 변이되는 흐름으로 보면 순간순간 다르지만 경계 지어 나눌 수 있을 만큼 온전히 다르지도 않고, 같지만 온전히 같지도 않은 생명 흐름과 생명현상을 이해하기 위해서는 동일상으로서의 이미지를 만들지 않으면 안 되었던 것입니다.

시간 지속을 사유할 수 없을 때는 순간순간 만나는 공간을 분할하여 판단하는 양적 이해와 기억이 중요했지만, 시간 지속을 사유하게 되면서 공간적으로 독립되며 시간을 이어서도 변하지 않는 자아상을 만들고, 그것을 실체로 여기게 되었다는 것입니다. 그러므로 환상을 만들어내는 내부의 인식 체계를 이해하고 변치 않는 자아가 실재한다는 생각을 내려놓을 때 어디에도 매이지 않을 수 있는 단초를 형성했다고 하겠지요.

앎을 발생시키는 것은 신체 내외부의 접속과 신경망들이 일으키고 있는 공명의 결과이므로 신체 내부와 외부가 접속하면서 발생하는 인지와 감정 등의 상태 그 자체가 자아의 실상이라는 것을 알았으며, 변하면서 상속되는 자아 상태를 변하지 않는 자아가 연출한다거나 영혼의 활동이라고 보는 것 또한 만들어진 이미지에 지나지 않는다는 것을 알았기 때문입니다. 신체 그 자체가 무의식적으로 정보 생성과 해석을 하면서 영혼인 듯한 의식을 발생시키고 있는 줄을 알았다는 것이지요. 영혼이 있어서 영혼 활동을 하는 것이 아니라 신체가 하는 정보활동이 영혼의 활동이라는 것이며, 신체와 세계를 이루고 있는 정보들의 공명이 영혼의 활동이라는 것을 알게 된 것입니다.

영혼이 느끼는 것을 번역하는 행위 그 자체가 영혼

그러므로 베르그송이 "영혼이 느끼는 것을 완전히 번역할 수 없다" 라고 한 이야기를 듣고서 번역할 수 없는 영혼의 느낌이 있다고 생각해서는 안 됩니다. 번역하는 행위 그 자체가 영혼이기 때문입니다. 신체 그 자체이면서 신체에 스며있는 듯한 기억의 정보망들이 하는 공명 활동은 대부분 의식으로 나타나지 않으므로 의식으로 나타난 영상과 그 이름만으로는 신체가 펼쳐내는, 곧 영혼인 신체가 펼쳐내는 무의식적인 앎의 흐름을 온전히 포착해낼 수 없다는 한계는 있지만 아는 활동 그 자체가 영혼이라는 것에는 부족함이 없습니다.

앎의 공동체로서 내외부와 공명하면서 운동하는 신체의 작용, 곧 영혼의 활동을 의식으로는 온전히 번역해 낼 수 없다는 것이 부분적으로는 사실이라고 할 수 있는데, 그 이유는 번역하는 행위로 보면 영혼의 활동이 되나 번역된 이미지로만 보면 영혼의 활동을 한

정시킨 것과 같기 때문입니다. 신체가 하는 번역에는 공간뿐만 아니라 시간 상속을 통한 변화를 담고 있기에 의식되는 이미지만을 인지하는 사람의 의식 체계로 보면 영혼의 활동을 한정시킨 것과 같다는 것입니다.

언어를 통해 번역된 것은 언어 개념으로 표현할 수 있는 한계 내에서의 해상도이기 때문에 외부의 정보는 말할 것도 없고 내부에서 생성되는 정보에 대해서도 가장 낮은 수준에서 해석된 정보라는 것이지요.

사랑, 증오 등등의 감정이 포착되기 위해서는 뇌의 신경망들이 일정한 양상으로 신호를 주고받아야 하는데, 이때에도 외부로부터 감수된 정보의 강도보다 장기 기억된 내부의 패턴이 훨씬 강한 강도로 피드백하기 때문에, 곧 과거의 경험이 중요한 역할을 하면서 사랑 또는 증오라는 느낌으로 해석되기 때문에 신체가 기억하고 있는 패턴의 강도가 현재 의식의 한계를 만든다는 것입니다. 무의식적으로 신체가 하는 공명의 진폭과 연장 그리고 전기 화학적 신호를 해석하기 위한 일정한 양상이 없다고 하면 언어 이미지는 말할 것도 없고 느낌에 대한 이미지도 그릴 수 없습니다. 사랑과 증오 그리고 영혼 또한 자아의식과 마찬가지로 신체 내부에서 만들어진 해석이라는 것이며, 그와 같은 해석 이외에 또 다른 사랑과 증오 그리고 영혼의 느낌이 있을 수 없기 때문입니다.

가끔 기존의 해석 이미지로는 해결되지 않는 문제들이 홀연히 풀리는 경우가 있기 때문에 의식보다 깊은 곳에 영혼이 있는 것처럼 여겨지기도 하지만, 이 또한 영혼의 작용처럼 보이는 신체의 무의식적 해석 활동의 결과입니다. 의식으로 알 수 있게 된 것이나 무의식으로 행해지고 있는 작용이나 양적 판단을 바탕으로 지각 이미지를 상속하고 확장하면서 지속을 담보하고 있는 양상들 모두가 영혼의 활동이라는 것이지요.

의식마다 몸짓마다 색깔을 달리한 영혼의 활동이 되다

의식되는 사건마다 개인 전체의 역사와 생명계 전체의 역사가 녹아 있으며, 생명체들이 펼치는 하나의 몸짓마다 개체를 완전히 드러낸 몸짓이면서도 그 속에 생명계 전체가 녹아들어 간 몸짓이 되니, 의식마다 몸짓마다 색깔을 달리한 영혼의 활동이 됩니다.

이 말이 뜻하는 것은 의식되는 사건들 이면에 자신의 본질로서 근본적인 자아가 있다고 생각하는 것이야말로 거짓된 자아상을 세우는 것이며 기생적인 자아를 자아로 착각하고 있는 것으로 온전히 자신의 삶을 살아가는 데 장애가 된다는 것입니다. 이미지로 만들어진 환상을 실재라고 착각한 것에 지나지 않기 때문입니다. 허상을 좇는 삶이야말로 자신의 자유를 옭아매는 것과 같으므로 관계망 속에서 적의 적절하게 변이하는 신체의 활동인 영혼이 자유롭게 활동할 수 없다는 것이지요.

그래서 베르그송도 하나의 율동마다 그 자체로 온전히 자기가 되게
하는 교육, 곧 영혼 전체에 스며드는 교육이어야 온전한 존재로서
의 자기가 실현되는 교육이라고 이야기했겠지요. 그와 같은 교육
이라야 거짓된 자아나 기생적 자아를 자아로 여기면서 헛된 이미지
를 추종하는 삶을 살지 않게 한다는 것입니다. 베르그송의 말처럼
'의식된 사건들의 연합으로 온전한 개인이 되는 것'이 아니라, 의식
되는 사건마다 그 자체로 온전한 개인이 하나도 남김없이 드러나고
있는 줄 알아야겠습니다.

제6강. 생명 활동은 지속적으로
양의 변이를 해석하는 행위

생명체들의 진화 과정은 현재를 잘 살아내기 위해 자기 변이를 계속해온 과정이라고 해도 지나친 말이 아닙니다. 그러기 위해서 생명체들은 지난 경험들을 기억으로 남겨 미래를 준비하며, 준비된 미래인 기억을 바탕으로 현재를 해석하고 기억을 확장하면서 해석의 넓이를 넓혀 미래를 맞이할 토대를 튼튼하게 한 것입니다. 이 모든 일은 어떻게 하면 생명 활동을 지속해서 이어갈 수 있을 것인가에 대한 무의식적인 해답과 활동 양상이라고 할 수 있습니다. 그렇기 때문에 생명의 지속이란 생명 활동의 내용을 이루고 있는 기억과 해석의 변화가 지속해서 이루어져 온 역사라고 이야기할 수 있습니다.

보통 생명체를 생명체가 아닌 것과 명확하게 구분할 수 있는 토대가 있다는 것을 전제로 생명과 비생명을 나눈다고는 하지만, 바이러스의 활동 양상을 본다면 생물과 무생물의 경계도 생각만큼 명확하게 구별하기 어렵다고 합니다. 또한 무생물에서 생물이 생겨났다는 사실을 바탕으로 보면 무생물과 생물의 경계를 특정 사건들이 발생한 것을 토대로 나눌 수는 있겠지만 무생물을 기반으로 하지 않는 생물이 있을 수 없다는 측면에서 생명의 지속은 무생물과 생물의 순환적 공명을 통한 생명 정보의 지속적인 변이라고 할 수 있습니다. 생명 활동을 생물체의 기억과 해석 활동으로 국한할 수 없다는 것이지요. 경계를 넘나들면서 생명 활동을 하고 있기 때문에 생물체가 가진 기억은 무생물을 포함하는 기억이 되며, 생명계의 공명파가 낱낱 생물체에 영향을 주어 기억을 변이시키기도 합니다. 기억의 변화가 생명의 흐름이면서 생명계의 흐름이 된다는 것이지요.

생명계 전체의 활동이 양적으로 표현되고 기억될 수 있다

생명계 전체의 활동이 양적으로 표현되고 기억될 수 있었기에 생명의 역사가 끊임없이 이어져 왔으며, 경계를 넘나들면서 이루어지고 있는 상호작용에 의해서 기억의 내용이 변이되어 왔기에 질적 도약도 일어날 수 있습니다. 생명현상의 상속적 지속에서 보면 양과 질은 언어 개념만큼 분명하게 구분될 수 있는 현상이 아닙니다. 한쪽에서 보면 양적인 것 같으나 다른 쪽으로 보면 질적인 도약이 일어나고 있는 생명현상의 흐름은 우주, 곧 공간과 시간이 시공간으로 통합된 사실과도 부합됩니다.

양화 된 기억으로만 본다면 시간이 멈춰있는 것과 같으나 관계망을 통한 질적인 변이, 곧 창발된 변이도 양으로 드러날 수 있기 때문에 기억조차 시간을 담아내고 있는 흐름이며, 지속을 입증하는 변이 또한 양으로 포획될 수 있는 차이를 만들어 양을 드러냅니다. 양과 질의 관계가 이와 같기 때문에 양의 다름을 통해서 질적인 계기가 드러날 수 있고 지속이라는 개념도 성립될 수 있으며, 지속으로만 보이는 흐름에도 양의 다름을 담고 있으면서 변해가기에 질적으로 다르다는 말도 성립될 수 있습니다. 질과 양이라는 언어 개념만으로 보면 상반된 내용이나 생명의 흐름으로 보면 이 둘 가운데 어느 하나를 배제하고서는 생명현상을 설명하기 어렵다는 것이지요.

그렇기 때문에 생명의 흐름을 파악하기 위해서는 계기적 도약으로 나타난 생명 정보의 다름을 인지의 순간마다 비교할 수 있어야 하지만, 인지된 정보는 지금 여기서 발생한 정보 가운데 기억을 바탕으로 재현된 것일 뿐이므로 인식의 순간마다 지속적인 정보의 흐름을 읽어내는 것이 아니라 재현된 이미지로 수용된 정보를 해석하는 양적 판단 속에 질적 도약으로서의 지속이 감추어진 것과 같다고 하겠습니다. 인지한다는 것은 특정한 개념 틀로 흐름의 순간들을 해석하는 것이므로, 곧 지속이 배제된 것과 같은 양화 된 해석만으로 흐름의 순간들을 재현한 것이므로 우리의 인식체계로는 지속 그 자체를 읽어낼 수 없다는 것입니다.

진화의 실상에서 보면 읽어내지 못했다기보다는 변이된 것들을 양화 하여 이해하고 해석하는 것이 더 중요했다고 할 수 있겠지요. 변이하는 흐름으로 현재를 읽어내는 것보다는 양적인 개념 틀로 현재를 읽어내는 것이 생명 활동을 위한 정보 획득에 유리했기 때 문일 것입니다. 어렸을 때 각인된 것을 평생 기억하면서 그 기억에 따라 행동하는 동물이 많다는 사실이 이를 간접적으로 증명한다고 하겠습니다.

사람의 경우에도 뇌 신경망이 정비되어 세계에 대한 해석지도가 만들어지고 나면 세계에 대한 해석체계가 좀처럼 변하지 않는 것 또한 각인 효과와 비슷하다고 할 수 있습니다. 각인 효과는 아니지 만 감정을 해석하는 데 중추적인 역할을 하는 변연계는 감정해석에 서 긍정적인 면으로 작용하는 것보다는 부정적인 면으로 작용하는 양상이 훨씬 강하다고 하는데, 그 이유는 감정에 해당하는 정보를 일차적으로 받아들이고 있는 편도체의 신경세포 가운데 80% 이상 이 부정적인 감정 상태와 결합하기 때문이라고 합니다. 그렇게 해 석하는 것이 생존에 유리했다는 것이지요.

감각에 대한 느낌과 해석에서의 자유란

다만 그렇게 각인되고 해석된 감정이나 판단이라고 할지라도 전두 엽의 기능 가운데 하나인 조절하고 억제하는 기능에 의해서 조정될 수 있기 때문에 어느 정도 균형을 맞출 수 있으며, 노력을 기울인다면 감정에 휘둘리지 않는 마음 상태를 유지할 수 있습니다. 균형을 유지하고 흔들리지 않기 위해서는 바람직하지 않은 감정 등이 일어난 경우 그 감정이 그냥 흘러가도록 지켜보는 연습을 해야 하며, 해석된 감정의 이미지 또한 기억을 토대로 만들어진 환상이라는 사실을 인지해야 합니다. 그냥 흘러가도록 하는 힘이 커진다는 것은 조절 신호를 주고받는 통로가 튼튼해지면서 감정에 휘둘리지 않는 마음 상태를 쉽게 유지할 수 있다는 것입니다. 반대로 들뜬 마음의 빈도수와 강도가 높아지게 되면 연결 통로에 문제가 생기면서 조절 신호를 잘 받아들이지 못해 감정 해석에서 부정적인 영향에 노출될 확률도 훨씬 증가하게 됩니다. 감각에 대한 느낌과 해석에서의 자유란 감정 흐름을 지켜보면서 들뜨지 않는 마음 상태를 얼마만큼 발현할 수 있는가에 따라 결정된다고 해도 과언이 아니라는 것입니다.

생명체들은 진화 과정에서 내외부의 정보를 해석하기 위해 경험과 기억을 토대로 일정한 틀을 만들었기 때문에 사건 사물을 해석하기가 쉬웠으나, 해석의 틀이 만들어진 뒤로는 필연적인 해석체계를 통해서만 내외부와 만나는 것이 일상이 되었습니다. 그러다 보니 해석 틀과 만나지 못한 사건들은 일어나지 않는 것과 같았으며, 해석 틀과 아귀가 잘 맞지 않는 사건 사물에 대해서는 잘못된 해석을 할 확률이 높았다고 하겠습니다.

경험을 새롭게 해석하거나 새로운 경험을 해석하기 위해서는 해석 틀을 바꾸거나 확장해야 하는데 새로 만난 정보의 강도가 임계점을 넘지 않으면 해석 틀이 바뀌지 않기 때문입니다. 그러므로 해석 틀이 바뀌거나 확장될 때까지는 해석의 오류를 짊어질 수밖에 없지만, 우연과 필연의 상호작용으로 진행된 진화에 의해 해석 틀이 바뀌거나 확장되면서 새롭게 만나는 우연을 해석할 수 있는 필연의 요소가 내면화되었기에 불쑥 맞닥뜨리게 되는 현재의 우연에 우왕좌왕하지 않게 될 확률도 커졌습니다. 나아가 그렇게 내면화되어 있는 해석체계들을 후손에게 전했기 때문에 생명의 지속은 질적으로 변이하는 지속이면서 동시에 새로운 언어 체계를 만들어 양을 상속해가는 필연의 지속이라고 할 수 있습니다.

베르그송은 언어 체계로 생명을 이해하는 것이 "생명의 지속을 사물화한다"라고 이야기하고 있지만, 사물화하는 특성이 없었다고 하면 지금처럼 다양한 생명현상을 이해할 수 있을지도 의문입니다. 생명 흐름의 실상은 사물화를 넘어서면서도, 사물화를 통해서 자신을 드러내는 요소도 있기 때문에 어느 정도까지는 사물화가 가능하다는 것이지요. 생명 활동의 지속성을 사물화하여 해석하는 내부의 해석체계가 없다고 하면 수용된 감각자료를 해석하는 일이 생각보다 쉽지 않기도 하지만, 사물화하는 해석체계에 의해서 해석하는 자기 자신조차 사물화되기도 한다는 것입니다.

자아가 해석 형식에 의해 사물화되었다

베르그송의 이야기는 외부를 분별하는 형식은 외부만을 굴절시키는 것이 아니라 내부마저 굴절시킨다는 것입니다. 외부에 대한 양적인 판단은 의식이 외부를 지각하는 형식이지만 외부에 빌려준 것 같은 형식이 내부조차 물들이고 말았다는 것이지요. 의식된 자아는 해석 형식에 의해 사물화된 자아라는 것입니다. 외부로부터 수용된 감각 정보를 내부의 패턴 형식에 따라 분류하여 언어에 맞는 일반상을 만들어내는 표상 시스템이 외부를 사물화할 뿐만 아니라 자아조차 사물화하기 때문에 생명의 지속을 이해하기가 어려웠다는 것입니다.

그렇지만 지구상에 나타난 생명체들은 초기부터 세포막을 경계로 내부와 외부를 구별했으며, 외부와 관계를 맺으면서 살아나는 방법으로 유기물들이 가지고 있는 차이를 구별할 수 있는 능력, 곧 사물화하는 능력을 갖추게 됐기 때문에 지금까지 진화해 왔다고 할 수 있으니, 내외부를 일정한 양상으로 형식화하는 능력은 진화의 원동력이 되기도 하지만 한편으로는 흐름을 볼 수 없게 하는 기반이 되었다고도 하겠습니다. 차이를 만들어 내는 물질 구조에 대한 변별력과 전자기 파동의 차이에 대한 변별력이 없다고 하면 내외부의 사물들이 가진 차이를 분별할 수 없으므로 생명 활동 자체가 있을 수 없다는 것입니다.

물질의 운동이 의식 활동의 원형

생명체들이 하는 생명 활동, 곧 물질의 살아 있는 활동은 내외부에서 일어나는 정보를 해석하고 그에 맞게 행동하는 것이라고 할 수 있기 때문에 물질의 운동이 사건 사물을 분별하는 인지 활동, 곧 의식 활동의 원형이 될 수 있었다는 것입니다.

현재의 인류가 쉽게 하는 '의식하는 것을 다시 의식하는 일'이라든가 '거울에 비친 모습이 자기라는 것을 인지하는 것'에 비할 바는 못 되지만, 생명체가 되었다는 것은 형식을 구별할 뿐만 아니라 형식을 만들면서 내외부의 차이를 능동적으로 분별하는 인지 활동이 시작되었다는 것을 뜻하기 때문입니다.

생명체들의 생존 활동은 현재를 사물화하여 읽어내는 능력인 공간 분별력과 계기적으로 이어지는 지속의 변이를 담아내는 자유도가 함께 작용하지만, 어느 순간에는 공간 분별을 통한 양적인 해석의 결과가 유용한 판단의 근거로 작용할 것이며, 어떤 때는 이미 있는 해석 내용을 내려놓고 새로운 이미지를 만들어내는 변이의 능력이 필요하다는 것입니다. 그렇지만 의식으로 발현되는 정보해석 능력 그 자체로만 본다면 사건 사물을 사물화하여 보는 능력이 극대화된 것이라고 할 수 있겠지요.

의식된다는 것은 사물화하여 읽어온 세상 읽기의 경험을 패턴 형식으로 지도화하여 갖고 있으면서 우연히 맞닥뜨리게 되는 수많은 사건 사물을 그것에 맞추어 읽어내고 있는 것과 같기 때문입니다. 이 일을 베르그송은 외부 지각에 물들었다고 이야기하고 있지만, 지각은 외부 형식과 내부에 자리 잡고 있는 세상 읽기의 지도가 만났을 때 이루어지며, 지각될 수 있는 내부 이미지가 만들어져야만 의식적 무의식적인 해석과 자각이 발생하므로, 의식의 분별 현상을 외부에 빌려준 지각형식에 물들었다고만 이야기할 수는 없다는 것입니다.

이와 같은 일이 물들었다고 말할 수 있는 것은, 같은 이미지로 그려지는 사건 사물이라고 할지라도 전후 찰나를 이어 동일하지 않기 때문에 이미 갖고 있는 내부 형식만으로는 그것을 온전히 해석할 수 없는데도 불구하고 기존의 형식만으로 그것들을 해석하려 할 때라고 하겠습니다. 이미 갖고 있는 내부 이미지를 넘어서야 할 때도 습관을 넘어서지 못한 해석 행위를 지칭하여 물들었다고 할 수 있으며, 계기적인 현재를 놓쳤다고 할 수 있다는 것입니다.

실상에서 보면 현재의 사건 사물의 존재 방식은 언제나 이미 갖고 있는 내부 형식에 구멍을 뚫어 변화를 담아내고 있지만 뚫린 구멍들이 기존의 해석 틀을 바꾸는 데까지 이르지 않는 한 지속되는 흐름을 온전히 해석할 수 없다는 것이지요.

이런 뜻에서 자유란 삶의 순간들이 그 자체로 존재 이유가 되도록 하는 활동이라고 할 수 있는데, 어떤 때는 이미 갖고 있는 해석 틀로 활동하는 것이 자유가 되기도 하고 어떤 때는 그 틀을 벗어버리는 것이 자유를 드러내는 활동이 된다고 하겠습니다. 자유란 인연을 맺고 있는 관계망들과 조화로운 공명을 하기 위해 억제와 발현을 적의 적절하게 하는 행동 양상이기 때문입니다.

생명체들의 해석 양상은 이미 있는 틀을 이용하는 쪽을 선호하지만, 때에 따라서는 이미 있는 틀을 부수기도 하고 새로운 틀을 만들기도 하므로 틀을 없애는 흐름만이 자유를 담보한다고 할 수 없습니다. 자유롭게 이루어지고 있는 듯한 생명 흐름의 계기는 만들어진 틀들의 불연속적인 상속이라고 할 수 있으며, 이미 있는 틀을 이용하여 새로운 틀을 만들면서 도약하는 흐름이라고 할 수 있기 때문입니다.

이미 갖추어진 틀로만 보면 시간 밖, 곧 계기적인 흐름 밖에 있는 듯하지만, 시절 인연을 만나 새로운 틀을 만드는 도약을 통해 생명의 흐름이 이어지고 있으니, 생명의 흐름 그 자체는 사물화와 자유 그리고 물듦과 청정을 넘어서면서도 인연 따라 균형 잡힌 상속을 이어가는 활동을 하는 것으로 자유와 비약을 표현한다고 하겠습니다.

'양의 상속'과 '변이의 지속'이 함께 하는 흐름

생명 활동의 근거가 되는 유전정보를 보면 변이를 통해 비약이 일어나는 경우도 있고 공생의 공진화를 통해 이웃 생명체로부터 받게 된 경우도 있으므로, 전체적인 흐름에서 보면 이미 경험된 내용을 배경으로 창발적 발현이 일어나고 있는 계기적 흐름, 곧 '양의 상속(사물화)'과 '변이의 지속(자유)'이 함께 하는 흐름이 생명 흐름의 중심축이 된다는 것입니다.

유전정보 하나하나가 생명 흐름의 중심축으로서의 중요한 요소임은 틀림없지만 유전정보의 발현과 억제의 과정, 곧 발생의 과정이 환경과 밀접한 관계가 있으므로 발생의 과정에서 만들어지는 연결망의 구조에 따라 사물화와 자유의 양상이 다를 수 있다는 것이지요. 따라서 생명 흐름을 단기간만을 놓고 보면 양적 정보가 중심이 되는 듯해도 오랜 세월을 놓고 보면 변이가 중심이 된다고 하겠습니다. 생명체의 진화 과정 자체, 곧 생명체들의 생존과 번식과정 자체가 양화 된 정보를 생산하는 과정이며 생산된 정보가 변이되면서 새로운 정보가 생성되는 과정이라고 할 수 있기 때문입니다.

예를 들어 하나하나의 인지를 보면 결정적인 인지 체계, 곧 양화된 정보체계만을 따르는 듯해도, 인지를 담당하고 있는 뇌 신경세포의 연결망이 만들어질 때 환경이 영향이 크다는 것을 감안한다면 양화 된 정보 체계 속에 이미 자유도가 상당히 있는 것과 같다는 것입니다. 그렇기 때문에 개체마다 세계를 인지하는 내부 지도가 달라, 유전정보가 똑같다는 일란성 쌍둥이조차 세계 이해와 행동 양상이 같을 수 없다고 합니다. 유전정보 자체가 다른 경우는 말할 것도 없겠지만 같다고 할지라도 행동 양상이 같을 수 없다는 것은 양화 된 정보라고 하더라도 양화를 넘어서는 자유도가 내포된 것과 같다는 것이며, 내포된 자유도에 의해서 양의 상속을 넘어 지속의 변이가 이루어질 수 있다는 것입니다.

양화 된 정보라고 하더라도 발현될 때의 관계망에 따라 차이를 나타낼 수 있는 자유도가 있다는 것이며, 자유도에 따라 세계 이해와 행동을 위한 내부 지도가 일정 부분 새롭게 만들어진다는 것입니다. 사실이 이와 같기 때문에 베르그송이 "지속되는 생명 흐름에서 나타나는 감정은 그것 자체로 삶을 온전히 드러내고 있는 유일한 결과"라고 했던 이야기가 시대를 넘어선 통찰이 되었다고 하겠습니다. 생명의 계기적 현상인 질적인 변화가 생명 흐름의 주된 요소라고 본다면, 느낌 등의 질적인 요소가 발현되는 사건은 생명현상 가운데 하나가 발현되었다기보다는 그 하나에 생명 운동의 모든 요소가 스며들어 있는 현상이 되기 때문입니다. 느낌은 누구의 느낌이 아니라 느낌 그 자체가 자신의 총체적인 삶을 표현하고 있다는 것이지요.

삶의 총체적인 질과 양을 담아내는 역사의 모습

느낌뿐만 아니라 인지 또한 그 자체로 신체가 나타내는 현재 상황의 전부이면서 결과이지만, 이 결과가 신체 내부에 있는 해석체계에 영향을 주어 다음 결과를 산출하는 데도 영향을 주고 있기 때문에 순간순간 발생하는 느낌과 인지마다 삶의 총체적인 질과 양을 담아내는 역사의 모습이 됩니다. 순간순간 펼쳐지는 삶의 모습마다 온전한 생명현상을 드러낸 것이면서도 다음 장면의 모습을 그리는 역사에서는 부분으로 참여한 것과 같다는 것이지요.

총합의 순간으로 보면 그 자체로 삶의 전체를 드러내고 있지만, 순간마다 이전의 모습이 해체되면서 새로 생긴 총합의 모습이라고 할 수 있기 때문에 변치 않는 양으로 역사를 이어가는 단일체는 없지만 패턴 연합의 통일체로서 일반상을 만들면서 삶의 모습들이 상속되고 있다는 것입니다. 곧 상속되는 일반상은 부분들의 합을 넘어서 그것 자체로 전후를 이어 연속되는 이미지를 이어가는 것과 같기 때문에 '변하면서 상속되는 현상들의 지속'을 '변치 않는 자아가 펼치는 현상들'이라고 여긴다는 것이지요. 예를 들면 세포 유기체인 다세포 생명체들이 펼치고 있는 생명 활동을 주체로서의 자아가 있고, 그것이 세포들과 어울려 생명 활동을 펼치고 있다고 여기는 것과 같습니다.

그렇기 때문에 같은 이미지로 해석되는 동일상이 있을 수는 있으나 그 이미지에 해당하는 실체는 없으며, 이 이미지를 함께 만들어내는 부분들의 활동 또한 부분을 넘어 전체로서의 활동이 된다고 하겠습니다.

이 말은 의식된 이미지가 그 모습 그대로 내부의 어딘가에 있다가 나타나는 것도 아니며, 마음이라는 것이 그 이미지를 전체적으로 알아차리는 것도 아니라는 것입니다. 지각되는 내부 이미지가 만들어지고 난 연후에야 의식할 수 있게 된다는 것입니다. 만일 내부 이미지를 재구성할 때 어느 한 부분, 예를 들어 색깔을 해석하는 부분이 참여하지 않게 되면 색깔 없는 내부 이미지가 만들어지게 되므로 부분은 부분적인 역할만을 하는 것이 아니라 전체의 이미지를 바꾸는 역할도 한다는 것이지요.

사실이 이와 같기 때문에 베르그송이 "깊은 심리적 요소들은 어떤 상태이든 고유한 개성을 갖고 있다"라고 했던 이야기에 대해서도 다시 생각해봐야 할 것 같습니다. '깊은 것'으로 지칭된 심리 요소들이란 의식으로 발현되기 전에 신경망들끼리 주고받는 무의식적인 요소라고 할 수 있습니다. 왜냐하면 의식되는 정보는 신체가 수용한 외부의 정보들과 신체 내부에서 형성된 정보들 가운데 극히 일부에 지나지 않기 때문입니다. 무의식적으로 뇌나 신체의 특정 영역에서 정보가 생성되고 통합됐다고 하더라도 그 가운데 일부만이 특정 감정 상태와 지각 내용으로 의식된다는 것이며, 이때 자아의식을 만들어내는 부위가 참여하면서 '나'의 감정 또는 '나'의 인식이라고 여기게 된다는 것입니다.

그렇지만 특정 영역이 갖고 있는 해석 내용이 바뀌기도 하고 때에 따라서는 이웃 영역들이 그 역할을 대신한다고 하니, 고유한 색깔을 갖는 영역이라고 하더라도 그 색깔만으로 그 영역의 특색을 규정하는 데도 한계가 있습니다. 더구나 뇌 신경망의 연결 방식은 사람마다 차이가 있으며, 이 차이가 개인의 색깔을 만든다고 할 수 있으니, 신체야말로 의식되는 개인의 고유성을 선험적으로 규정하고 있다고까지 이야기할 수 있겠지요. 하지만 이미 만들어진 연결망이라고 할지라도 새로운 경험 등에 의해서 배선이 달라지거나 강화되면서 해석 패턴이 바뀌기도 하므로 인지의 내용과 행동 양상이 언제나 같은 식으로 결정되어 있다고 이야기할 수는 없습니다.

깊숙이 들어 있는 심리상태의 하나하나가 자신의 개성과 고유한 색깔을 갖게 되는 것도 신체의 여러 부분이 협업한 연후에라야 가능하다는 것입니다. 그 영역만으로 보면 고유한 색깔의 개성을 갖고 있기는 하지만, 그것이 자신의 고유한 색깔이라는 것은 다른 곳과 공명해야만 알 수 있다는 것이지요.

각 영역이 이웃 영역과 공명하지 못한다거나 연결을 통해 창발적인 해석을 내놓지 못한다고 하면 고유한 색깔을 가졌다는 것 또한 의미가 없으며, 부분적인 역할과 부분을 뛰어넘는 창발적 역할이 의미를 갖게 되는 것도 각 영역끼리 의사소통이 이루어질 때라는 것입니다.

양적 판단도 질적 도약을 통한 정보의 상속이 있어야

더 깊숙이 들여다본다면 부분들의 해석을 통합하여 단일한 이미지를 만들었다고 하더라도 그 이미지가 그대로 지속되는 것도 아닙니다. 순간순간 통합과 해체가 반복되는 상태에서 이미지가 만들어지고 정보가 상속되기 때문입니다. 그러므로 같은 감정 상태라고 하더라도 감정의 흐름을 들여다보면 매 순간마다 새롭게 일어난 감정 상태라고 할 수 있으며, 고유한 색깔이라고 말할 수 있는 양적 판단도 질적 도약을 통한 정보의 상속으로 말미암아 그 색깔이 드러난다고 할 수 있습니다.

그렇기 때문에 베르그송도 "동일한 감정이 반복된다는 사실만으로도 새로운 감정이 된다"라고 이야기했겠지요. 감정 하나하나가 그 자체만으로 자신의 삶을 온전히 표출해 낸 심리상태라는 것이며, 이 상태를 가진 자아도 없다는 것입니다. 다만 상속되는 심리상태들을 '나의 것들'이라고 여기면서 자아라는 내부 이미지를 만들어 갖고 있기 때문에 감정 등의 이면에 변치 않는 실체로서의 자아가 있는 듯이 인지될 뿐입니다.

더 나아가 내부 공명을 통해 일어난 감정 상태 등의 하나하나를 유의미한 범주로 묶어 동일한 감정이라고 일반화하고 그것에 특정한 이름을 붙이고 나면 그와 같은 감정이 인연 따라 일어나는 현상이 아니라 실재하는 것이 드러난 것이라고 여기게 됩니다. 실상에서 보면 일어난 감정 등은 인연 따라 일어날 때는 있는 것 같고 인연이 해체되면 없는 것 같을 뿐입니다. 감정을 그와 같은 현상으로 보지 않는 인식은 감정을 보는 것이라기보다는 이름과 상응하는 의미 체계를 보는 것이기 때문에 감정에 대한 인지도 양적 판단에 머물고 마는 것입니다.

동일한 감정의 반복을 새로운 감정으로 느끼지 못한 인식은 이름을 대상으로 한 감정 해석과 같습니다. 감정마다 조건 따라 생성되고 해체되기 때문에 그것들을 '나의 것'이라고 해석하는 것은 생물이 선택한 인지 방법에 지나지 않는다는 것이지요. 인지의 편의를 위해 만들어진 기능에 의해서 반복되는 감정이 새로운 감정임을 인지하지 못하게 된 것입니다. 그렇지만 범주화하여 알아차리는 인지 기능이 발생하지 않았다고 하면 하나하나의 감정 상태와는 온전히 상응할지 몰라도 기억과 예측이라는 기능은 생겨나지 않았겠지요.

살아가면서 만나게 되는 정보들을 유의미한 범주로 묶어 일반화하는 기능은 현재의 정보를 해석할 수 있게 할 뿐만 아니라 미래를 준비하는 역할도 하기 때문입니다. 다만 준비된 미래가 그대로 현재화되는 확률이 낮기 때문에 해석할 때마다 수정을 거쳐야 하겠지만, 준비된 방향 등(燈)이 있기에 뒤뚱거리는 걸음을 덜 걷게 된다는 것입니다. 하나하나의 심리상태 이면에 그들을 보고 있는 불변의 실체로서의 자아도 없고 반복되는 감정조차 늘 새로운 감정이 되지만, 자아의식을 기반으로 여러 정보를 통합하고 일반화할 수 있었기 때문에 생명체들의 진화도 이루어질 수 있었다는 것이지요.

심리상태들의 통합과 해체가 단지 개체의 삶에만 국한되는 것이 아니라 발을 딛고 있는 세상과 상응해서 일어나야 했기에, 개체 스스로가 그 자체로 자기 삶의 존재 이유가 되는 자유 또한 융합과 해체 그리고 상응이라는 과정일 수밖에 없습니다. 그렇기에 베르그송이 '구체적 자아'와 '구체적 자아가 하는 행위 사이'의 관계 설정에 따라 자유가 결정된다는 이야기에 대해서도 다시 생각해봐야 할 것 같습니다. 행위 이면에 행위자가 따로 있다는 것을 전제하지 않는다고 하면 이 이야기는 성립될 수 없기 때문입니다.

베르그송의 이야기가 성립되기 위해서는 '비가 온다'라는 말과 '꽃이 핀다'라는 말의 주어인 비와 꽃이 '내리는 상태가 아닌 비'와 '피는 상태나 피어 있는 상태가 아닌 꽃'으로서 존재해야 하고, 그와 같은 비와 꽃이 내리기도 하고 피기도 해야 하기 때문입니다. 이미 피었으면 그 상태가 꽃이 되기 때문에 '꽃이 핀다'라는 말이 성립되지 않고, 아직 피지 않았다면 꽃이라고 말할 수 없으며, 피고 있는 상태라면 그냥 그 상태일 뿐이니, '꽃이 피고 있다'라고 말할 수 없는 것입니다. 비 또한 마찬가지입니다. 어느 경우나 그와 같은 행위가 일어나고 있는 상태와 현상만 있을 뿐 행위자가 지금 일어나고 있는 행위를 하고 있다고 볼 수 없는 것이지요.

행위 그 자체가 삶의 존재 이유가 되어야 한다

따라서 자유란 개체이면서 공생체인 낱낱 생명체들이 의식 또는 무의식적으로 생명계 전체와 균형 잡힌 행위를 하면서도 행위 그 자체가 삶의 존재 이유가 되어야 한다는 것일 뿐, 행위 그 자체가 구체적인 자아로서의 행위자와 관계 맺기에서 발생하는 것이 아니라는 것을 알아야 합니다. 구체적 자아로서의 행위자 또한 내부에서 만들어진 이미지에 지나지 않으며, 일상의 행위가 구체적 자아를 표현하는 것이기 때문입니다. 다만 행위의 자유란 신체 내부에서 일어나고 있는 연결망의 활동이 외부와의 관계 맺기에서 발생하는 양상이기 때문에 행위마다 기억을 잘 활용하여 관계망을 조율하는 방법이 중요하다고 하겠습니다. 하나하나의 행위마다 수직 수평적으로 형성된 정보와 현재의 인연이 만나 새로운 역사를 창발적으로 드러내는 율동이기 때문입니다.

하나하나의 감정과 인식 그리고 행동 양상 등이 생명체들이 살아온 진화의 시간 속에 익혀온 경험 정보를 밑바탕으로 새롭게 발현되고 있듯, 자유라는 행위 양상도 그와 같습니다. 곧 '꽃이 피었다'라는 말에 대해서 '꽃이 있었고 그것이 지금 피어났다고 여기는 듯한 그릇된 분별을 바탕으로 자유를 이야기할 수는 없습니다. 실용적인 편리를 위해서 그냥 쓰는 말이기 때문에 크게 문제 될 것이 없다고 생각할 수도 있겠지만, 베르그송의 말처럼 '구체적 자아(꽃)'와 '행위(피어남)'를 구분하는 경우가 생기게 되면서, 구체적 자아에 대한 추상적 개념이 실상을 오도하게 되어, 행위의 하나하나가 그 자체로, 곧 변해가는 지속의 과정들 하나하나가 구체적 자아를 온전히 드러낸 것임을 알 수 없게 하므로 작은 문제가 아니라는 것입니다.

인종 등의 차별과 종간의 서열적 차별도 여기에 기인한다고 할 수 있습니다. 그렇기 때문에 관계망을 통해 함께 살아가는 삶의 근거를 보지 않고, 언어 분별만을 통한 학습 결과는 실용적인 편리를 넘어서 삶의 내용을 차별적 분별에 머물도록 규정하는 데까지 이르렀다고 할 수 있으며, 어떤 경우에는 후천적 학습이 생명체들의 본질적 자유, 곧 행위 그 자체가 오롯이 삶의 이유가 되는 자유를 억압하는 데까지 이르게 했다고 하겠습니다.

'꽃'이라고 이야기 할 수 있는 것이 없다고는 할 수 없지만, '꽃'이라는 말이 가리키고 있는 꽃의 존재는 꽃에 있는 것이 아니고 언어에만 있다는 것이며, '꽃이 피었다'라는 말 또한 실상을 있는 그대로 가리키는 것이 아니라 추상된 언어 영역에서만 그렇게 이야기될 수 있다는 것입니다. 따라서 구체적 자아와 그 자아가 실현하는 행위 사이의 자유를, 꽃이 자유롭게 피는 행위를 한다는 것처럼 여기는 것은, 말만 놓고 보면 그럴듯해 보여도 변해가는 생명체의 실상에서 보면 언어의 추상적인 분별에 지나지 않습니다.

그러므로 언어의 추상적 분별이 일상의 편의를 위해서 잠시 그렇게 쓰고 있다는 것을 잘 알고, 언어의 분별만큼 생명체들의 실상이 존재로서 분별 되는 것도 아니며 명사화된 존재와 실천되는 행위가 구분되는 것도 아니라는 것을 잘 알아야 하겠지요. 언어 이전의 소식만 본다면 생명체들이 하는 억제와 발현의 양상 모두가 관계망의 배선에 따라 생명의 자유를 표현하는 행위가 되기 때문입니다. 생명체들이 하는 행위 하나하나가 그 자체로 존재의 현상이면서 존재 이유가 된다는 것이지요.

생명체들이 행하고 있는 발현과 억제는 신체 내부의 조화를 위하는 일이면서 외부와 적절하게 관계를 맺어 생명현상을 잘 유지하기 위한 일이기 때문에 드러나는 표현 양상 하나하나가 생명계의 표현이 될 뿐만 아니라 개체의 존재 현상과 존재 이유를 드러내는 일이 된다는 것입니다. 특히 인간에 있어서 뇌의 모듈 망들이 제대로 작

동되지 않는다고 하면 발현과 억제가 적의 적절하게 일어나지 않게
되어 개체로서의 건강한 생명 활동을 하기가 어려울 것이므로, 뇌
의 생태계, 신체의 생태계, 생명체들의 생태계가 인연에 따라 융합
과 발현 그리고 억제라는 행위를 하는 것 그 자체가 구체적 자아가
온전히 표현되고 있는 활동입니다.

강도 높은 우울한 심리상태가 지속되거나 그와 같은 감정 상태에
쉽게 빠지는 사람들을 보면 감정 등을 해석하는 뇌의 변연계와 고
차원적인 판단 등을 하는 전전두엽 간의 연결 통로가 현저히 망가
진 것을 볼 수 있는데, 이것만 보더라도 발현과 억제 등의 행위가
어떻게 구체적 자아가 되는지를 잘 알 수 있으며, 자유에 대해서도
다시 생각하게 한다고 하겠습니다. 그러므로 베르그송이 이야기
한 "영혼으로 파악된 구체적 자아의 질적인 변화"라는 말에서도
'영혼' 또는 '구체적인 자아'에 방점을 찍을 것이 아니라 '자아의 질
적인 변화'에 방점을 찍어야 할 것입니다.

'영혼' 또는 '구체적 자아'라는 말은 그 자체로 개념의 동일성을 갖
는 명사가 되어 변한다는 속성을 갖지 않게 되지만, '질적인 변화'에
초점을 맞추어보면 영혼조차 변치 않는 것으로 개념의 동일성을
갖는 어떤 것이 아니라는 것을 알 수 있기 때문입니다. 내외부의
관계 변화에 따라 질적인 변화를 하는 행위 그 자체가 영혼이면서
구체적 자아라고 할 수 있으므로, 변화하는 순간순간의 현상들이

자아의 질적인 변화로서의 자유를 표현하고 있는 것입니다.

드러난 현상으로 보면 구체적 자아가 있는 것 같지만 행위 내용에 따라 구체적 자아의 질이 변하고 있으므로, 자유를 구체적 자아와 그것이 수행하는 행위 사이에 일어나는 현상이라고 볼 것이 아니라 행위 그 자체마다 일어나고 있는 질적인 변화를 자유로 보아야 한다는 것입니다. 실상에서 보면 행위 그 자체가 영혼을 질적으로 변화시키고 있기 때문에, 곧 구체적 자아와 그것이 수행하는 행위에 '사이'가 없기 때문에 자유란 생명계를 이루는 관계망들의 변화와 공명하는 현상이라고 하겠습니다.

행위 그 자체가 나를 정하고 영혼의 질을 정한다

생명체마다 생태계 전체와 빈틈없이 중첩된 상태에서 개체의 현상을 드러내기 위해 발현해야 할 것은 발현하고 억제해야 할 것은 억제하면서 끊임없이 변해가는 것이 자유이면서 영혼이며, 구체적 자아이면서 질이라는 것입니다. 행위 그 자체가 나를 정하고 영혼의 질을 정한다고 보면 "내가 이렇게 했다"라는 말에 대해서도 다시 생각해 볼 이유가 생겼다고 하겠습니다. 하나의 행위마다 함께했던 이웃들의 역사, 곧 생태계와 생명계의 역사가 전체적으로 참여하고 있는 중첩된 행위이면서 동시에 개체의 구체적 자아를 표현하고 있기 때문입니다. 참여한 것들도 변하고 관계망 등도 변하기 때문에, 곧 질과 양이 끊임없이 변하고 있기 때문에 어떤 행위가 이루어지기 전에 반드시 그와 같은 행위가 일어나도록 결정되어 있을 수 없다는 것입니다.

'사이'가 있지만 확실하게 경계 지을 수 없는 중첩된 사이이며, 사이를 잇는 연결에 의해서 생명계가 함께 다양한 행위들과 현상들을 연출하면서 생명 활동을 한다는 것입니다. 예를 들어 신경세포 하나로 보면 그냥 물질 같지만, 이웃 세포들과 이야기를 시작하면 영혼으로 반짝거리는 생명 활동이 되는 것과 같습니다. 그러므로 관계망이 바뀌면 다른 이야기를 하면서 새로운 색깔로 빛나는 영혼이 나타난다고 할 수 있겠지요. 질적인 변화가 만들어내는 차이마다 영혼이 되기 때문입니다.

질이면서 양적으로 달라지는 것과 같은 영혼을 만들어 삶을 빛나게 하는 관계망은 생명체들이 살아온 시공간의 역사를 다 담아내는 넓이와 깊이를 가진 것이기 때문에 하나의 그물코가 갖는 이야기는 나의 이야기이면서도 관계망 전체의 이야기가 중첩된 이야기가 됩니다. 나의 영혼인 듯하지만 나만의 영혼이라고 할 수 있는 것이 없다는 것입니다. 한 사람이 하는 순간의 행위는 그 사람의 영혼을 다 드러내는 일이 되면서도 관계망 전체의 울림이 되기 때문입니다.

그렇기 때문에 베르그송은 자유로운 행위를 '모든 조건을 알았을 때라도 예견할 수 없는 행위'라고 정의했겠지만, 앎의 근본 속성(물질과 정신으로 나눌 수 없는 상태에서 질적 변이가 이루어지고 있는 세계상)은 필연과 우연이 겹치는 확률에 따라 영혼의 얼굴인 듯한 앎을 드러내고 있기 때문에 '모든 조건을 안다는 것'이 본래부터 있을 수 없다는 것도 알아야 합니다. 관계망 속에서 일어나고 있는 물리 현상 하나하나도 관성계가 동일하다면 동일한 물리법칙으로 움직이고 있는 것은 사실이지만, 공기 분자 하나의 움직임도 주변과의 관계에 의해서 이루어지고 있기 때문에 언제나 예측 가능한 범위 안에서 일어나는 일이란 있을 수 없는 것과 같습니다.

모든 조건을 알았을 때라도 예견할 수 없는 행위를 하는 것이 생명 활동의 본질, 곧 자유 그 자체가 생명 활동의 본질이지만, 활동의 범주화를 통해서 양적 필연을 만들면서 일어날 일을 예견하려 하는 것 또한 생명체들이 하고 있는 행위의 속성이라고 할 수 있기 때문에 모든 행동이 무작위로 일어난다고 볼 수도 없습니다. 신체가 내외부의 정보를 수용하고 해석하는 길이 어느 정도는 정해져 있기 때문입니다. 다만 하나의 원인이 하나의 결과를 산출하는 것이 아니라 결과를 산출하는 배경의 모듈 모임이 수시로 모였다 흩어지면서 앎과 행동의 양상을 산출하기 때문에, 곧 내외부의 조건에 따라 모듈 모임 그 자체가 유연하게 변하기도 하기 때문에 결과가 발생하기 이전에 반드시 그렇게 발생할 수밖에 없는 원인이 있는 것은 아니라는 것입니다.

생명체들의 유전정보만 보더라도 그렇습니다. 유전정보의 상속과 변이에 의해서 지구상에 다양한 생물종이 나타날 수 있게 된 것도 필연일 것만 같은 인과 관계에 우연이 깊숙이 개입됐기 때문이라는 것이지요.

인과관계가 이루어지기는 하지만 원인이 필연의 결과를 반드시 발생시킨다고 하기도 어렵고, 인식에서 보면 인지된 결과에 의해서 원인이 그렇게 있는 듯이 보이기도 하며, 곧 이미 결과지어진 생각 길에 의해서 그렇게 보이기도 하며, 인지된 결과의 강도와 빈도수에 의해서 생각 길이 변할 수도 있으므로 원인과 결과의 관계를 일방적이며 필연적이라고 보기도 어렵다는 것입니다. 원인과 결과의 흐름에 끼어드는 수많은 우연적 요소에 의해서 발생 양상이 달라지기도 하므로, 결정론이나 우연론의 어느 한쪽만으로 자유로운 행위 등의 생명현상을 설명할 수 없다는 것이지요.

우연히 끼어든 조건들이 생명의 정보로 전환되고 나면 그 정보는 생명체의 생명 활동을 위한 필연적인 요소가 되거나 생존과 번식을 방해하는 요소가 되기도 하니, 생명의 흐름은 '우연과 필연' 그리고 '필연과 우연'의 융합이 끊임없이 이루어지고 있는 과정이라고 하겠습니다.

그렇기에 베르그송이 지속과 계기 그리고 자유에 대한 난점과 문제가 양적인 이해로부터 발생한다고 하는 이야기에 대해서도 다시 생각해 봐야 할 것 같습니다. 관계망에서 발생하는 모든 정보는 양적인 요소와 지속적인 요소가 함께 하고 있기 때문에 지속이라는 개념을 가지고 계기나 자유를 해석했다고 해도 자유 등이 온전히 해석됐다고 할 수는 없다는 것입니다.

생명체들은 근본적으로 '우주의 네 가지 힘 가운데 하나인 전자기력'과 '분자구조가 각기 다른 화학물질'을 가지고 세포들끼리 의사소통을 할 뿐만 아니라 환경과 소통도 하고 있기 때문이며, 소통이 일어나기 위해서는 힘이 일정한 양으로 줄어들거나 늘어나야 하며 분자 구조의 양상도 달라야 하기 때문입니다. 곧 양과 양의 질적 변이를 통해서 소통해야 하기 때문에 사유 수단 자체가 공간적인 양이면서 지속되는 질적 변이를 전제할 수밖에 없는 것입니다.

사유한다는 것은 양적으로 파악할 수 있는 틀을 만든다는 것이며, 그 틀을 이용하여 서로 간에 정보를 교류한다는 것이지만, 관계의 변화가 발생하여 기존의 틀을 바꾸거나 버릴 때가 되면 새로운 틀을 만들어 질적 변이, 곧 시간의 지속을 새로 만든 틀로 담아내야 하므로 틀을 만들고 해체하면서 정보를 해석하는 생명 활동이 시공간의 활동 양상과 어긋나지 않는다는 것입니다.

관계망에서 발생하는 정보를 해석하는 것이 사유

관계망에서 발생하는 정보를 해석하는 것이 사유이므로 사유 그 자체가 구체적 자아로서의 자아의 순수성을 온전히 드러내는 것이 면서 자신의 고유한 세계가 됩니다. 사유의 형식으로 보면 사유 대 상을 해석하고 있지만 대상으로 투사된 것과의 관계 맺음이 사유의 장이면서 자신의 우주가 된다는 것입니다. 그러므로 순수한 자아 라고 여기는 대상을 찾거나 틀 밖만을 자유의 영역이라고 여겨서도 안 됩니다. 사유의 대상이 된 자아는 구체적 자아가 아니라 사물화 되어 죽은 자아와 같기 때문입니다. 생명 활동을 위해, 곧 사유의 일관성을 담보하기 위해 자아상을 만들었지만, 만들어진 자아상 을 실체적인 자아라고 여기게 되면서 활발한 자아를 사유의 틀에 가두고 말았다고 하겠습니다.

의식이야말로 외재성(外在性)이 있는 틀을 기반으로 공간화된 정 보를 파악하면서 자신의 우주를 양으로 드러내면서도 틀을 해체하 거나 새로운 틀을 만들어 지속을 사유한다고 할 수 있기 때문에, 의식이 발현되는 사유의 장 그 자체가 질적인 흐름이면서 양적인 공간의 구별이 동시에 일어나는 구체적 자아의 자유로운 영혼 활동 이라는 것을 인지하지 못한 것이지요.

사유란 사물 사건들을 공간화하여 파악하는 일이라고 할 수 있는

데, 지속 또한 공간 정보의 질적 도약이라고 할 수 있기 때문에, 곧 시간과 공간이 분리되는 것이 아니기 때문에 베르그송이 말한 '공간의 계기 없는 상호 외재성'과 '의식 내부의 상호 외재성 없는 계기' 또한 언어 분별만큼 분명하게 구별될 수 없습니다. 공간 정보의 질적 도약을 통해서만 시간을 사유할 수밖에 없어 양적 판단뿐만 아니라 계기적 판단 또한 틈이 있을 수밖에 없지만, 상속되는 정보에 의해서 그 틈이 메꿔지는 것과 같아 의식의 흐름이 상호 외재성 없는 계기처럼 보일 뿐입니다.

시간과 공간이 분리되지 않는 하나일 뿐만 아니라 상호 외재성으로 존재하는 것 같은 공간 정보들이 끊임없이 공명하면서 정보의 변이를 만들어 시간적 계기를 연출하고 있기 때문에 다양한 우주의 율동과 생명체의 진화가 일어날 수 있었습니다. 그러므로 생명현상을 공간이 만들어 내는 양적 현상을 배제하고 순수지속의 흐름이라고만 파악하는 것은 생명현상에 대해 한 축이 빠진 이해라고 하겠습니다.

시공간상에 드러나고 있는 모든 현상은 구체적 자아로서 공간적 자아이면서 시간적으로 상속되는 계기적 자아가 되므로, 곧 현상 하나하나가 시공간 전체와 공명하고 있기 때문에 하나의 현상이 발생한다는 것은 수직 수평적으로 시공간 전체의 역사를 드러내는 사건과 같으므로, 공간적 자아와 계기적 자아를 분명하게 구분할 수 없다는 것입니다. 우리의 내적 현상들은 정보의 통합으로 자아상과 분별상이 만들어지기 때문에 '계기적이며 상호 침투로서 살아있는 존재 현상'이라고 할 수는 있지만, 한편으로는 동질적 공간에서 독자적인 내부 이미지를 만들어 자신의 우주를 사유하는 생명 활동을 하고 있기 때문에 '병치되지 않는다고 이야기하는 것' 또한 문제가 있다는 것입니다.

낱낱 생명체들은 언뜻 보면 '공간적 자아'로서 생명 활동을 하는 듯하지만 자연선택과 공생을 통해 생명 정보의 질적 도약이 일어나고 있는 것을 보면 '계기적 자아'라고 할 수 있고, 상호 외재성 없는 계기적 자아로서 생명 활동을 하는 듯하지만 생명 정보가 특정 색깔로 드러나고 있는 것을 보면 '공간적 자아'라고 할 수 있다는 것입니다. 왜냐하면 생명체들의 생명 활동 그 자체가 양적 정보를 주고받는 공생을 바탕으로 계기적인 상속이 이루어지고 있기 때문입니다.

우리는 끊임없이 형성 도중에 있는 살아 있는 존재자

생명체의 생명 활동에 이와 같은 양면성이 있기 때문에 연대하는 생명계의 속성에 따라 생명체마다 '끊임없이 형성 도중에 있는, 살아 있는 존재자'로서 자신을 표현해낼 수 있다고 하겠습니다. 베르그송은 "계기를 통해 순간순간 다른 자아가 되는 순수지속으로서의 삶을 살아가는 것이 자유를 실현하는 삶이면서 질로서의 자아를 사는 것이 되므로 공간화된 자기를 보는 것은 유령 또는 그림자만을 보는 것과 같다"라고 이야기하지만, 이와 같은 해석 또한 뇌에 있는 세계 해석 지도에 의해서 재구성된 것이므로, 곧 생명현상 그 자체가 끊임없이 유령 같은 현상을 만들어 자신의 우주를 변주하는 것이라고 할 수 있으므로, 유령과 실재를 구분하는 것 또한 부질없는 일이 아닌지 모르겠습니다.

생명체들이 펼치고 있는 하나하나의 현상마다 구체적 자아의 모습이면서 영혼의 활동이 되므로 영혼과 현상은 '사이'가 있을 수 없어, 곧 생명체들이 실현하는 행위는 언어 이미지로 표현되면서도 분할된 공간에 갇힐 수 없어 양이면서 양을 넘어서는 질적 도약과 상응하는 삶을 살 수 있는 바탕인 자유로 말미암아 순간마다 유일한 자아를 형성해 가면서 자신의 삶을 산다는 것입니다.

순간순간의 삶이 오직 하나의 사건이면서 다른 자아를 구체적으로 드러낸 것이지만, 이들 자아를 하나의 자아상으로 일반화할 수도 있다는 것입니다. 왜냐하면 생명계의 관계망들이 일으키고 있는 창발적인 질적 도약 현상이 자유로운 생명현상이라고 할 수 있지만, 창발된 사건들의 일반상이 유전정보로 상속될 수 있는 양적인 내용이면서 계기적인 도약을 통해 시간을 그 안에 담아내고 있기 때문입니다. 그러므로 베르그송의 말대로 계기인데 동시성으로 파악하고, 지속인데 연장성으로 파악하고, 질인데 양으로 파악한다고 해서 생명의 흐름을 잘못 이해했다고 이야기하기만은 어렵습니다. 생명의 상속은 양을 융합하여 지속을 담보하는 역사, 곧 과거의 기억을 토대로 시대의 흐름과 상응하면서 생존 조건을 최적화시켜 온 질적 도약의 역사였다고 할 수 있기 때문입니다.

여기까지 제 이야기를 경청해주신 모든 분께 감사드립니다. 모두들 계기와 동시, 지속과 연장, 질과 양이 조화롭게 융합된 생명의 느낌을 온전히 드러내면서 순간순간 온 삶으로서의 자유를 만끽하시기 바랍니다.